亂世的揭幕者

董卓傳

李柏◆著

出版序

《亂世的揭幕者：董卓傳》大約在二〇一二年左右便開始寫了，動機是看了某個談話節目討論董卓其人，詳細內容不復記憶，只記得當時越看越迷糊，節目來賓引述諸多內容我竟前所未聞，當下感到無比慚愧，想說我還有什麼資格跟人家說我懂三國呢？後來去查了一下，還真查不到那些來賓引述內容的出處，唉呀呀，我真是太淺了。

於是我開始著手研究關於董卓的事跡，這段歷史其實並不陌生，高中歷史課本甚至還有幾句話交代，然而仔細爬梳史料後，仍可以發現許多有趣的細節。當初蒐集資料、寫了些片段後，便因回頭寫推理小說而未繼續，直到二〇一六年底，川普先生當選美國總統，我感覺心底對於這個世界的認知與展望受到某種程度的衝擊（可以參考小弟在中時副刊所寫的〈川普先生與董卓先生（上）、（下）〉，http://www.chinatimes.com/newspapers/20161123000958-260115），這才想到硬碟深處這份草稿，拿出來繼續加工。

《董卓傳》寫作過程中我大多待在瑞士，中文參考資料稀缺，多半得仰賴網路之力。寫作同時我在部落格與 Facebook 專頁上進行連載，另外節選部分章節於 PTT 相關板面上發表，以促進討論。蒙多位網路同好的熱心指點，我在連載完成後，就稿件又做了多次修改，希望可以盡可能涵蓋不同的觀點。

連載後修改的另一重點就是加了幾篇「小說」。與《橫走波瀾：劉備傳》相同，我將《董卓傳》定位為「歷史普及」作品，書中內容均為史實，只是以「說故事」的方式表達。在原本的連載稿件中，只有開頭〈楔子：北邙阪之螢〉以及〈尾聲：最後的董家軍〉是以小說型式寫成，由於網路反應不錯，因此在修改過程中，我又加入了〈青瑣門前〉、〈修梵寺的金剛〉、〈王匡解夢〉等了三篇「中場」小說，希望可以讓整個故事節奏更多元些，同時一遂我的歷史妄想。

依我個人的定義，「歷史普及」是以通俗的方式說真實的歷史，故事可以說得很有趣，但史實不能扭曲。《董卓傳》寫作過程中，為行文順暢，原則上我不就史料另行引注；若有史料衝突，我會盡可能調和衝突，維持故事可讀性；若有細部考據則以注腳方式呈現；歷史空白中有我個人腦補的部分，我一定會寫明，或直接用「中場」小說交代。我的原則是不刻意翻案、不過度推論、不喊熱血口號、不英雄化或妖魔化歷史人物。

董卓是個在歷史上一閃即逝的人物，他大半的事跡不見記載，卻在生命最後的五、六年間成為帝國焦點。這本《董卓傳》寫的其實不僅是董卓，還有諸多同時代人物，說它是四百年大漢帝國最後的剪影，也是妥當的吧。

希望各位喜歡這個故事，若有任何意見，歡迎批評指教。

李柏
臺北
二〇二〇年九月二十八日

目錄

第五章　狂人末日

楔子

北邙阪之螢

那年夏天，洛陽霪雨霏霏，打從六月起，邙山山頭便沒再露過臉，天空像破了口似的，雨水下個沒完；但這樣的天氣倒對了螢火蟲的習性，是以時序雖過中秋，邙山下的樹林草叢間到了夜裡依舊螢光點點。

然而今夜非賞螢之夜，五、六名男子撥開草叢，踩著泥濘疾疾走著，夾在當中的是兩名穿華服的男孩，一人已是少年，身子抽長，唇上留有薄髭，臉上驚恐之餘仍帶著叛逆不屑的神色；另一人則還是個孩子，一雙大眼睛靈動有神，不停觀察大人們的一舉一動。

一行人藉螢光走了好長一段夜路，方才見著前方一座莊園，領隊的中年男子上前扣門，一臉不耐的守門人拉開門板，見著中年男子身著深衣，衣襬卻滿是血跡，不禁大吃一驚。中年男子與守門人附耳說了幾句，不一會兒，整座莊子都驚動起來，一翻折騰後，莊子裡牽出一輛車、幾匹馬，中年男子扶少年上馬，又抱著那孩子騎另一匹馬，在莊眾的長跪中離去。

他們花了一番工夫才走出林子，乍見北邙山坡前火炬點點，盡是著深衣的官員，有人瞧見了他們，高聲招呼，官員們便像見著餌食的鯉魚般全擁了上來，哭天喊地地呼號著：「陛下聖安」、「臣無能，陛下受驚了」。馬上少年露出厭惡的表情，揮揮手要大家算了。

大隊人馬緩緩南行，天邊透出曙光，洛陽城牆逐漸清晰，路旁淌血未瞑目的屍體也越見頻繁；突然有人大叫著指向西方，只見遠方一小簇火光，迅速變成數十點、數百點的火炬，晨風傳來馬蹄與金鐵交撞的聲音，越來越響，越來越近。

那少年哭了出來，大吼道：「他們要殺我！他們要殺我！叫他們走！」

待那隊人馬又近些，眾人才看清，那是支全副武裝的騎兵隊，為首是一名高胖、上了年紀的將領，身後軍旗上一個大大的「董」字。群臣中輩分最高的前太尉崔烈策馬上前，大聲道：「是董將軍？聖駕在此，有詔卻兵！卻兵！」

那隊騎兵直奔至崔烈面前才煞住，馬匹劇烈的喘息、騎士泥溼的臉孔、火炬、纛旗、亮晃晃的兵刃，令曾任帝國最高軍事主管的崔烈屏住呼吸。那將領抹去汗水，氣喘吁吁地道：「我便是董卓，帶兵保駕，聖駕何在？」

崔烈道：「陛下有我等公卿保護，陛下有詔，董卓卻兵面聖。」

董卓冷笑道：「公卿？他媽的就是你們這些公卿，不能匡正王室，把國家搞成這樣，還要我卻兵？卻你他媽的！」說著便要策馬，崔烈擋住去路喝叱：「有詔卻兵！你敢不奉詔？」

董卓抽出腰刀，惡狠狠地道：「奉詔？我一夜騎三百里過來，你不讓開，信不信我我砍了你的腦袋？」

他擠開崔烈，大隊人馬直到那少年跟前，少年從未見過這麼多汗臭蒸騰、戴甲擎槍、凶神惡煞般的軍人，嚇得渾身發抖。董卓下馬行禮問候，那少年一句話都答不上來，董卓問得煩了，道：「陛下放任那些閹宦為亂，難道就沒想過今天？這是自取其禍。」

董卓又向一旁的男孩行禮，男孩雖同樣害怕，但仍流利地應對，董卓有些訝異，問起這兩日發生的事，男孩都說得有條有理，董卓相當高興，便將那男孩抱到自己馬上，同時下令：「弟兄們，整隊，護送聖駕與陳留王回宮！」

那些奔馳一夜本疲憊不堪的騎士聽到「聖駕」均是精神大振，他們高聲呼喝，快速整隊，前導扈隨，井然有序地自洛陽北面的穀門，進入這座百年帝都。

那兩個男孩，年紀較長的少年名叫劉辯，四個月前才登上帝國皇位，他剛大婚，與新婚妻子唐姬正恩愛著。

年紀較小的男孩名叫劉協，是劉辯的異母弟弟，才九歲，封陳留王。

那天是西元一八九年、東漢光熹元年，八月二十八日，董卓帶領的軍隊擁著皇帝回到洛陽，回到亂糟糟的皇宮。東漢帝國脆薄的外殼在那天清晨被敲開一個小孔，像照著鍋沿輕敲雞蛋一般。

帝國的崩潰開始了。

張璠《漢紀》：「帝以八月庚午為諸黃門所劫，步出穀門，走至河上。諸黃門既投河死。時帝年十四，陳留王年九歲，兄弟獨夜步行欲還宮，闇瞑，逐螢火而行，數里，得民家以露車載送。辛未，公卿以下與卓共迎帝於北芒阪下。」

第一章

涼州三明的年代

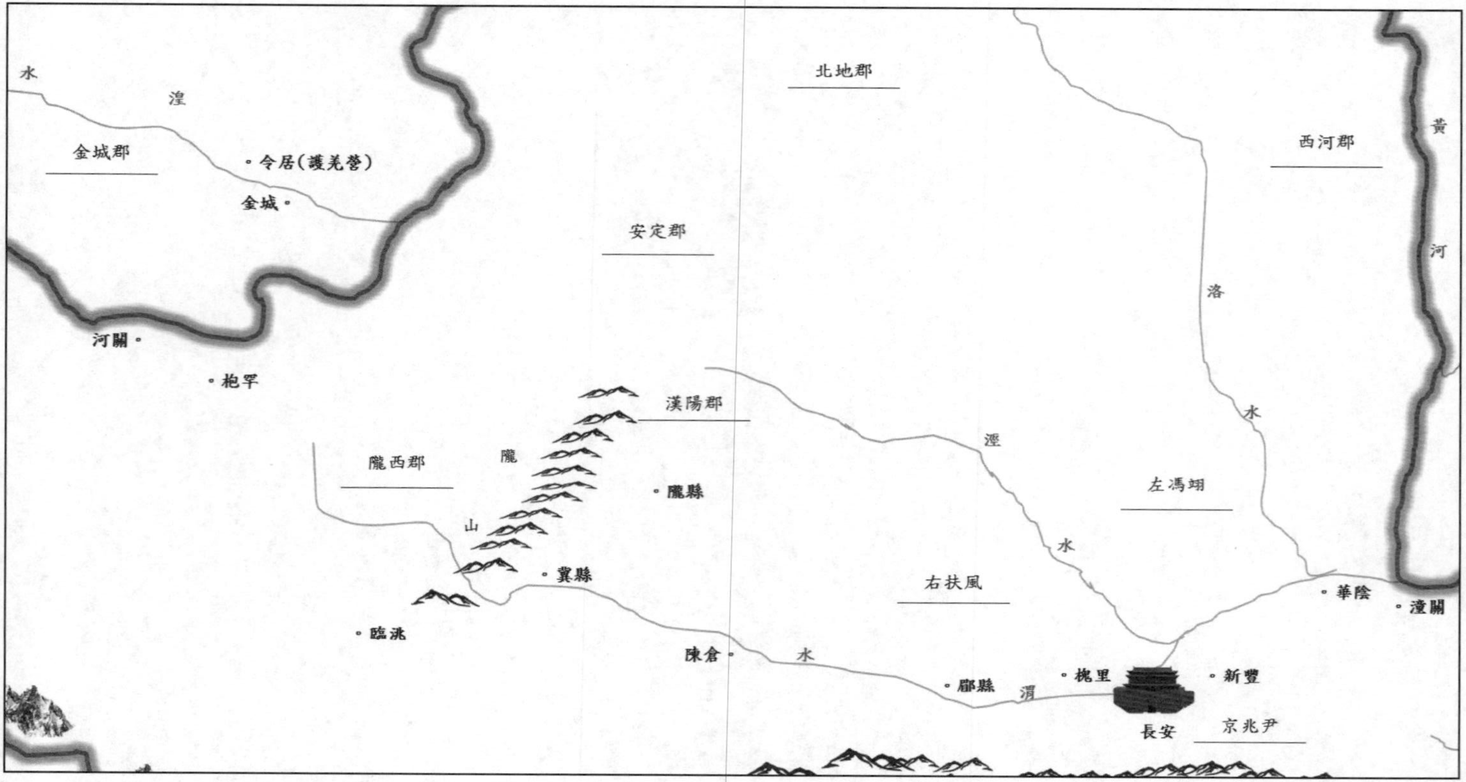
北地郡
西河郡
金城郡
令居(護羌營)
金城
安定郡
河關
枹罕
漢陽郡
隴西郡
隴
山
隴縣
冀縣
臨洮
陳倉
右扶風
左馮翊
郿縣
槐里
長安
新豐
京兆尹
華陰
潼關
湟
水
涇
洛
渭
黃
河

▲圖一：涼州、三輔

家世與年齡

《三國演義》的故事從黃巾之亂開始，大部分的三國遊戲也都以一八四年為第一時期劇本，不過黃巾之亂規模雖大，卻不是亂世的起點。東漢帝國實質上瓦解於一九〇年，那年元月，關東方鎮起兵討伐董卓，從那一刻起，東漢政府喪失了大一統王朝政府的功能，它必須倚賴方鎮的實力，才能在部分領域內遂行指令。

揭開亂世序幕、一手埋葬中華第一帝國的人物正是董卓，一八九年進入洛陽時，他的頭銜是帝國的前將軍、并州牧、鰲鄉侯，手上有批效忠他個人的軍隊，簡單來說，他是個軍閥。

董卓，字仲穎，涼州隴西郡臨洮縣人，他的父親名叫董君雅，是東漢帝國龐大官僚體系下一名小小的公務員，曾任兗州潁川郡綸氏縣的縣尉，約當於今日縣警局局長。

董卓一家三兄弟，他排老二，大哥董擢早死，留有兒子董璜；三弟董旻，表字叔穎。我們可以合理懷疑董卓和董旻可能都是他爸在潁川任職時所生，或至少待過一陣子，因此以「穎（潁）」為字。

董卓有兒子，而且不止一個，其中一人早死，一九〇年時，董卓曾告訴司馬朗，若他兒子還活著，應與二十歲的司馬朗相同年紀；同一時間，董卓還有個十二、三歲的孫女董白，和一個七歲的孫子。冥歲二十的董卓之子生不出那麼大的孩子，因此至少還有另一名董卓之子的存在。無論如何，史書上並沒有留下任何董卓兒子的資訊。

董卓有個成年的女兒，嫁給一名叫牛輔的男人。《三國演義》中，董卓還有另一個女婿李傕，在正史上，李傕確有其人，但並未與董家結親。

姪子董璜、弟弟董旻、女婿牛輔在未來董卓的軍隊中都扮演著重要的角色。

董卓在最後一段日子裡，身旁有妻子與數名侍妾，還有幾個還抱在懷中的子女，這證明董卓年紀一把、身材肥胖，精力還是很旺盛。這些女人與孩子最後都死在郿塢。

董卓的年紀是個有趣的的問題，他死在一九二年，史書上沒提到他的年紀，倒是記下與他一同被殺的母親池陽君已是高齡九十歲。如果董媽媽十八歲生下董卓，那表示董卓來到洛陽時已經七十歲了，如此高齡還能做高強度的行軍，可能性小了點；另一方面董卓底下還有弟弟，因此董媽媽生他時的年紀也不可能太大。我們姑且假設董卓生於一三二年，卒年六十，董媽媽二十五歲生下他，一六二年被段熲舉薦時，董卓三十歲，桓帝末年當羽林郎時三十五歲。

大家對董卓外型最大的印象就是肥胖，屍體可以燒好幾天（詳後述），不過也別忘了，年輕的董卓「膂力過人，雙帶兩鞬，左右馳射」，是個「飛將軍」的帥氣形象，可能早年勞動食量大，晚年沒有調整飲食習慣才造成肥胖。

簡言之，在一八九年進入洛陽時，董卓是個年紀六十歲上下、精力旺盛、擅長騎馬的胖子。

有了這樣大略的形象，我們準備進入董卓波瀾起伏的一生。

涼州、羌亂、涼州三明

雖然我猜測董卓可能出生在潁川，不過他的少年時期必然是在涼州度過。年少的董卓騎射能力高強，能在馬上左右開弓，他有腦袋，個性又海派，更重要的是他和羌人關係很好，「少好俠，嘗游羌中，盡與諸豪帥相結」；年長些他回家種田，有羌人領袖帶人來投靠，他竟將家中的耕牛宰了宴請大家，羌人被董卓的熱情感動，回頭送來千來頭的畜隻為報酬。

少年董卓的本事很快被地方政府發覺，當時的涼州刺史成就聘請董卓為州政府的保安官（兵馬掾），負責打擊盜賊，董卓戰果輝煌，前後斬殺人數以千計算。一個地方保安官可以殺那麼多人，一則顯示時局混亂，二則也顯示董卓手段之殘酷。

有了這個實績，年輕的董卓迎來他職涯的轉捩點，「并州刺史段熲薦卓公府，司徒袁隗辟為掾」。

在這邊，我們得先做個背景鋪陳，說說涼州、羌亂與涼州三明的故事。

涼州位在帝國西北，比今天的甘肅省略大，包括部分的寧夏、內蒙、新疆與青海，今天用以劃分甘肅與寧夏的六盤山（隴山），當時位在涼州東南角的正中央，隴山以西即所謂的「隴右」❶。而今天蘭州市西側與西南側、一直到青海湖（西海）一帶，因為有湟水與黃河流經，被稱為「河湟」地區，這裡便是東漢兩百年羌亂的核心地區。

董卓的故鄉隴西臨洮，約當於今天甘肅省岷縣，便位於這個核心地帶，漢帝國在此特別設置了隴西南部都尉，專司對少數民族的軍事統治。

「羌」是上古漢人對青康高原一帶某些民族的泛稱。之所以說「某些民族」是因為同個區域還有「氐」的分布，羌與氐顯然是不同民族，至少漢人區分得出來。羌的分布範圍很廣，生活型態從游牧、半農半牧到農業都有；和北亞的匈奴與東北亞的東胡不同，羌人在兩漢時期始終沒有形成強力的中央政權，他們以無數大小部落的型態生存於高原山地間，或是互相爭鬥，或是為政治利益附從於匈奴或漢帝國。

西元前二世紀末，西漢帝國擊退匈奴，開拓河西走廊，壓迫河湟地區羌人的生存空間，從此漢羌衝突不斷。漢帝國一方面以武力鎮壓，另一方面將降伏的羌人向帝國內地遷徙。到東漢時，涼州已是「涼州部皆有降羌」，漢人一般將遷到隴山以東的羌人稱為「東羌」，以西則為「西羌」。但無論東羌或西羌均持續受到漢人的壓迫，零星衝突最終演變成大規模的反抗行動，是謂「羌亂」。

我們很難具體計算東漢兩百年間發生了幾次羌亂，若讀《資治通鑑》，東漢中後期幾乎每一年都有對羌作戰的紀錄，有時是東羌、有時是西羌，有時是少數部落的武力對抗，有時是整個種族的大規模攻擊。董卓出生前十年，東漢才平定了歷來規模最龐大、歷時十數年的「永初羌亂」，亂事起自隴右，董卓老家臨洮是最先被羌人佔領的城市之一，戰火蔓延到南方益州、東方并州與三輔地區[2]，連洛陽北面的河內郡都戒嚴。當時涼州的官員都是東方人，遇亂只想逃，東漢朝廷遂將隴西、安定、北地、上郡等四郡的居民東遷，甚至動用軍隊強迫遷移，造成難民「流離分散，隨道死亡，或棄捐老弱，或為人僕妾，喪其泰半」的慘劇。

東漢帝國花了十年的時間才將羌人逐出益州與三輔，完全平定涼州則是八年後、一二六年的事了。然而十五年不到，一三九年，涼州又爆發大規模的「永和羌亂」，隴西再度為羌人所陷，三輔再度受侵襲，東漢政府再度強迫移民，亂事大約持續六年，在一四五年左右平定。

這些戰亂都發生在董卓出生前後。董卓或許運氣不錯，出生在東方和平、富庶的潁川，不必甫張眼便目擊血腥殺戮、餓莩遍野的人間慘劇。但他終究是涼州人，隴西臨洮的根如一帖魔咒，注定他一生與血腥與戰禍為伍。

一五九年，東漢桓帝延熹二年，羌亂再起，當時董卓約莫二十到三十歲之間，朝廷新派任的護羌校尉是涼州本地人，祖籍武威郡姑臧縣的段熲段紀明，「涼州三明」中的一「明」。

---

❶和今日不同，古中國以西為右，因此史書上出現「關右」是指崤關以西，出現「江左」是指長江以東。

❷「三輔」即京兆尹、左馮翊、右扶風，它們是長安周圍的三個行政區，既是行政區名，也是行政區首長的官名。三輔均屬於一級行政區，和郡、國同級，只是因為長安為西漢首都，因此官銜不同。

袁氏故吏羽林郎

段熲是孝廉出身，但他真正的本事在戰場上，他在遼東、青徐一帶都有戰功，一五九年出討羌亂是他頭一次回鄉作戰。往後十年，段熲將生涯的精力全押在對羌作戰上，前後斬首六萬餘級，最終於一六九年弭平羌亂，奉詔入京，一路當到太尉。

和「涼州三明」另外二位張奐、皇甫規主張對羌「剿撫並用」的策略不同，段熲是個完全的高壓派，他認為羌人「狼子野心，難以恩納，勢窮雖服，兵去復動，唯當長矛挾脅，白刃加頸耳」。他的平羌過程便是一直打一直殺，這使得他的歷史評價頗為兩極。司馬光認為羌亂原是帝國內政失序，段熲殺戮太過，雖有軍功，但君子並不認同。不過《後漢書》的作者范曄則認為種族清洗才是正確策略，所謂「羌雖外患，實深內疾，若攻之不根，是養疾疴於心腹也。惜哉寇敵略定矣，而漢祚亦衰焉。嗚呼！」

我們不在這邊對段熲做評價，畢竟這不是「段熲傳」，不過我認為范曄「寇敵略定矣」的觀察並不正確，段熲的做法並沒有真正解決問題，否則二十年後便不會有邊章、韓遂等人領導的涼州亂事。

話說回董卓。照時間推算，段熲在河湟一帶鎮壓西羌時，約莫就是董卓擔任涼州兵馬掾時，兩人可能有過若干接觸，段熲非名門出身，年輕時「習弓馬，尚遊俠，輕財賄」，和董卓的背景有幾分類似，段熲大概因此對這個年輕警官留下印象。

一六一年，段熲的職涯出現波折，他被涼州刺史郭閎誣陷，革職回洛陽受審，但因涼州戰事非他不可，他在牢中蹲了一年便平反復出，先任并州刺史，隔年復任護羌校尉。

段熲應是第一次意識到官場殺人比戰場殺人更可怕，征戰在外，朝內不能無人，他於是想到董卓這個年輕人：能打，在東方待過，受過基本教育，於是他以刺史身分向洛陽內的高官們推薦董卓，很幸運地，大鴻臚袁隗接受這個推薦，聘用董卓為幕僚❸。

袁隗，字次陽，豫州汝南人，汝南袁家「四世三公」中的第四世，在一六二年當下，他是家族中的少壯派，父親袁湯從太尉任上退下已近十年，他和哥哥袁逢一人為大鴻臚，一人為太僕，俱是九卿之位，三公候補；兩個姪子袁紹與袁術應還在兒童階段。

袁隗年紀不會比董卓大，但一人已是部長層級，另一人則僅是邊區的保安隊長，身分判

---

❸《三國志》注引《吳書》記載：「并州刺史段熲薦卓公府，司徒袁隗辟為掾。」這段記載有個時間上的問題，段熲當并州刺史的時間不長，一六二年上任，隔年就改任護羌校尉，而袁隗當上司徒卻是十年後一七二年的事。換句話說，絕對不可能有擔任「并州刺史」的段熲，將董卓推薦給擔任「司徒」的袁隗這回事。有一說認為，董卓確實是在一六二年時受舉薦，不過辟用他的是時任司徒的种暠，並非袁隗。這說法有其道理，种暠當過涼州刺史、漢陽太守，提攜邊地青年合情合理。不過在沒有明確相反證據的情況下，我想我們還是採信「段熲推薦董卓為袁隗掾屬」這樣的記載，可能頭銜有誤植，時間上也有點模糊。一七二年之前袁隗擔任大鴻臚，工作是「掌諸侯及四方歸義蠻夷」，聘用有邊地經驗的董卓也是頗合理的。

若雲泥。對董卓而言，進入袁家是個一步登天的機會，這是他第一次見識到帝國的風華，洛陽的金閣魏闕，世族豪門間的送往迎來，與邊地的風沙形成強烈對比。

一旦打進那圈子，要再往上攀升便容易許多，在袁家待了幾年後，董卓又進一步，這次是進宮，以「六郡良家子」的身分擔任羽林郎。

「羽林」是西漢所創立的禁軍，負責皇宮守衛，成員主要從隴西、天水、安定等邊陲地區的良家子弟中選任，有強化邊區人民對帝國認同的效果。體制上，羽林軍的上司是九卿之一的光祿勳，實際指揮官則是羽林中郎將或騎都尉，其下設有羽林左、右監，以及約一百多人的羽林郎，再下去便是約千餘人的羽林軍。論官階，羽林郎秩比三百石，和縣尉、縣丞相當，董卓他爸幹了一輩子最高也就到這層級。

羽林郎只是個士官，但因為是皇家禁軍，士官也夠嗆狂的了。雖說制度上羽林軍士是從邊區青年中選任，不過在洛陽禁軍中，父死子代是尋常情況，有所謂「羽林孤兒」、即由羽林軍陣亡將士子弟組成的部隊；另一方面，漢桓帝劉志也將羽林軍列為賣官的項目之一（價格不清楚）。在這種情況下，董卓以一個小吏之子能被選為羽林郎，「袁家故吏」的身分應該幫了不少忙。

董卓在洛陽中逍遙一陣時日，所謂「依倚將軍勢，調笑酒家胡」。一日，他接到軍方的人事令，要他加入西征軍隊，指揮官乃是頂頂大名的張奐張然明。

竇武政變

史載，董卓擔任羽林郎是在桓帝劉志御宇末年，那時帝國中央與邊陲都不平靜。一六六年，「黨錮之禍」爆發，宦官與士大夫鬥爭白熱化；同一時間，除了段熲持續與西羌作戰外，鮮卑、烏桓、南匈奴、東羌在一六六年聯合反漢，造成西北、北境極大的壓力。

對抗北方聯盟，東漢帝國打出王牌，「涼州三明」之一的張奐。張奐，字然明，敦煌郡淵泉縣人，和段熲不同，張奐是經學士大夫背景出身，長年在洛陽當個不大不小的議郎，年過五十才派任軍職；他致力以外交、文化手段處理異族問題，大力整頓邊疆吏治，獲得相當好的成效。一六六年正月，朝廷將已經有點年紀的張奐調回洛陽當大司農，北方各族立刻聯合造反，朝廷只好將張奐再外放邊區，讓他當護匈奴中郎將，更以「九卿秩督幽、并、涼三州及度遼、烏桓二營，兼察刺史、二千石能否」，等於是帝國北疆最高指揮官，董卓加入的就是這支部隊。

北方聯盟遇上張奐隨即瓦解，匈奴、烏桓投降，鮮卑回到塞外，剩東羌先零等部在三輔地區為亂。一六七年，張奐採取軍事行動，以董卓、尹端為軍司馬帶兵出征，大破東羌，斬首萬餘級，安定了北疆三州。

然而當時這些戰事已不在帝國的焦點頭版上，一六七年十二月，年僅三十六歲的皇帝劉志駕崩，他沒有兒子，帝國陷入繼承危機。隔年一月，皇后竇氏與父親城門校尉竇武定計，迎立十二歲的解瀆亭侯劉宏入繼大統，即史上所稱的漢靈帝，竇武被任命為大將軍，與太傅陳蕃、司徒胡廣參錄尚書事，共同輔政。

改朝換代對低階軍官董卓沒有太大的影響，他認真地打好三輔戰事，跟著張奐返回洛陽覆命。或許是因新帝初即位，萬事紛雜，這支軍隊在洛陽城外一駐就是好一陣子。

董卓記得很清楚，那天是九月十七日，清晨，緊急召集，皇帝降詔，大將軍竇武意圖廢帝謀反，命張奐即刻帶兵入京勤王。董卓一愣，今年初竇大將軍才迎立皇帝，怎麼沒幾個月又要廢帝？董卓趕到帥帳，見張奐焦急地踱著步，口裡喃喃念著「陛下有難」、「奸賊竇武」之類的話，董卓一向敬佩張奐的學養與智慧，見他慌成這樣，事情必然不假。

董卓遵從指令，整頓部隊進入洛陽，只見宮闕前兩支部隊正對峙，一邊打著大將軍旗號，那是由竇武親自指揮的北軍五營，人數數千人，隊伍整齊，裝配著作戰用的盔甲武器；另一邊則是打著皇帝旗號，是由宦官王甫指揮的宮廷衛隊，人數只有一千多人，還是由虎賁軍、羽林軍、廄騶、都候、劍戟士等好幾個不同單位臨時湊成，攜帶的也只是宿衛用的兵器。

張奐部隊的加入扭轉了皇帝軍的劣勢，王甫在優勢兵力的護衛下，揮舞著蓋有玉璽的詔書，高聲宣讀竇武的罪狀，痛叱北軍五營身為禁軍卻不明是非、為虎作倀；王甫接著放緩音調，表示皇上了解將士們為奸賊蒙蔽，只要投降，既往不究，重重有獎。

北軍將士久在京中，素來敬畏宮中的宦官，見了詔書，又見對方兵力佔優，對竇武的信心立時冰消瓦解。那天日頭未落山，竇武的人馬已散盡，竇武企圖逃走，但洛陽就那麼大，哪走得脫，王甫派兵合圍，竇武無奈之下只能自殺。宦官們擴大打擊面，軟禁竇太后，八十歲的太尉陳蕃下獄被殺，竇、陳兩家的親戚賓客門生不是被殺就是被流放。

董卓帶著部隊回到城外駐地，朝廷敘賞的命令也在這時下來，董卓被任為郎中，賜絲絹九千匹，董卓將絲絹全分給屬下，阿沙力地說：「跟著我，有事我扛，有好處大家爽！」

然而當董卓和他的部屬們還沉浸在「誅邪討逆」的榮譽感時，洛陽中的謠言已甚囂塵上，人們說竇武、陳蕃並未叛逆，他們原是謀劃誅除宦官，卻為宦官構陷，不得已才起兵抵抗。又有人說，枉費張奐自詡清流名士，竟也阿附閹宦，助紂為虐，這國家算是完了。

董卓並沒有像日劇裡的熱血小偵探那樣，為了還長官清白而奮戰調查，他看著張奐蒼白的臉，看著日正當中，默默解釋一切。

事實上，董卓是否親身參與「竇武政變」史未明載，按理說他當時應在洛陽，要不是以軍司馬的身分待在張奐軍中，要不以郎中身分待在宮中，兩者都為他提供很好的機會，得以近距離觀察這場政變。

從宏觀角度看，這場「竇武政變」是東漢二百年士、戚、宦之爭的一個章節，從細部觀之，「竇武政變」對二十年後的「何進政變」有相當大的影響，「何進政變」中的幾個主要角色在「竇武政變」時已出場，只是隱藏在畫面暗處。竇武、陳蕃以絕對的優勢卻慘敗給宦官一事，必然帶給士大夫圈子極強烈的震撼。

細究竇武政變的經過，我們可能都會疑惑：竇武怎麼會失敗？

省中：空間政治學

竇武出身超級名門的扶風竇氏，他的女兒是漢朝開國以來的第三位竇皇后，他隻手遮天迎立十二歲的孤兒遠房藩侯為皇帝，是紮紮實實的King Maker。劉宏即位後，竇武擔任大將軍、錄尚書事，常居省中，軍政大權一把抓，他的姪子竇紹擔任步兵校尉，控制北軍，另一個姪子竇靖為侍中兼羽林左監，控制羽林軍。除此之外，竇武享有很高的名聲，與劉淑、陳蕃並稱「三君」，即便去掉外戚的光環，他在士大夫圈依然嚇嚇叫。也因此竇武誅滅宦官的行動受到廣大士人的支持，事實上，他先前已成功地說服女兒殺掉管霸、蘇康兩個大宦官，這回目標是更大尾的曹節、王甫，難度高了些，但看不出失手的可能。

竇武的計畫縝密，第一步，先以自己陣營的宦官山冰擔任「黃門令」，那是宮中宦者的主管，對個別宦者有逮捕審判之權。山黃門一上任立刻以「狡猾無狀」的罪名逮捕長樂宮（太后寢宮）宦官鄭颯，嚴刑審訊之下，鄭颯扯出曹節、王甫等人，山冰隨即上奏請求逮捕共犯。山冰的奏章由同樣是自己人的侍中劉瑜陳報宮中，只要皇帝批准（也就是太后批准），立刻可以進行宮內的大清洗。

套句港片裡的臺詞：球證、旁證都是我的人，看你要怎麼跟我玩！

但問題就出在這個環節上。山冰的奏章上得晚了，得隔天才能判發，竇武大概覺得大事抵定，當晚沒留宿省中。夜間，負責文書整理的宦官將消息洩露給另一名長樂宮的宦官朱瑀，朱瑀再通知曹節，一切便炸開了。曹節、王甫果斷採取行動，將小皇帝從御床上挖起來，藉口有人叛變，擁著皇帝上殿，脅迫值班的尚書省官員發詔令，殺山冰，改由王甫擔任黃門令，釋放鄭颯，控制宮中所有宦官；同時裹脅竇太后交出玉璽，封閉宮門，再由鄭颯傳太后旨意，稱竇武造反，命謁者與御史到竇府拿人。

竇武看見女兒簽發的逮捕詔令肯定是晴天霹靂，他拒絕奉詔，逕入北軍步兵營，和竇紹率領北軍數千人起事，宣稱宦官造反。宦官則一面下詔給張奐，一面動員羽林、劍戟士等宮內的衛隊與竇武對峙，結果竇武麾下士兵散盡而自殺。

理性的觀察者應可從這場政變中獲得一項基本的啟示，宦官真正的可怕的地方便是：他們離皇帝太近了。

在這邊，我們要簡單說明東漢宮廷的三層政治空間。

對兩漢政治史略有涉獵的人會知道，漢帝國朝廷有所謂的「外朝」與「內廷」之分。依最初的設計，外朝是由宰相領導的「政府」，它包括龐大的官僚組織，負責帝國的日常運作，這些機關衙署的辦公室都設在皇宮之外，官員們藉由不同型式的會議與皇帝交換意見。在東漢的政府設計中，外朝由「三公」領導：司徒、司空、太尉，他們的辦公室設在洛陽城南、開陽門內；每一「公」的辦公室底下都有長史、掾屬、令史等數十乃至百名屬官。這些屬官都由三公自行聘用，也就是史書上常見的「辟公府」，是年輕士人進入政府的跳板之一。

而內廷則是由皇帝代表的「宮廷」，它的組織相對簡單，只有六個單位，即所謂的「六尚」：尚冠、尚衣、尚食、尚沐、尚席、尚書，顧名思義，六尚的工作就是照顧皇帝的私生活，他們辦公地點自然都在皇宮裡頭。

然而外朝與內廷的平衡隨著時間慢慢打破，雄才大略的劉氏皇帝們不甘心只當帝國的吉祥物，他們想插手政務細節，乃使「內廷」逐漸侵入「外朝」領域。這其中的關鍵角色是六尚之一的「尚書」，它原本只是幾名幫皇帝整理文書的私人秘書，經常由宦官擔任，但為使皇帝有效決策，尚書的功能與權力逐漸擴張。東漢之後，「尚書臺」正式成為帝國中樞，「政令之所由宣，選舉之所由定，罪賞之所由正」，它依然是內廷單位，辦公室依然在宮內，只是現在是個包括尚書令、左右僕射、尚書、侍郎、左右丞、令史等人數超過百人的巨大機關，清一色由士人任職。同樣地位提升的內廷單位還有御史臺、謁者臺等；外朝三公雖然地位依舊崇高，公府組織依舊龐大，實際上只是高階顧問，不再有決策之權。

這就是東漢所謂的「雖置三公，事歸臺閣」。

然而除了內廷與外朝之外，東漢朝廷還有第三層政治空間，那就是「省中」。

「省中」指的是皇宮中皇帝居住的區域，原本稱為「禁中」，西漢元帝皇后王政君的父親名叫王禁，為避諱便將這區域改稱「省中」，有時候又稱「禁省」、「省內」。我們無法確定東漢的「省中」究竟包括洛陽皇宮中哪些區域，一來因為我們對於洛陽皇宮的平面配置仍不清楚，二來也是因為皇帝對於想要住在哪間宮殿有自主權，因此不同皇帝、甚至同一個皇帝的不同時期，可能會畫出不同的省中區域。

省中的對外門戶便是所謂的「黃門」，必須有特別的授權才能進入。而「宦者」、「中官」、「內官」大概可以理解為同義詞，指的是那些專門伺候皇帝起居、常居省中的官員。西漢時，「宦者」與「閹人」並非等號，直到東漢，宦者才全用閹人；東漢早期，有小雞雞的侍中也常住省中，擔任皇帝的貼身顧問，但後來有侍中在禁區動刀動槍，造成維安問題，侍中們便被趕了出去，只能有事時入奏省中，到了東漢末年，省中已是宦官獨佔的地盤。董卓早先任職的羽林軍主要任務是皇宮維安，但羽林軍仍進不了省中，省中的維安由武裝宦官「中黃門」負責。

省中、內廷、外朝，從裡而外的三層政治空間決定了誰在什麼情況下擁有決策的優勢。

平日宦官煽風點火，三公九卿或尚書御史們在朝堂、在內廷都還有辯論的機會，但只要皇帝退回省中，便進入宦官的絕對領域，尤其夜晚，黃門一閉，任你三公將軍都無法掌握宮內的狀況。竇武身為外戚大將軍，原是有資格留宿省中的，他出宮外宿，定好的詔書於是一夜翻盤。

當然，這三層政治空間成立的前提，還是帝國君主獨裁體制運作良好，換言之，「皇帝稱詔，太后稱制」是最高權威，任憑太后之父、萬人景仰的名士、權勢滔天的大將軍，都不足以抵抗一紙正式詔書。省中宦官以皇帝代理人的形象出現，禁軍得聽宦官的指揮，因此產生「營府素畏服中官」的現象。

竇武政變反映的另一個事實就是禁軍素質低落。依東漢禁軍體制，北軍五營負責防衛洛陽，羽林軍、虎賁軍與南北宮衛士等負責防衛皇宮（與西漢不同，東漢沒有「南軍」的稱呼）。東漢前期經常可見北軍、羽林軍、虎賁軍出征邊疆的記載，但中期之後大概邊患太過頻繁，戰事依賴邊兵（如護羌營、度遼營）或歸化的胡人傭兵（即××義從），禁軍出征便不再見於史冊。

以北軍為例，最後一次可考的北軍出征是一〇七年、漢安帝永初元年，當時西羌起事，「（鄧）騭將左右羽林、北軍五校及諸郡兵征討之」，結果慘敗；從此之後北軍只在洛陽附近守備，甚至得幫宦官修墳墓，活得相當窩囊。

換言之，一六八年竇武政變時，洛陽北軍已多年未有實戰經驗，加上世襲、賣官等現象，北軍中像董卓這樣有實戰經驗的軍官應是少之又少，當不打仗的禁軍碰上張奐底下這支剛浴血歸來的「外兵」時，自顯得像娃娃兵一樣。

以上這些現象，對於我們理解二十年後何進、袁紹那些看似彆腳的策略有很大的幫助。

竇武政變中最難堪的莫過於張奐。張奐長期以清流名士自居，但顯然無論宦官或是關東士人都沒當他一回事；黨錮之禍沒牽涉到他，陳蕃等人要誅除宦官也沒想找他商量。結果張奐莫名其妙地成為宦官的幫凶，令他大受打擊。

或許這就是涼州人的原罪，對關東士大夫來說，操涼州腔的傢伙，無論書讀再多、資歷再深，就該在邊疆打打殺殺，帝國的大局他們不懂，那是「真正的」士大夫們捨我其誰的責任。

張奐本身也否定自己涼州人的身分。政變之後，張奐拒絕朝廷賞賜，卻請求一項特權：將籍貫從涼州敦煌遷到司隸的弘農，這在制度上原是不准許的，「舊制，邊人不得內徙」，朝廷看在張奐的軍功上專案應允，從此以後，史書上便不再見「敦煌張奐」，而是「弘農張奐」。

換了籍貫，張奐的晚年仍不平靜，「竇武政變」隔年，他上書為竇武、陳蕃申冤，大大得罪宦官，最終被免職，禁錮鄉里（**這時他的鄉里已經是弘農了**），但段熲又來找他的碴。原來段熲平定羌亂，凱旋回京，任司隸校尉，他阿附宦官，之前又因羌亂問題與張奐有過節，於是一直找張奐麻煩，想把他踢回涼州，張奐低聲下氣地寫信給段熲，苦苦哀求，段熲才放他一馬。張奐之後便在弘農教書寫書，於一八一年以七十八歲的高壽過世。

至於段熲，他平定東西羌，立下曠世奇功，但屈從宦官殘害忠良，又是臭名昭著，他回洛陽後起先官運亨通，從司隸校尉一路升到太尉之職，一七九年，段熲的靠山大宦官王甫被彈劾，段熲也受牽連下獄，在獄中服毒自盡，家人被判流放邊區。

「三明」中的最後一「明」皇甫規則在一七四年於護羌校尉任內過世。他和董卓牽扯不多，但他的妻子馬夫人、姪子皇甫嵩卻與董卓有著不解的孽緣。

「涼州三明」半生為帝國捍衛西疆，但結局最好也就是善終，與他們的戰功不成比例，這帝國仍是東方人的帝國，涼州人終究是邊地人而已。

三明已逐一遠去，歷史舞臺要輪到下一個世代了。

後三明時代

一六八年，董卓跟隨張奐對羌作戰有功，他將朝廷的賞賜「悉分與吏兵」，大概從這時候起，董卓便有了一小群追隨者，他們都是苦命的涼州人，盜馬、殺戮、在沙場上舔血度日，他們被董卓的魅力所吸引，相信他是個有能力、有義氣的領袖，可以為他們殘敗的人生帶來希望。

接下來的十五年，即董卓三十五歲到五十歲這段時間，理論上是董卓職涯的黃金時期，但也是史書記載相對模糊的一段期間，我們只能依有限的史料推測董卓的職涯路徑。

一六八年後，董卓先在宮中當了一陣子的郎中，然後派往北方的并州雁門郡廣武縣當縣令，這裡是帝國面對鮮卑的前線，董卓可能參與了對鮮卑的戰鬥。

董卓下一個職位是西南方的蜀郡北部都尉，這職位聽起來像武官，其實是少數民族特別行政區的行政長官。蜀郡北部都尉轄區主要為今天四川茂縣，當時是冉駹夷的住居地，冉駹夷可以再細分為六夷七羌九氐等幾十個部落，他們是母系社會，夏天在家鄉耕種放牧，冬天則到蜀地平原打工。董卓在任時，冉駹夷平安無事，益州其他地方雖發生益州夷、板楯蠻的亂事，但似乎都和董卓無關。

董卓之後再調任西域戊己校尉，這是東漢在西域駐軍的軍職，駐地在今天吐魯蕃附近，重點工作是守護車師、伊吾兩個重要城邦。靈帝劉宏時期，東漢在西域已不如以往強勢，不過因為不存在像匈奴那麼強大的外敵，因此駐西域官員的日子大概還過得去。較重大的事件發生在一七五年，于闐發兵殺害拘彌國王，東漢派駐的戊己校尉、西域長史沒辦法懲罰于闐的侵略，只好協助拘彌另立新王。我們不知道這當時負責的這位「戊己校尉」是否姓董。

董卓在戊己校尉任上出了差錯被免職，但隨後又被起用為并州刺史，稍後被升到二千石之位的河東太守，這時已經是劉宏統治的第十六年，光和七年，西元一八四年。

王粲的《英雄記》記載：「（董）卓數討羌、胡，前後百餘戰。」但從前述董卓一六八年到一八四年的履歷，似乎看不出那麼輝煌的戰績，可能記載不全，或者董卓打的都是小規模的衝突，不具歷史重要性。我個人認為，和他粗暴的形象相反，董卓在戰場上相當謹慎，以保存部隊為優先考量，乃至於他沒有什麼耀眼的戰績，他最終會成為「素著威名於隴蜀之間」的涼州一哥，其實是大環境因素。

段熲雖平定羌亂，帝國邊境仍不安靜。鮮卑人檀石槐以天才領袖之姿崛起草原，三十歲不到便一統各游牧部族，建立起「東西萬四千餘里，南北七千餘里」的超級鮮卑汗國。檀石槐有組織地對東漢帝國進行侵略，幽、并、涼三州各郡縣每年都遭鮮卑鐵騎的蹂躪，後期甚至有半年內鮮卑寇邊三十餘回的紀錄。悲慘的是，帝國面對鮮卑入寇似乎沒什麼還手的能力，呆呆被殺被搶，別說反擊，連防禦戰都相當零星。

這樣的情形持續了約十年，一七七年，東漢軍方忍無可忍，動員全國騎兵數萬，由護烏丸校尉夏育、破鮮卑中郎將田晏、護匈奴中郎將臧旻率領，三路討伐鮮卑。

夏育與田晏都是段熲帶出來的人，是段熲對羌作戰的左右手，以勇猛著稱；臧旻同樣是傑出的將領，曾平定東南會稽郡的內亂，對西北羌胡也有戰功。這三人是「後三明」時期帝國第一線的軍事將領，而他們率領的也是帝國最精銳、造價最高昂的騎兵，帝國以這樣的陣容北伐，預計「一冬二春」兩年時間，要將草原清掃乾淨。

結果全然相反，三路漢軍慘敗，「死者十之七八」，夏育三人保命逃回，被免為庶人。

東漢帝國從此喪失對抗鮮卑的本錢，只能繼續任由鮮卑劫掠，運氣不錯的是，檀石槐在一八一年過世，他的繼承人沒有管理龐大汗國的本事，鮮卑諸部分裂，要再組織起來已經是四十年後軻比能的事了。

如前所說，董卓在雁門郡廣武縣縣令任內可能曾與鮮卑交戰，但縣令資源畢竟有限，和同輩分的夏育等人相比，董卓在帝國軍隊中還排不上位。一七七年的北伐慘敗給了董卓機會，帝國將領大量出缺，有實戰經驗又不犯大錯的董卓自然在遞補名單上，朝廷用他當并州刺史可能就是為了對抗鮮卑，之後能升任河東太守，顯示董卓幹得還不錯。

澄清一點，《三國演義》描述董卓靠賄賂宦官而升職，不過正史記載上看不出這層關係，頂多袁宏的《後漢紀》提到，董卓在河東太守任內，曾送禮給弘農在野的老長官張奐，張奐「惡卓為人，絕而不受」，由此可推測董卓名聲不大好，但也無法斷言董卓依附宦官。

總言之，董卓大器晚成，年過半百時才有機會在將星黯淡的東漢夜空中被留意到，他升到了河東太守的二千石大位，河東乃司隸三河之一，首府安邑離洛陽一百二十公里，屬於精華地段，他一個涼州出身的小吏之子能走到這邊已經是難能可貴。

然而好戲才正上演。

一八四年，黃巾之亂爆發。

歲在甲子，天下大吉

容我用拙著《橫走波瀾：劉備傳》的幾個段落來描述黃巾之亂：

「鉅鹿人張角以符水治病等道術為號召，十餘年間吸引信徒達數十萬，他有組織地將各地信徒分為三十六方，每方置渠帥一名負責指揮，同時由高級使徒馬元義進入洛陽，負責組織首都的信眾，馬元義甚至滲透進皇宮，取得皇帝身旁宦官的合作。張角於是定下革命行動計畫，所有信眾以黃巾為幟，行動時間為光和六年三月初六，行動代號：『甲子』。」

「這大概是中國史上規模最廣、計畫最詳細、組織最嚴密的革命行動，若是按計畫實行，馬元義應可在第一時間率兵闖入禁宮，宰殺那個只會要錢的狗皇帝，切斷漢帝國的中樞神經，其餘各地黃巾軍將同時起事，攻佔城市要塞，阻截官軍的聯絡，只要幾天的時間，漢帝國就會陷入癱瘓，就算之後還能醒過來，天下也已經易主姓張了。」

「不過這嚴密的計畫卻敗在一個叫唐周的『抓扒仔』身上，他在行動日之前一個月，向洛陽中央告密，漢政府馬上下令逮捕馬元義，車裂處死，同時搜捕洛陽皇宮內外的太平道信徒，處死千餘人，並下令通緝張角。張角只得倉促下令起事，一時之間，數十萬黃巾黨徒在全國各地揭竿起義，襲擊公署，攻殺官員，十三州中有八州陷入亂事，京師震動。死愛錢的漢靈帝這下也知道事態嚴重，他一面下令調動軍隊捍衛洛陽，同時派出朝廷中幾位最能打仗的將領：盧植、朱儁、皇甫嵩，負責圍勦冀州與潁川一帶的黃巾。」

盧植、朱儁、皇甫嵩是效忠帝國的最後一批名將，三人來自不同背景，與董卓也將有著深淺不一的互動。

盧植是東北方幽州涿郡涿縣人，劉備的同鄉也是後來的老師，他是個北方大漢，身材高大（一百九十公分），聲音洪亮，酒量好；他師承馬融，與鄭玄是同學，最初任博士（念博士酒量都要不錯的樣子），後來以「才兼文武」出任地方，平定九江、廬江等地的少數民族叛亂。黃巾之亂爆發時他在中央任職尚書，經高官們推薦出任北中郎將，討伐冀州張角的大本營。

朱儁則是東南方揚州會稽人，出身貧寒，父親早死，母親賣布將他扶養長大。朱儁顯然非常有能力，他從縣府裡小小的書佐幹起，獲得歷任長官一致好評，使他一路升到交趾刺史的位置，規模龐大的交趾亂事他只用了幾個月就平定，朝廷於是封他為侯，並升任諫議大夫。黃巾之亂爆發，朱儁受推薦擔任右中郎將，討伐豫州、潁川一帶的亂事。

皇甫嵩則是西北方涼州安定人，涼州三明之一皇甫規的姪子，父親皇甫節曾為雁門太守。皇甫嵩走的是名門子弟的路線，舉孝廉、茂才，進中央為議郎，首次外放便已是二千石的北地太守。黃巾之亂時，他積極向皇帝提案，建議解除黨錮禁令、由皇帝出錢出馬獎勵軍隊士氣等，劉宏照單全收，並任皇甫嵩為左中郎將（皇帝OS：那麼會講，也要會打啊！）負責豫州戰事。

黃巾之亂規模龐大，朝廷的第一要務自是保護首都洛陽，因此資源主要集中在鎮壓潁川、汝南一帶的亂事，除了朱儁、皇甫嵩外，騎都尉曹操、豫州刺史王允等接續參戰，朱儁帳下還有未來天下知名的大人物、佐軍司馬孫堅。

相對起來，北方冀州戰線的星光就較為暗淡，盧植會同冀州地方部隊，單挑張角、張寶、張梁三兄弟。然而盧尚書可非省油的燈，他連戰皆捷，黃巾軍退入廣宗、曲陽兩城，被政府軍團團包圍，當時張角又病死，黃巾軍形勢大劣，眼看便要煙消瓦解。

這時皇帝就來幫倒忙了，朝廷派宦官左豐去視察冀州戰事，盧植不願給賄賂，左豐回去就報告說：「廣宗很好打嘛！盧中郎就是不發兵，說是要等天雷打下來劈死賊人！」劉宏還真信了這低能的誹謗，下令逮捕盧植，改派董卓以東中郎將身分繼續攻打廣宗。

董卓終於躍上大舞臺，他千里迢迢地從河東郡趕到冀州接手戰事；理論上，對羌胡有百餘戰經驗的董卓，面對東方沒什麼訓練的黃巾農民軍應是手到擒來，然而真正交鋒下來，董卓卻吃了虧。據記載，董卓當時與鉅鹿太守郭典圍攻曲陽城，郭典打算築圍塹困死敵軍，董卓卻怕落宦官口實，主張積極進攻，結果城不但打不下來，還差點被張寶突圍而出，全虧郭典的部隊晝夜輪攻才沒讓敵人找到空檔。當時便有打油詩說：「郭君圍塹，董將不許，幾令狐狸，化為豺虎。」

這樣打了幾個月，曲陽、廣宗還是拿不下來，皇帝更火了，他拔了董卓的官階，下獄候審，改派剛剛在豫州取勝的皇甫嵩接手冀州戰事；結果皇甫嵩一戰下廣宗，殺張梁，斬首三萬，將張角剖棺戮屍，再戰下曲陽，殺張寶，斬首十餘萬。因殺人太多，皇甫嵩在曲陽城外將死屍堆疊，上頭覆土形成像金字塔的建物，即所謂「京觀」。

話說所謂「黃巾賊」多數是為生存鋌而走險的百姓，政府鎮壓卻不思反省，竟還築屍為塔，炫耀皇威，不禁令人搖頭歎息。不過我們也不能單從這個角度評斷皇甫嵩，他在平定亂事後，請旨免除冀州賦稅一年，百姓謳歌讚頌，又是歷史的另外一面了。

第一次的黃巾之亂便隨著曲陽大屠殺告一段落，最初聲勢浩大的亂事僅歷時九個月就告平定，皇甫嵩與朱儁因此名震天下，皇甫嵩晉升左車騎將車，領冀州牧，封槐里侯，食邑八千戶；朱儁則為右車騎將軍、光祿大夫、錢塘侯，原本封邑一千五百戶再加五千戶。其他功臣也各有封賞，如曹操便獲拜濟南相。

至於盧植、董卓這兩個被關在牢裡的呢？皇甫嵩竭力為盧植說情，盛讚盧植布兵方略，朝廷於是免了盧植的罪，讓他繼續回去當尚書。大概是因為盧植沒事所以董卓也沒事，不過朝廷並沒有恢復他的官銜，等於是罷官了事。

走出牢房換上布衣的董卓，大概要大歎十幾年來的努力就這樣化為烏有，官場如戲場，就當是做了夢一場吧！

若是這樣想，那就太早了。

三輔戰紀之一：皇甫嵩

段熲勦平羌亂後，涼州地區平靜了二十年，但這並不表示涼州的百姓有好日子過，涼州邊區，官員多半不願派駐此處，劣幣驅逐良幣的結果，就是涼州政壇盡是些拐瓜劣棗，搞得基層公務員與百姓苦不堪言。

關於這一點，我們可以從「涼州硬漢」蓋勳的官場生涯中看出一些端倪。

「涼州硬漢」是我自己幫蓋勳取的外號，沒什麼理由，就覺得他的名字與經歷都很「硬」。他出身敦煌的名門世家，年輕時在漢陽郡擔任事務官，涼州刺史的辦公室就在漢陽郡[4]隴縣，因此蓋勳「很幸運」地有機會與歷任涼州刺史共事。

他遇到的第一位涼州刺史名叫梁鵠。當時武威太守（名不詳）犯法，經州從事蘇正和調查屬實後，上報給梁鵠處理。但這位太守有靠山，梁鵠不敢動他，於是貫徹「有問題時解決提出問題的人」哲學，反過來要把蘇正和殺了滅口。梁鵠知道蓋勳與蘇正和有過節，便唆弄蓋勳公報私仇，蓋勳對此嚴詞拒絕，蘇正和因此保住一條小命。事後蘇正和向蓋勳道謝，蓋動只是冷冷地說：「公事公辦，關你屁事。」還是一樣討厭他。

不久之後，蓋勳換了一名更差的老闆，涼州刺史左昌，當時涼州已有戰事，左昌竟趁機貪污軍費數千萬。蓋勳沒提出檢舉，只是私下好言相勸，左昌便「見笑轉生氣」，決定要蓋勳的命。他派蓋勳帶少少的兵屯駐阿陽，想趁他戰敗時以軍法治罪，想不到蓋勳竟「數有戰功」，反倒左昌被叛軍圍困，靠蓋勳帶兵解圍。

左昌最終因貪污被逮捕，換了個扶風人宋梟為刺史，宋梟覺得你們涼州多亂事，就是因為書讀得不夠，於是決定多抄寫《孝經》命百姓研讀。蓋勳聽了差點沒跌到地上，他規勸長官緊急時刻應先設想緊急措施，想這些有的沒有，「既足結怨一州，又當取笑朝廷」，但宋梟不聽，向朝廷報告他的好想法，結果朝廷以「坐以虛慢」罪名將他罷官逮捕。

簡單來說，畏懼權勢的、貪贓枉法的、腦袋不正常的，各式的爛長官都給蓋勳遇到了，他是硬漢，命硬骨子硬活了下來，其他的基層公務員與士官兵就未必有那麼好的運氣。

於是動亂發生。一八四年十一月，黃巾之亂接近尾聲之際，涼州北地郡的先零羌、金城郡枹罕縣的河關群盜，以及散居於金城、張掖郡的湟中義從胡共同造反，帶頭的是義從胡的北宮伯玉與李文侯。

這是場結合羌亂、兵變、民變的混合式叛亂。「先零羌」是諸羌中最早與漢帝國發生衝突的部族，他們與帝國纏鬥百年，從西漢打到東漢初年才稍微降服，大量人口被移入涼州、三輔地區；但先零羌並未瓦解，一百五十年的東漢羌亂中，先零幾乎無役不與，乃「東羌」

主力，涼州三明都曾為先零感到棘手，段熲在一六九年殺了幾萬人才告平定東羌，十五年後，北地先零又揭竿起義。

「湟中義從胡」原本站在先零羌的對立面，他們是古早西域大月氏與羌人混血的種族，很早歸降漢帝國，但文化與語言則完全羌化，他們散居涼州，常備兵九千餘人，長期跟隨漢軍作戰，段熲平羌時這支傭兵貢獻良多，北宮伯玉與李文侯可能是傭兵中的軍官，他們造反的理由不明，不外乎連當兵都活不下去，鋌而走險。

至於「河關群盜」便不知何許人也，可能就是一般被逼反的百姓，他們其中一人名叫宋建，在這次叛亂中，他在枹罕建立起「河首平漢王」的政權，延續三十餘年，是這批亂軍中生存最久的。

有職業軍人帶頭，這場涼州亂事來勢洶洶，護羌校尉泠徵首先被殺，估計整支護羌校尉營都加入叛軍的行列。叛軍隨後向金城太守陳懿詐降，誘逼涼州名士邊章與韓遂出面；叛軍扣住邊、韓二人，同時將陳太守帶到護羌營殺掉，再將邊、韓釋放。低能的涼州政府立刻將

❹可能有些三國迷（其實是我自己）第一眼看到「漢陽郡」會不知道這是什麼地方。其實漢陽郡就是舊稱的「天水郡」，東漢明帝時改名漢陽，曹魏（或是西晉）時又改回天水。《三國演義》中不分時期都是用「天水」舊名，連帶現在的大多數的三國電玩或二次創作也都只有「天水」而無「漢陽」之名。《三國演義》中另外有一個漢陽郡，但大概在荊州或揚州的某個不知名地方。

邊章與韓遂列為亂黨通緝，二人無奈，只好加入叛軍，造反到底[5]。（用《水滸》的語言，韓遂會說：「兄弟，你這可是害慘我啦！」北宮伯玉道：「哥哥恕罪，事到如今，哥哥就反了吧！」）

邊章與韓遂都是著名西州的「涼州大人」，長期在地方政府工作，對涼州事務比那些流水的政務官熟稔。韓遂尤其出色，他的父親與曹操同年舉孝廉，曾在洛陽混跡；有回韓遂進京公幹，何進聞其名聲，特別邀他一敘，韓遂建議何進立即殺除宦官，但何進沒有答應，韓遂於是返回涼州。

我們不大確定這場「何韓會談」發生在什麼時候，不過何進上位後便以蒐集寶可夢的心態在蒐羅天下名士，對韓遂拋媚眼也是很正常的，倘若韓遂最後留在何進府中，那他將會成為袁紹、曹操、劉表等人的同事，接下來的故事走向可能就不一樣了。

有了讀書人加盟，涼州叛軍便不再只是搶錢搶糧搶娘兒們的流寇，他們有了政治指導。一八五年春天，涼州叛軍一改「攻燒州郡」的打法，他們集中「數萬騎」向東南進軍，繞過蓋勳把守的漢陽郡，直趨三輔地區，同時打出響亮的政治口號：「誅宦官」。

皇帝劉宏還來不及為黃巾亂平慶功，又得面對聲勢浩大的涼州亂事，肯定心情惡劣。既然是涼州人作亂，就靠涼州人擺平吧，於是左車騎將軍皇輔嵩未及卸甲，隨即風塵僕僕地趕到長安，挑起帝國西線的重任；剛獲赦出獄的董卓也再次被起用，恢復原本中郎將的職銜，擔任皇輔嵩的副手。

這是董卓與皇甫嵩第一次合作，同為當代涼州籍將領，兩人之間多少有些心結，董卓大概覺得皇甫嵩這種經學世家子弟，軍銜不過靠父祖蔽蔭，讀過幾部《春秋》便以為懂得打仗，所謂「好弓馬」也就是在自家後院騎騎馬、射射標靶，豈能與我這種在戰場上一刀一槍拼搏的正港武人相提並論？不過這般念頭董卓不好說出口，廣宗之戰的新聞墨水還沒乾呢，你董卓打不下，皇甫嵩沒花多少力氣就拿下了，要說人家不會打仗？是黃鼠狼笑獅子不會偷雞嗎？

董卓越想越不甘，心內結規毬，不幸的是，這股鬱結還得悶在胸口好幾年。

皇甫嵩約是在一八五年三月抵達長安，面對來自涼州故鄉的敵人，皇甫將軍的無敵光環似乎不那麼閃耀，這場仗從春天打到夏天，一直沒有重大突破，朝廷開始出現雜音。

事實上，這場仗打從一開始就爭議不斷。

首先是傭兵問題，皇甫嵩出征之初，請求徵調東北方的烏桓傭兵三千人助陣，這看似簡單的請求卻引起朝臣論戰。當時擔任北軍中侯的鄒靖（對，就是那個帶劉備出道的鄒靖）認

❺邊章、韓遂被逼反的記載出自《獻帝春秋》，不過在這段紀錄裡頭，涼州叛軍的領袖是王國與宋建，與《後漢書》與《三國志》所記叛軍是由北宮伯玉與李文侯率領者不同。我想這場涼州叛亂組成複雜，應不是一時一地一人主導的行動，就像《水滸》中梁山泊外還有二龍山、桃花山之類的，因此逼邊章、韓遂入夥的是北宮伯玉、李文侯或是王國、宋建，可能當時也沒人搞清楚。

為烏桓太弱了，不如徵用鮮卑傭兵；大將軍府幕僚（也就是何進的幕僚）韓卓附議，認為鄒靖久居幽州，孰曉邊事，最好由鄒靖親自去募鮮卑騎兵五千人（主動幫人家加量的），必有破敵之效。

車騎將軍幕僚（也就是何進的弟弟何苗的幕僚）應劭則反對，他表示過往經驗顯示鮮卑傭兵紀律差亂子多，打完仗還不願解散，在中原圈地為王，問題多多。應劭認為在地問題應由在地人解決，隴西太守李參「沉靜有謀」，可由他聘募涼州羌胡為傭兵，直接對抗叛軍。史載，韓卓與應劭辯論許久，皇帝還為此召開百官大會，最後採折衷辦法，不徵用鮮卑兵，但仍徵用烏桓兵。

有趣的是，徵用烏桓傭兵引起一連串的蝴蝶效應。首先，幽州政府雖成功地募集三千烏桓突騎卻發不出薪水，烏桓騎兵於是全體叛歸東北。幽州人、退休高級官員張純與張舉早先爭取傭兵團差使被拒心懷不滿，遂趁機遊說烏桓各部，結果造成一八七年烏桓的大舉叛亂，人數多達十餘萬。這場亂事成為公孫瓚的出道作，劉備則差點死在這場亂事中。

蝴蝶效應還沒完。一八七年張純之亂發生當下，涼州亂事也還正旺，左支右絀的東漢政府只好徵調南匈奴的軍隊去平定東北的亂事，當時南匈奴的單于羌渠十分合作，派帳下左賢王帶兵往幽州助陣，但南匈奴底下各部落卻不願出兵，於是造反殺了羌渠；羌渠的兒子於夫羅前往洛陽告御狀，但到時劉宏已死，京師大亂，於夫羅帳下數千人於是在河東一帶流浪，與民變軍隊張白騎合流抄略民眾，我們之後還會見到他。

簡單來說，皇甫嵩討傭兵，從頭到尾一個烏桓兵也沒徵到，反而搞出幽州與并州兩場亂事，誠是屋漏偏逢連夜雨。

東漢朝廷吵的不只傭兵問題，還有「棄涼論」的再起。這不是東漢政府第一次考慮放棄涼州這塊領土，東漢立國之初，便有討論過放棄金城郡破羌縣以西的領土；約七十年後，永初羌亂大起，當權外戚大將軍鄧騭又提議棄涼，最後由虞詡擋下此案。

此下又過七十年，該是棄涼論再起的節奏。涼州亂事浩大，帝國到處徵兵調糧卻屢戰無功，司徒崔烈於是提議棄涼。這次反對的是曾跟隨皇甫嵩作戰、現任議郎的傅燮，他激動地表示：「斬司徒，則天下乃安。」

此言一出，立刻有人舉手說傅燮犯規，當廷侮辱大臣！劉宏倒沒生氣，和氣地問傅燮原因，傅燮嚴正地表示涼州為「天下要衝，國家藩衛」，若放任叛軍坐擁此地，無疑給他們充分的補給。崔烈身為宰相，若不知此節而為棄涼議，是白癡，當斬；若明知此節卻還為此議論，是不忠，一樣可斬。

劉宏認同傅燮所言，棄涼一案遂遭廢棄，傅燮因洗臉崔太尉聲望大漲，往後公卿位置開缺都會有人提名他，但也為他悲劇的下場埋下伏筆。

吵了傭兵、吵了棄涼，最終焦點還是落回戰爭本身。皇甫嵩和張讓、趙忠等大宦官本有過節，先前他戰功蓋世，沒人敢動他，現在打了幾個月還沒戰果，宦官們便開始動作，一八五年七月間，朝廷將皇甫嵩調回洛陽，拔掉將軍頭銜，削除兩千戶采邑，降為鄉侯。

接手作戰的是司空張溫，他掛上皇甫嵩原本的車騎將軍頭銜，他的副手是三公退下來、以「純素寡慾」著稱的袁滂，兩人底下則是兩位雜號將軍，蕩寇將軍周慎以及破虜將軍董卓。

三輔戰紀之二：張溫

是的，當皇甫嵩獲罪革去軍職時，董卓一點事兒也沒有，反而還從中郎將晉階為將軍，繼續西線作戰。

董卓的新老闆張溫是荊州南陽世族出身，妻子是襄陽蔡家的女兒（就是蔡瑁的那個蔡家，蔡瑁要叫張溫姑丈）；弟弟張敞曾任竇武幕僚，在竇武政變後保護竇家最後一道血脈逃亡零陵，隱姓埋名數十年。

張溫沒弟弟那麼血性，他的官當得很多很大，但名聲不怎麼光彩，史書上將他與段熲、樊陵並列，屬於那種有功勳名聲，但還是靠給錢、巴結宦官才升至高位的敗類。在來到長安前，張溫並沒有軍事經驗，能擠下皇甫嵩拿到總司令的位置，顯然有些我們不知道的內幕。

董卓對皇甫嵩還有幾分忌憚，現在換了個文官（還是敗類）當統帥，他蠻橫的本質就壓不住了，接下來他會為我們示範「老鳥給空降上司下馬威」的三步驟。

第一步驟，開會遲到。

新官上任一定會先開會，這時候身為老鳥的你，遲到就對了，到場後再假裝抱歉地說：

「歹勢歹勢，跟某某約了推不掉，某某又打電話來，反正我不重要啦，你們先談……」這其實就是告訴新上司：他媽的我超罩也超忙，少用這種鳥會來煩我，你這個菜逼巴！

於是張溫到長安後，「以詔書召卓，（董）卓良久乃詣溫」，連詔書當開會通知都可以遲到，董卓之囂張可見一斑。

第二步驟，絕不理屈。

新官上任三把火，新上司多半會先找些舊案來開刀，壓壓舊人氣勢。這時候身為老鳥千萬不能唯唯稱是，一定要用大量的資料、規則、慣例給頂回去，擺出一副「他媽的你這新來的懂屁」的樣子。壓熄那三把火，剩下就是你的場面了。

於是在會議上，張溫質問董卓先前作戰不利的原因，董卓態度強硬，不承認自己有任何責任，「溫責讓卓，卓應對不順」。

第三步驟：唱反調。

這是最重要的一步，當進入實質議題討論時，新上司說什麼，你就說相反的就對了，當然，唱反調不是無理取鬧，要講出道理、講出氣勢，表示我懂最多，至少比你這個空降菜兵多一百倍。

於是當張溫談到出兵討伐叛軍時，董卓立刻百般推辭，認為現在不是好時機，不宜出兵，「章、遂跋扈經年，當以時進討，而（董）卓云未可」。

在大殺老闆銳氣的當下，董卓注意到張溫與身旁一名年輕的軍官不時交頭接耳，那傢伙有副吳越人的長相，一雙虎目看過來隱隱透著殺氣。董卓後來才知道他是來自揚州吳郡的孫堅孫文臺，勇猛善戰，黃巾之亂中在朱儁麾下立有大功，此次張溫西征特別召他為參軍。

董卓不知道的是，在那個當下，孫堅差點要了他的命。

當時孫堅低聲向張溫建議：「董卓有恃無恐，說話放肆，將軍應以召集遲到為名，立刻將他處斬！」

張溫嚇了一跳，怎麼動不動就要殺人呢？他回道：「董卓在隴西蜀中素有威名，今日斬了，我們向西進軍就沒人可以依賴了。」

孫堅道：「將軍帶的是王師，威震天下，怎麼還需要依賴董卓？眼下董卓有三條罪狀：輕蔑上司，應答無禮，此乃罪一；態度消極，沮喪士氣，此乃罪二；先前受命，無功傲慢，此乃罪三。古來名將率兵，必定先殺人以立威，今天將軍不殺董卓，是自損威嚴啊！」

張溫還是不願一上任就開殺戒，他回道：「文臺你先出去，再這樣說話，董卓會起疑心。」

孫堅無奈，只得先行離席。

張溫人如其名，是個脾氣溫和的上司，不僅對董卓，他對其他部下也是百般容忍。他的參軍陶謙是個性古怪的老官痞，不僅擺老，還曾公然辱罵張溫，張溫雖火大，但也沒做什麼處置。要這樣一位首度帶兵的好好先生率領董卓、陶謙、孫堅這些驕兵悍將，也真是難為他了。

無論如何，一八五年八月，全國各地徵召來的步騎混合部隊十餘萬人，在張溫、周慎、董卓等人的調配下各就定位。張溫不敢滯留長安，他率軍向西推進，來到距長安約八十公里的美陽亭，涼州叛軍也隨之移動。兩軍在這邊幾次小型交鋒，都是政府軍吃敗仗；其中有記載的一仗還是由孫堅領軍，數千人的政府軍在美陽亭北面與叛軍野戰，結果孫堅大敗，印綬都掉了，自己也差點陣亡。

涼州叛軍之所以難打，是因為組成分子許多是訓練有素的職業軍人，又是涼州、三輔的地頭蛇，戰力自然比從帝國不同地區抽調拼湊成的政府軍高出一截。

關於這點，當時身在洛陽的諫議大夫劉陶有深刻的分析。他上書表示當前涼州叛軍都是段熲時代訓練的士官兵，他們「曉習戰陣，識知山川，變詐萬端」，而今朝廷最大的風險就是叛軍以輕騎繞過長安，切斷張溫軍與洛陽之間的連繫，最近跡象顯示叛軍已出現在河東郡，河東一旦失守，張溫將陷於孤立，而洛陽無軍可守，縱有天才也無計可施！

劉陶分析，首先應鞏固三輔地區的防務，特別要爭取地方民眾對政府的支持，現在賦役太重，三輔人逃的逃走的走，政府軍根本無法就地補給。另外朝廷也不該逼張溫一直西進，由於沒有殿後部隊，一旦前方失利，整支軍隊都會完蛋！

劉陶最後歸納出八件政府應該立刻辦理的緊急事項，具體是哪八件事史無明載，只知道多半與宦官有關，大致上就是把宦官殺光便天下太平。

這份上書對西線戰事沒有任何助益，唯一效果就是使宦官們大為光火，他們將劉陶誣陷下獄，劉陶在獄中閉氣自殺而死（**很難想像！**）。

史書上並沒有涼州叛軍攻打河東的記載，有可能是白波軍等并州的叛亂勢力南下造成的錯覺。無論如何，在一八五年秋天當下，西線戰事是相當絕望的，縱使一時不影響洛陽，涼州這條帝國的胳臂看來是保不住了。

十一月，事有轉機。一天夜裡，一顆巨大的流星或彗星劃過天際，尾長數十丈，叛軍的馬匹驢隻因此躁動不安（政府軍的馬就睡很好？），叛軍認為這是不祥之兆，士氣便沮了。董卓清楚涼州人的想法，立即發動攻擊大破叛軍，斬首數千人，叛軍無法維持，一退就退到漢陽郡與金城郡接壤處的榆中縣。張溫大喜，下令趁勝追擊，由周慎率三萬人進圍榆中，準備將叛軍一舉殲滅。

事後董卓回憶，當時他認為周慎打不下榆中，請求帶兵為周慎殿後卻被張溫拒絕，張溫命董卓另率軍三萬攻打北地郡先零羌，想一勞永逸解決涼州亂事。

董卓聽說孫堅對戰事有相同的解讀，孫堅的建議是：將周慎的三萬人部隊拆成兩部，周慎帶二萬人殿後，孫堅自己帶一萬人攻榆中，但重點是斷敵軍糧道，榆中沒有積糧，叛軍只能撤退，屆時周慎再壓上主力，便可以將叛軍逐出帝國邊境。但周慎拒絕此議，他集中兵力攻打榆中，宣稱城池旦夕可破；結果涼州叛軍出奇兵反斷政府軍糧道，周慎最後只能拋下輜重狼狽撤退。

以旁觀者的角度，涼州地廣人稀、征途遙遠加上地勢複雜，保持補給線暢通是作戰的前提，董卓與孫堅都了解這點，張溫與周慎則否。

董卓被派去打先零羌也不好受。他事後表示，他一開始就不認為能打下先零，但上頭有令，他只能盡量自保。他讓部下劉敬帶四千人屯駐安定郡，當先零羌採繞道、斷敵退路的戰術時，誤以為安定駐有大軍接應，與董卓軍稍稍交手便撤退。然而董卓的軍隊仍在漢陽郡望桓縣北部被羌軍包圍，糧食將盡，董卓命士兵在河流中建立堰堤假裝要捕魚，事實上是阻斷水流，使士兵得以涉水過河，待羌軍發現追來，董卓已毀壞堰堤，河流水深，阻斷追兵。

史載，這場追擊戰，政府軍六支部隊深入隴西，均戰敗而還，董卓的部隊維持得最完整，他因此成為本次作戰唯一受封賞的參戰人員，取得生涯一個爵位：嫠鄉侯，食邑千戶。

帝國與叛軍第二回合的交手便以打平坐收，叛軍被逐出三輔，帝國卻也無從收復金城郡，雙方內部都做了些調整，準備迎接第三回合的較量。

三輔戰紀之三：又見皇甫嵩

一八六年春天，張溫卸下車騎將軍的頭銜，回任三公，他來之前是司空，之後是太尉，榆中一戰打得零零落落，張溫不但沒事還可以升官，誠然是關係良好之人。到了冬天，張溫拍拍屁股回洛陽享福，孫堅、陶謙等也相繼回京，剩董卓一支部隊留駐扶風。

另一方面，叛軍內部也有變動。敗退回金城後，叛軍頭領們深切反省，認為是頭領名氣不夠響才導致失敗，這時新任的敦煌太守趙岐經過隴西郡襄武縣，這位趙太守資歷深，又受過黨錮之禍，是品質認證的名士，叛軍們於是殺到襄武，挾持趙岐，逼他當頭領（大概跟宋江去抓盧俊義一樣的道理），趙岐落落長講了一堆道理歪理，叛軍可能覺得他太煩，就把給他放了（其實叛軍這一趟抓了好幾個上任中的太守，但他們只要趙岐，不知道其他幾位下場如何）。

沒有名士當新頭領，原本的頭領們只好進行鐵籠格鬥。韓遂一口氣殺了邊章、北宮伯玉、李文侯三人，改擁立王國當大頭領，頭銜為「合眾將軍」。很明顯，經過兩年爭戰，老謀深算的韓遂已成為叛軍的實質領袖，北宮等軍人都不是這隻老狐狸的對手；但韓遂不願意站上第一線，他推舉王國當頭，一如宋江躲在晁蓋身後一般。

經過這番整頓，涼州叛軍高層終於安定下來，新頭領王國下令十餘萬大軍出擊，目標是金城郡東南方的隴西郡。

帝國中央已經沒有力氣去管「金城打隴西」這種「地方性」的戰事了，在扶風的董卓軍也沒有反應，倒是新上任的涼州刺史耿鄙雄心壯志，他徵集涼州六郡郡兵，準備硬槓叛軍，立下中央軍都辦不到的蓋世奇功。

不過延續東漢涼州刺史都很爛的傳統，耿鄙也不是啥好貨，他的秘書長程球貪污腐敗，基層積怨已久，結果耿刺史帶兵救隴西，隴西太守李相如不但不領情，還倒向叛軍回頭攻擊耿鄙，耿鄙一手提拔的軍司馬馬騰也倒戈相向，眾叛親離的耿鄙最後被屬員所殺。

涼州叛軍拿下隴西，隨即壓向漢陽郡。漢陽郡與三輔緊鄰，是涼州首善之地。二年前，叛軍受制於硬漢蓋勳的超硬力場放棄漢陽，這回他們捲土重來，蓋勳已調入洛陽，把守漢陽的是另一位涼州大人物，傅燮傅南容。

二年前那場棄涼大辯論中，傅燮力壓崔烈聲望大漲。稍後大宦官趙忠受命檢討黃巾亂後論功敘賞是否有所不公（這是因為皇帝白目地以平亂有功名義給宦官們封侯，造成輿論譁然，皇帝就要宦官自己擺平），有人便告訴趙忠，當年傅燮隨皇甫嵩討賊有功，卻因得罪宦官而無封賞，現在他名聲大，先給他補償對改變輿論風向有很大的幫助。趙忠於是派人將這事通達給傅燮，另外勸他：「你少罵宦官幾句，萬戶侯都不成問題啊！」

傅燮正氣凜然道：「遇與不遇，命也，有功不賞，時也，我傅燮豈會私求封賞！」趙忠氣得牙癢癢的，但又不敢動傅燮，只好封他為漢陽太守，算眼不見為淨。

傅燮回到故鄉涼州，一邊招納叛羌，一邊大開屯田，頗有成效，但沒多久便遇上涼州亂事。當初刺史耿鄙率軍親征，傅燮還苦苦勸阻，說人家「邊兵多勇，其鋒難當」，你耿刺史底下「新合之眾，上下未和」，出征必敗。而今耿鄙已死，傅燮除了精神以外，再沒有其他對抗叛軍的資源。

不過傅燮聲望真的很高，叛軍並不想和他直接對抗，幾千名叛軍軍士跪在城外，苦求傅燮投降，王國也派前酒泉太守黃衍來勸降，但傅燮皆不為所動，他告訴兒子傅幹：「亂世不能養浩然之志，食君之祿又怎能想著逃避？我今天就死在這裡了，你走吧，你有才智，當勉力為之。」一說罷便領軍出戰，臨陣戰死。

明末清初的歷史學家王夫之對傅燮有極高的評價，認為東漢末年若有所謂「中興之臣」，便只有傅燮一人，什麼朱儁、盧植、王允都不夠看。這當然是比較極端的說法，論能力或品德，傅燮毫無疑問是極出色的人物，但當體制腐爛時，留在體制內，任憑多大的本事也只能跟著一同沉下去。

看著傅燮的屍體，剛脫下官服、改易叛幟的李相如與馬騰肯定感慨萬千。

史書上關於隴西太守李相如的記載就只有起兵叛亂一句話，他的過去與未來我們都不清楚。不過如果大家記性好，二年多前那場關於烏桓傭兵的辯論中，應劭曾提到「隴西太守李參」這個人，說他「沉靜有謀」，有能力組織在地羌胡傭兵。我們不知道這個李太守是否就是那個李太守，如果是，這位有本領的李太守為何要背棄他的帝國呢？

馬騰的背景便清楚許多。《三國演義》為了幫馬超抬轎，將馬家描述成忠良名門、累世公侯，其實根本不是那麼一回事。馬騰家族並非涼州原籍，而是右扶風出身，雖自稱東漢伏波將軍馬援之後，但就算不是攀附，關係也早已遠得數不清。馬騰的父親馬子碩曾任漢陽郡蘭干縣縣尉，後來丟官，沒回扶風老家，反而流浪到更西邊的隴西郡，住在羌人區域，娶羌族小姐為妻，生子馬騰。

史載，馬騰身材高大，長相——特別是鼻子——雄偉奇異（「面鼻雄異」，不大懂這形容，可能是混血長相的關係），個性敦厚，受人敬重。他年輕時家中貧困，靠砍柴為生，後來應募從軍，快速爬到刺史身旁軍司馬的位置，然後再以迅雷不及掩耳的速度背叛長官，投向叛軍懷抱。我們同樣不清楚其中百轉千迴的思量與原因。

總之一八七年夏季，漢陽淪陷，涼州叛軍從此再也不用辛苦地跨過隴山才得見長安，他們已經在長安邊上。

經過一年多的休整，一八八年十一月，涼州叛軍再度踏足三輔地區，這次他們的目標是要塞陳倉。

陳倉位於今天陝西省寶雞市，離長安約一百五十公里，是關中盆地的西門戶，往南是翻越秦嶺的陳倉道，是「長安——漢中」的最短路線。叛軍此次選擇陳倉為目標，或許是考慮到一個月前益州爆發馬相之亂，企圖打開對益州的通道。

叛軍先前在涼州亂了一年多，洛陽方面一點反應都沒有（可能是無法反應，一八七年亂事實在太多了），現在陳倉被圍可不能坐視不管，帝國手上的牌有限，只好重複出牌，再度起用皇甫嵩為統帥，官銜左將軍，董卓則升級為前將軍，聽命於皇甫嵩，兩人各統兵二萬[6]。

---

[6] 我們現在很習慣三國人物「××將軍」的稱號，不過其實在東漢體制下，將軍是個珍稀的頭銜，只有重大出征時才頒授，戰後收回。正式的將軍號只有八個，依品秩高低為大將軍、驃騎將軍、車將軍、衛將軍，以及前、後、左、右將軍。像董卓先前的「破虜將軍」只是雜號頭銜。東漢末年到三國之間天下大亂，大家為走跳方便，將軍名號才開始浮濫。

這是董、皇甫第二次搭檔，董卓看見皇甫嵩一派儒將風範地走進長安大營時，心裡肯定感到說不出的厭惡，但畢竟皇甫嵩是有料的，董卓不敢像對張溫那樣造次，兩人開會討論戰局，董卓主張立刻出兵救援陳倉，他道：「智者不候時機，勇者不怕果決，今天這狀況，即刻救援便能保全陳倉，慢了，陳倉就完了！」

皇甫嵩搖頭道（**以下原文照引**）：「不然。百戰百勝，不如不戰而屈人之兵，是以先為不可勝，以待敵之可勝，不可勝在我，可勝在彼，彼守不足，我攻有餘。有餘者動於九天之上，不足者陷於九地之下。今陳倉雖小，城守固備，非九地之陷也；王國雖強，而攻我之所不救，非九天之勢也。夫勢非九天，攻者受害；陷非九地，守者不拔。國今已陷受害之地，而陳倉保不拔之城，我可不煩兵動眾，而取全勝之功，將何救焉！」

董卓肯定大翻白眼，心想，不救就不救嘛，吊一大串書袋幹嘛呢？是不會說白話文膩？誰沒讀過《孫子兵法》啊？

然而一如皇甫嵩所料，涼州叛軍圍城八十餘日，陳倉依舊屹立不搖，叛軍無法支持，解圍撤退，皇甫嵩下令追擊，董卓反對，這回換他引經據典了：「《司馬兵法》說：『窮寇勿追，歸眾勿迫』；《左傳》也說：『困獸猶鬥，蜂蠆有毒』，更何況我們現在面對的是支軍隊呢！」

皇甫嵩又搖頭道：「仲穎只知其一，不知其二，先前我不主動出擊，是避其銳氣，現在攻擊，是趁其頹勢，叛軍已散亂、喪失鬥志，我們以整擊亂，是打『疲師』，而不是追『歸眾』、『窮寇』。」皇甫嵩於是令董卓留守，親率部隊追擊，果然大破叛軍，斬首萬餘。

董卓連輸兩道，見笑轉生氣，從此深恨皇甫嵩。

涼州叛軍與東漢帝國第三回合交手在此告一段落，帝國雖成功保住三輔，但也無力西進，金城、隴西、漢陽三郡便成斷線風箏，再不受洛陽節制。

陳倉失利使韓遂又一次檢討叛軍的領導結構，他仍迷信「名士領導」，因此將王國給拉下位，跑回漢陽挾持當地名士、前信都縣令閻忠為頭領，並重新將部隊整頓為三十六部。閻忠並不願當叛軍首領，沒多久便病死，韓遂無奈，只好與馬騰接下領導的棒子，在起兵四年幾經波折後，涼州叛軍的最終型態「韓馬集團」終於成形。

至於董卓呢？陳倉一戰等於沒他的事，戰後他仍在長安附近駐防。算算日子，他在這兒也待了五年了，他是個六十歲的老人，有些習慣養成便很難改變，例如走過華山之險峻後，邙山就不再像座山；見識過終南山下數千前朝瓦陶窯竈的古拙磅礴後，洛陽城「百室連歌，千筵接舞」不過小鼻子小眼睛的玩意兒罷了。長安啊，是帝都，是好地方啊，唯一的缺點就是這裡有個皇甫嵩，每回見面心頭彆扭不說，還得做表面功夫，苦啊！

黃道北移，冰霜漸解，時間來到關鍵的那一年，中平六年、西元一八九年。

抗旨東行

三國史讀久了，不用費心也能記住幾個比較重要的年分，例如建安十三年、西元二〇八年發生赤壁之戰；建安二十四年、西元二一九年關羽失荊州。

中平六年、西元一八九年也是這樣一個年分，我們接下來會看到這一年發生的事情之多之重要，史書不僅按月分，甚至按日期記載。

那天洛陽來了道詔書，是給董卓的，詔書很長但內容很簡單：徵召董卓入京，擔任少府。

少府為九卿之一，掌管宮中庶務，是皇帝的總務股長，董卓由前將軍轉任少府算是小升官。然而雖然在制度上少府管很寬，宮內的宦官（中常侍、小黃門）與秘書（尚書、侍中）都歸少府管轄，但實際上宦官與尚書權力之大，絕對不是少府動得了的，因此少府最終只能管管太醫、御廚這些技術人員，是個位高無權的閒差。

董卓決定抗旨。他上書表示，他底下的湟中義從、秦胡兵等傭兵常來申訴，說後勤補給不足，妻小飢寒交迫，拉著他的車不讓他走，董卓寫道：「這些胡人啊，心態很原始，像狗一樣，我沒有辦法強迫他們，只能安撫，因此我是走不了的，若情況有變化，我會再向朝廷報告。」

皇帝的詔書可能來了幾次，董卓也拒絕了幾回，各史書中摘錄的拒絕理由不盡相同，但無論為何，董卓都是抗旨不遵。同時，董卓先前職場霸凌張溫以及孫堅論其三罪的舊聞也在朝中傳開，他跋扈、囂張的作風令朝廷感到憂慮。然而年輕的皇帝劉宏此下健康欠佳，皇權亦已不復振作，他沒有辦法用鐵腕處罰這個叛逆的老軍痞，只能親下璽書提出新的條件：「拜（董）卓為并州牧，令以兵屬皇甫嵩」。

并州牧是一方大員，位置坐起來自然是比少府這個閒職京官要自由、威風許多，董卓又當過并州刺史，地熟人親，可以在此安心地養老退休；唯一的條件是，你董將軍得把手中的兵交出來，并州自然有政府軍隊供你指揮。

皇帝已經讓步了，但董卓還是不買帳，他告訴皇帝：這些兵跟我跟十年了，賣命的交情，鐵打的兄弟，我實在放不下，希望可以帶著他們「將之北州，效力邊垂」。

這番話聽起來熱血，但背後的意思就是：并州牧、自家兵，小孩子才做選擇，我全都要！

過了不久，董卓又收到朝廷的書信，但這回不是詔書，而一份檢舉函的複本，檢舉人是皇甫嵩。

既然在同一個駐地，董卓抗旨的行徑皇甫嵩都看在眼中，他的姪兒皇甫酈便勸道：「當今朝廷失政、天下倒懸，能安危定傾者只有阿伯與董卓，但你們先前鬧成這樣，將來兩人一定只能活一個。

「今天董卓揣度朝局混亂，抗旨違命，心懷不詭。您是長安方面軍的元帥，應立刻以國家名義討伐董卓，上顯忠義，下除凶惡，這是齊桓公、晉文公霸主的功業啊！」

皇甫嵩想了一想，最終仍搖頭道：「董卓抗命有罪，我擅殺也有罪，還是上報朝廷，讓朝廷裁決吧。」

皇甫嵩於是寫了檢舉函呈報朝廷，劉宏也不做決定，只是將檢舉函轉發給董卓。劉宏意思很清楚：「皇甫嵩的軍隊在你隔壁，你不聽朕的，他聽朕的，你董老別仗著手上幾個臭兵就在那邊嘰嘰歪歪，朕是不想動你，不是動不了你！」

然而劉宏此舉除了讓董卓更痛恨皇甫嵩，並沒有任何成效。

我們稍後會看到，當時糾纏於繼承問題，劉宏已經失去對朝廷的控制，野心不那麼大的野心家正尋找安身立命的割據機會，而野心勃勃的野心家則覬覦帝國的權柄。察覺這點不需要什麼獨到的政治敏感度，皇甫酈的那段話便明著說：人人都知道朝廷將亂，握有兵權者是老大，問題在於敢或不敢。

天氣漸暖，董卓知道該停止與皇帝囉唆了，一八九年春天某一日，董卓帶著五千名最親近的士兵離開長安，沿著黃河南岸來到他曾擔任太守的河東郡，表面上他準備跨過黃河，前往并州上任，實際上他駐兵於河東，就近觀察洛陽局勢。

四月十一日，漢靈帝劉宏駕崩，得年三十四歲，皇長子劉辯即帝位，洛陽中的茶壺風暴正要開始。

二、三個月後，董卓接到一封密函，署名者為「大將軍何進」，內文可以濃縮成四個字：進軍洛陽。

附錄：州刺史與州牧

歷史課本提到東漢末年「刺史改州牧」時，常有類似這樣的說法：「東漢朝廷為鎮壓民亂，於一八八年接受劉焉的建議，提升部分『州刺史』為『州牧』，同時賦予民政和軍政權力，導致後來的方鎮割據。」

我以前讀書總是充滿疑問：曹操是兗州刺史，劉表是荊州刺史，他們明明也統治一州，也有軍隊，這樣刺史和州牧真的有差別嗎？

要回答這問題，我們得回頭看兩漢四百年「州」制度的演變。

依漢朝最初的制度，地方一級政府是「郡」或「國」，郡太守或是國相為行政首長，品秩二千石，僅略低於中央政府九卿的中二千石。

西漢武帝劉徹是個雄主，也是集權統治者，他首創「刺史」一職，常態性地為中央監督地方施政。西漢的刺史在地方上並沒有常設的辦公室，他們每年八月離開首都長安，巡遊轄下各郡國，察查是否有豪強欺壓、郡守違法、收賄、冤獄等情事（即「六條察州」），隔年初回到京師向朝廷報告。若發現違法情事，刺史沒有警察或司法權，他們只能向三公提出檢舉，三公再派出專員調查，以決定是否罷黜官員。刺史的品秩很低，僅有六百石，比縣令還低，因此朝廷定有激勵條款：刺史監督一州九年，表現優異便能直升郡守。

換言之，刺史是京官，不是地方官，是朝廷放出去的耳目。

小刺史「督」大郡守這樣的設計在西漢時一直有爭議，贊成派認為小官當監察官才有幹勁，大官掌監察就只想混退休而已；反對派則認為小官監督大官「輕重不相準」，建議將刺史改為品秩二千石的「州牧」。西漢成帝劉驁便將刺史改州牧，哀帝劉欣時又改回來，然後又再改州牧。不過雖職稱與品秩有異，這時候刺史與州牧在職務性質上並無差別。

東漢沿用刺史的職稱與六百石的品秩，但工作內容已有所調整。首先，刺史在地方上有了辦公室，也有屬官與幕僚，他們不再巡迴於洛陽與駐地，而是常駐地方，改由計吏向中央報告業務。其次，刺史若認定違法情事可直接罷黜官員；此外，刺史也有察舉權，每年可推舉轄區內一人為茂才。

在這種設計下，刺史權力暴漲，並且與地方利益結合，開始有地方大員的架勢。現實的行政需求又強化此一趨勢，東漢郡守不能跨域執法，當遇上跨郡事務，由常駐的刺史直接處理，自然比中央另派專員更省錢而有效率。因此到了東漢中期，我們經常可以看到朝廷指示刺史承辦賑災、整肅吏治、開闢道路等業務。到了東漢後期，大規模的民亂非一郡可應付，刺史帶兵於是經常可見，例如豫州刺史王允帶兵討伐黃巾之亂，涼州刺史耿鄙率涼州六郡郡兵處理亂事等等。

簡言之，在東漢後期，刺史原本就有一定程度的行政與軍事權；一八八年東漢依劉焉的建議改刺史為州牧時，並未調整州牧的職務內容，僅是將原本的品秩由六百石調整到二千石而已。

然而單單品秩的調整便對東漢末年的政治生態產生很大的影響。先前由於刺史品秩低，擔任刺史的只能是資淺的官員。例如在前面的故事中，實際上「并州刺史」比「少府」握有更大的權力，但朝廷絕對不能調董卓這種當過河東太守又當過將軍的人去擔任「并州刺史」，那是嚴重的降職，假設沒有州牧一職，董卓唯一選擇就是進中央。

因此「刺史改州牧」的真正目的，便是為資深官員開一扇外放地方的便門，用劉焉的話來說，就是「清選重臣，以居其任」。

那麼資深官員擔任州首長，與資淺官員有什麼不同呢？可以想像的差別就是，資深官員的幕僚群較龐大且有經驗，資深官員的名聲較響，地方官員、豪族容易買他的帳。例如劉焉以九卿身分轉任益州牧，原本在中央任職的益州精英董扶、趙韙便隨劉焉入蜀，益州出身的官吏賈龍也大力支持劉焉。

另外一提，漢末「刺史改州牧」有個具體的目的就是應付地方亂事，最初的三個州牧：劉焉任益州牧（對付馬相之亂），劉虞任幽州牧（對付張純、張舉之亂），黃琬任豫州牧（對付地方賊寇）都是如此；在此前提下，州牧掌兵權自是必須，但這並不表示州牧一職本來就管兵。

簡言之，州首長（無論它叫刺史或州牧）權力的擴充是一段漸進的過程，並非一八八年一道詔令的結果，因此即便頭銜只是刺史，只要有實力照樣可以在檯面上呼風喚雨；相反地，並不是每個州牧都是方鎮，例如黃琬平定亂事後便乖乖繳回兵權，最後死得不明所以。

中　場

青瑣門前

人說戲說從頭、戲說從頭，但是否這人間事均有個「頭」可以說呢？

何進離開嘉德殿時，心裡想著。

例如眼前這事。

「當初若不是因為你們何家，我又何必到那個見不得人的地方去？現在你反過來說我的不是，倒底是你欠我多，還是我欠你多呢？」

她說，神情哀怨，一如十八年前她進宮那日一般。

何進想起那天，與今日一般同是八月中秋時節，洛陽秋風蕭颯，落英繽紛，他倆並肩走過大半條銅駝街，默然無語。宮門前，他最後一次細看她，已不是先前那個尋常的屠家女了，她戴上耳綴，掛上珠飾，略嫌削瘦的雙頰因胭脂有了生氣，濃密的眉經青黛勾出嫵媚的線條。她身子高，穿深衣本就好看，綁上高髻竟有大家名媛的氣勢。

他長揖道別，她卻依舊無語，只從袖中取一只巾帕包覆之物交給了他，然後轉身便走，他想上前卻被宮人攔住，只能看著宮門緩緩闔上。揭開巾帕，是那枚白玉髮釵，當初他用偷藏起來的幾十副羊心肝換來的。他在洛陽街上大步走，不吭聲，淚如雨下。

畢竟，有什麼事比送走心愛的女人更叫一個年輕男子傷心的呢？

進宮。這便是事情的「頭」了嗎？

何進從嘉德殿後門穿出循小徑東行，右手邊林子後頭便是掖庭，那「見不得人」的地方，國喪期間，那兒靜悄悄的，裡頭千百個女孩正等待她們的命運。何進握緊那髮釵，他想起，幾年後，她封了貴人，他當上郎官，兩人便是在這林子裡重逢的，他將玉釵再次插入她的髮中，暗暗立誓，從今天起，他倆的命運再不隨人。

「宮中之人，命如浮萍，隨天不隨我，這些年，若不是郭哥照看，我哪有今天，你卻要我盡廢內官，這是什狼心狗肺？」

郭哥便是郭勝，何進不記得最初他在宮裡當的是什麼差，只記得他笑得憨，眼光卻銳利如刀，在宛城幾回見面便看穿事理，一回何進送羊牲來，他淡淡一句：「遂高，你這是往蜜裡調毒，禍在不遠啊！」何進當場冷汗直流，求郭大哥救命。

「送進宮吧。」郭勝是這麼說的：「當今皇上出身地方小侯，不習雅風，扶風宋家的女兒當皇后盡惹他的厭，偏偏掖庭中又全是這等名門閨秀。你家那位倒是枚奇兵啊……放心吧，我會照看著，這一來斷了你的禍根，二來添我一分安身……喔，不，沒什麼，沒添我什麼……」

何進後來知道郭勝要說的是「添我一分安身立命的指望」，他聽過很多宮裡的人講過這話，像士大夫總愛將「忠孝節義」掛在嘴邊一般。何進於是逐漸明白他倆在棋盤上的位置，明白那些看似溫暖的援手，連接的都是什麼樣的心思。

何進走過省闥，示意要守門的宦官們免禮。這些閹人年紀都輕，但眼中已失去光彩，他們是更不見得人的那群，大多數一輩子踏不出這門，在門內追捧著自己沒有的卵蛋死去，或是老去然後死去。

郭勝原和他們差不了多少，如今卻已大大不同。何進本少過問細節，不過一介平民女兒能順利入宮、登御、產子、封爵，郭勝之力自不能少；然而郭勝從宮中小官平步青雲直升中常侍，與張讓、趙忠等人平起平坐，又何嘗不是他們何家之功？她口口聲聲「郭哥」，兩人關係如何，不消說何進也能猜想一二。

安身立命。也是這事的「頭」。

「我知道有些內官不檢點，但總是自家人，你以為那些士人真敬你這『大將軍』？他們在利用你啊！前頭行禮作揖，一轉頭還不笑你是屠羊仔，笑你一身羶？」

他們沒有笑我羶，是妳在笑我！何進差些便這樣吼出來。他下意識地整理袖衽，扶正冠帶，記起楊賜教他的第一課：「君子正其衣冠，尊其瞻視，儼然人望而畏之。」

該有十年了吧？還羶嗎？

何進走過華光殿，那是當年楊賜為皇帝上課的地方。他想起那段朝不保夕的日子，皇后宋氏被廢，理應是她入主長秋宮的大好機會，然而輿論滔滔，盡說她出身貧賤，不能為天下婦儀。而同時間，那個紈褲皇帝又姘上五官中郎將王苞的女兒，搞得後宮隱然有易主之勢般。她食不能嚥，夜不能眠，無故刑殺下人，幾乎是要瘋了。他於是冒著雨雪疾馳三日，親詣弘農楊府拜師，楊賜沒半句慰勞，開口便是正衣冠，氣得他差點將凍硬的束修砸到那死老頭的臉上。但他忍住了，他下馬稱謝，在雪地中行拜師之禮。

他沒告訴她這些事，怕她脾氣一來去找楊家的麻煩。於是她只知道事情突然變得很順利，人人皆將何進比冉雍，稱他是「犁牛之子」；人人又端出禮法，稱「母以子貴，子以母貴」，劉辯既為皇長子，其母自當為后。

何進從這事了解士大夫可怕的地方。他們可以將一句話反覆千萬次，再由千萬人將那句話反覆千萬次，然後那句話便化做真實。

士人創造真實。這是這事的又一個「頭」。

「我不明白你在擔憂什麼，張公是親家，內侍是我們爪牙，你聯合士人對付內官，不是自斷手腳嗎？我家阿兄說你要專權，我知道你不會的……不會的，對吧？」

「我家阿兄說」，那自然不是指我。何進心想。是那個姓朱的蠢貨，自命清高，搞不清楚狀況的蠢貨。

值得擔憂的不是這些閹人，是皇帝。

他回頭望向却非殿，劉辯和他的新婚妻子應正在那玩耍吧。他最近從劉辯身上看到越來越多他父親的影子，聰明的、輕佻的、寡恩的。

那孩子已經不是孩子了，遲早有一天會知道他與他母親的事。

那時內官是誰的爪牙？竇憲、鄧騭、梁冀殷鑑不遠。

皇帝。又是個頭。

專權？不，安身立命，說過了，宮裡每個人都只求尋個安身立命。

「你若真為我想，便收手吧，辯兒剛即位，經不起亂。這玉釵我還過你一回，現在再給你，等你想清楚了，再拿來見我吧。」

何進站在青瑣門前，握著那枚白玉髮釵，他想起第一次見到她的樣子，怯生生的女孩，躲在媽媽與哥哥身後，雙唇緊抿，一雙大眼睛盈著淚。何進見她別著枝荊釵，當下便立了願，一定要為這位新妹妹備一份禮。

這是否也是個頭呢？

二十多年過去，他們如今走到何處了呢？

何進歎了口氣，轉身步出青瑣門，一名宦官氣喘吁吁地跑來，下跪道：「稟大將軍，太后有事，請大將軍回省中再議。」

「哦？是什麼事？」

「不知道，說是跟釵子有關的事。」

何進胸口湧上熱血，說道：「走吧，你帶路吧。」

那是中平六年，八月戊辰，未冥四刻。

范曄《後漢書・天文志》：「六年八月丙寅，太白犯心前星，戊辰犯心中大星。其日未冥四刻，大將軍何進於省中為諸黃門所殺。己巳，車騎將軍何苗為進部曲將吳匡所殺。」

第二章

屠家子的困局

大將軍何進

西元一八九年的夏天，東漢帝國的大將軍何進發現自己正走在人生的鋼索上，他艱難地保持平衡，納悶為何十五年前的一個決定竟會將自己帶到如斯處境，但他已沒得回頭，打從大妹戴上帝國的后冠起，他便注定踏上這條東漢外戚的不歸路。

從這章開始，我們要從頭說何進的故事。

何進，字遂高，荊州南陽郡宛縣人，家族以宰羊為業，他父親何真的婚姻狀況有點複雜，以致於史書記載與後世史家解釋未盡一致，一般的說法：何真娶妻生子何進，何太太不久過世，何真續弦娶一位名為「興」（姓不詳）的寡婦為妻，這位興女士在前段婚姻已有個兒子，名叫朱苗，隨著媽媽嫁到何家後，便改名為何苗。興女士嫁給何真以後又生了兩個女兒，大女兒就是後來的何皇后，二女兒則嫁給了宦官張讓的（乾）兒子。

簡單說來，何進與何皇后是同父異母的兄妹，何苗與何皇后是同母異父的兄妹，何進與何苗則是異父異母的兄弟。前面〈中場：青瑣門前〉寫何皇后與何進是異父兄妹，邏輯上可能，但與史料不符。

關於何進的形象，網路有些很有趣的猜測，大意是現在不管電動或戲劇，老把何進描繪得一臉肥油的樣子，有歧視屠宰業者之嫌。何進的妹妹因美色受皇帝寵愛，他的孫子何晏又是著名的美男子，理論上何進也不該像個豬頭，至少是個風度翩翩的羊肉王子才對。

另外，二創中的何進經常以長者的形象出現（和董卓年紀差不多），事實上，漢靈帝劉宏死時才三十四歲，何皇后大約也是那個歲數，何進這個當哥的同樣不該老到哪去，就算大個十歲，也才四十出頭，絕對不到長者的程度。

在我想像中，何進應該是個三十七、八歲，高挑、品貌端正、帶點書生氣的中年政客，你不會想像到他手拿屠刀、清理羊雜碎的畫面。

話說回頭，何氏一家六口原本在宛城過著殺羊賣羊的安穩生活，但沒多久一家之主的何真便過世了，長子何進接過家傳的屠羊寶刀，深深歎了口氣。他生長在東漢的龍興之地宛縣，自小所見便是當代名門送往迎來的排場，他不想一輩子當個默默無名的屠羊人，他想走進高牆那邊的世界。

但要怎麼做呢？何家不是儒學世族，沒得察舉孝廉；家底不夠厚，花錢買官幹不了顯職；若要從軍效力沙場，家裡母親幼妹又沒人照顧。

這時候傳來皇帝大婚的消息，那是新皇即位的第四年，皇后姓宋，是執金吾宋酆的女兒。

皇帝剛滿十六歲啊……

何進想著，看向一旁清洗羊雜碎的大妹，心裡已有了主意。過沒多久，他透過街坊鄰里牽線，拜訪了同是南陽人、在宮裡當差的宦官郭勝，在他協助下成功將妹妹送進掖庭。

「掖庭」就是漢宮中皇帝小老婆居住的區域，西漢時，這區域設在長安皇宮正門旁邊的小門（即掖門）內，因此得名；東漢沿用此一稱呼，但具體方位不詳。

東漢時，掖庭是宦官的天下，主官掖庭令、副官掖庭丞、以及主管皇后貴人處罰的暴室丞均由宦官擔任，郭勝當時是否在掖庭任職不清楚，但我們知道他是後來「十常侍」的一員。

接下來的故事便如同電視劇《後宮××傳》劇情，何家大妹進掖庭時，長秋宮裡已有個正宮的皇后娘娘，掖庭裡千百個女孩兒，飽讀詩書者有之，家世顯赫有之，當然更不缺美麗的臉蛋和性感的胴體，何家大妹一個平凡的屠家女，若能在這險惡的後宮中安然孤老、別被發放暴室，該已是萬幸。

然而何小姐並非省油的燈，她有三樣武器。第一是身高，史載何氏身長七尺一寸，大約一百六十七到一百七十公分，在那時代的女孩中當是鶴立雞群；而且東漢選后似乎偏愛高個兒女孩，明帝馬皇后、和帝鄧皇后都是七尺以上身高，是個對何氏相當有利的傳統。

其二便是宦官之助，這不僅是說郭勝，隨著何氏得寵，她身後的隱形助力越來越強，這部分我們留待下一節再討論。

其三便是健康的卵子，使得何氏能把握有限的機會，受孕並產下健康的兒子；那年是一七六年，皇帝劉宏剛滿二十歲，先前雖有嬪妃生產，但孩子都沒活下來，劉宏對這得之不易的皇長子特別保護，將他送出宮給道士史子眇扶養，暱稱他為「史侯」，何氏以子為貴，晉封貴人[7]。

這位皇長子名叫劉辯，便是史書上通稱的少帝。

何氏還有一個特別幸運的地方，就是她所面對的是個戰力低落的皇后。宋皇后與劉宏的結合是標準的政治婚姻，完全無真愛，史載，劉宏超討厭這個正宮，最大的興趣就是跟其他女人睡覺時說皇后的壞話。在劉辯滿兩歲那年，宋皇后的家族得罪大宦官王甫，在王甫的運作下，劉宏下令廢后，宋皇后憂悶而死，父兄也牽連受刑。

按《後漢書》的記載，宋皇后被廢與何貴人得寵似乎是各自獨立的事件，何貴人並沒有立刻接手后冠，原因不詳。我在〈中場：青瑣門前〉寫人家批評她出身低，或是劉宏與美人王氏好上云云，都只是個人猜測，不見史料；而何進拜楊賜為師真有其事（詳後述），但與何氏封后是否有關並不清楚，我們只知道整件事拖了兩年，直到一八〇年，劉宏才正式立何貴人為后。

后位虛懸的兩年間，何貴人大概沒一天睡得好覺，她不懂睡在身旁的男人在想什麼，更要提心吊膽掖庭裡哪個矯情的賤人突然殺出來截奪后冠；便是這樣日夜猜疑的生活太痛苦也太久，新登基的何皇后有著許多待宣洩的情緒。

史載，何氏為貴人時便已是「性彊（強）忌」，後宮莫不震懾，當上皇后後變本加厲，

---

❼東漢後宮階級簡單，只有皇后、貴人、美人、宮人、采女五個階級。其中皇后與貴人有爵位和月俸，美人等三級只能靠皇帝偶爾打賞賺錢。

當時王美人有身孕，因畏懼何皇后自行服藥打胎，但可能用錯藥方，「胎安不動」，王美人於一八一年生產，還是個兒子。何氏封后還未滿一年，正在火頭上，竟擅自將新手媽媽王美人毒殺。

這當然不是個聰明的決定。皇帝或許不介意他的女人們在不傷皇城和氣的前提下鬥一鬥，但鬥出人命、還是他兒子的媽的命，那已是大大越界。劉宏對這起謀殺案怒不可遏，嚷著要廢了那個屠羊的賤人，張讓等一眾宦官苦勸皇帝，據張讓自稱，他們可為此事灑了不少錢，才保住何皇后的位置。我其實不大懂這些錢是花在哪裡，如果是流入皇帝私庫，則愛人之死可以用錢擺平，劉宏也是個滿單純的年輕人。

話說回何進。早在何氏封貴人時，何進已奉詔入宮，先拜郎中，後轉虎賁中郎將，再外放潁川太守。一八〇年成了后家外戚，何進更是加官進爵，先回宮中擔任侍中，轉將作大匠（就是皇帝的總土木工程師），隨後出任河南尹，執掌京畿。二哥何苗也跟著發達，擔任北軍五校之一的越騎校尉，他們的母親興女士則被冊封為舞陽君，接進宮裡奉養。

一八四年黃巾之亂爆發，東方情況危急，劉宏在挑選首都保防司令官時，選擇了他這個大舅子，何進於是再進一步，登上過往外戚權臣前輩都待過的位置：大將軍，率領北軍五營以及左右羽林軍，負責洛陽的保防工作。他靠著黃巾叛徒唐周的密告，揪出潛伏在洛陽的黃巾臥底馬元義，成功阻止張角的首都狙擊計劃。事後何進以此功勞，受封慎侯，二哥何苗則在稍後接下河南尹的位置。

至此，何氏一族顯赫天下，何進的「妹妹攻略」可謂大功告成。何氏一族能從寒微屠戶一路晉升到外戚權臣，宦官們自是功不可沒，大妹入宮靠郭勝，廢后危機靠張讓；郭勝自己也說，何氏一族的功業都是拜他所成就的。以宏觀角度觀之，何氏封后有著相當重大的歷史意義。

外戚：宮廷關係管理學

歷史課本告訴我們，東漢是個「外戚干政」嚴重的朝代，「外戚」一詞總帶著負面評價；想像上，所謂外戚就是一群不學無術的哥哥爸爸，因為女兒漂亮當上皇后而雞犬升天，當將軍的當將軍，當部長的當部長，任用私人，排擠賢能，能撈就撈，國政因而敗壞。

這樣的想像在東漢一朝是不正確的。東漢是「皇帝與世家」共治的世界，這不僅反映在帝國官僚的組成上，也反映在皇帝的婚配上。在何皇后之前，東漢八名皇帝前後共立了十二名皇后（**不含事後追認者**），清一色為世族之女，像西漢衛子夫、趙飛燕等寒微出身、完全靠愛情上位的皇后一個也沒有。

更誇張的是，東漢的選后其實是個相當封閉的圈子。翻開《後漢書・皇后紀上、下》，你會發現后妃姓氏經常重覆，在前述十二名皇后中，有二位陰皇后（**加一位陰貴人**）、二位鄧皇后、二位竇皇后（**加一位竇貴人**）、二位梁皇后（**加三位梁貴人**）；換言之，陰、鄧、竇、梁四家便佔去三分之二的皇后席次，而南陽陰氏（陰識）、南陽鄧氏（鄧禹）、扶風竇氏（竇融）、安定梁氏（梁統）均是東漢開國功臣，是在東漢開國之前便已有相當地方實力的家族。

餘下的四位皇后也各有來頭。明帝馬皇后是名將馬援之女，她所出身的扶風馬氏雖在政治上不再顯赫，但二百年來聲譽不墜，在接下來的故事中還有這個家族的角色登場。安帝閻皇后曾領一時風騷，她所出身的滎陽閻氏雖非功臣大族，但也是「精曉舊典」的士宦之家，家中兩個姑婆曾是明帝的貴人。便是何皇后的前手、輕易被宦官鬥垮的宋皇后，她出身的扶風宋氏名不見經傳，但上溯三代，家族中兩個姑婆祖亦曾是章帝的貴人。

以上這些還只是「皇帝婚配」而已，若再加上公主、親王嫁娶，皇家與世族之間關係更是密如蛛網，朝堂上一字排開全是皇帝的舅舅姑丈姨丈表哥，他們不是因為女兒當了皇后才站上那位置，而是先站上那位置，才有辦法將女兒扶上位（當然，女兒上位後家族會更發達）。

你跟這些世族說「干政」，他們不會同意。這天下本是劉家和咱們家一同打下的，咱們自有看顧之責；劉家皇帝不自愛，每個都死得那麼早（不能怪我們嘛），小外甥不懂事，難道咱們要袖手旁觀？什麼干政、跋扈云云，不就青春期小皇帝跟那些閹人亂學的流行語，閹奴帶壞孩子擾我家事，自當該殺。

於是東漢政治陷入循環：皇帝納大族之女為后，皇帝早逝，新帝幼年即位，皇后稱制攝政，外戚自然成為政治上的領袖；小皇帝長大後要重新權力布局，最得力的助手當然就是和他一同長大的宦官，最終外戚被除，宦官當道，小皇帝又娶另一大族之女，然後又早逝。

簡單來說，所謂「戚宦之爭」，其實是皇帝和世族的鬥爭，雙方一代一代越鬥越烈，世族對宦官群體的敵意也越深，乃至終於出現如竇武般「宜悉誅廢，以清朝廷」的極端主張。

在這種敵意下，宦官們活得也不安穩，他們在「竇武政變」中千鈞一髮地贏了，知曉內情的人絕對不會想再經歷一次。

何氏得寵開啟了全新的宮廷管理思維：一個由宦官扶持的「庶民外戚」。這時機來得甚好，鄧、竇、梁、閻等后族大姓在百年政治傾軋下已退出政壇，后冠競選不存在強有力的對手；而何氏一族出身微賤，無法黨附於士大夫，宦官的奶水是他們唯一資源，他們自當感激涕零，竭誠以報。只要劉辯坐穩皇儲，何皇后統領後宮，何進、何苗掌握軍政大權，則至少一到二代的宦官可以高枕無憂。

在宦官的支持下，何氏兄妹快速攀上帝國之巔；同時間，張讓的兒子張奉迎娶何家二妹，張何聯姻，將這場史無前例的「戚宦合作」推上頂點。

宦官的投資相當成功，何皇后、何苗，何家二妹，乃至他們的母親舞陽君，都將宦官視為家族的好朋友，休戚與共，是槍蝦與蝦虎魚的關係，便是後來與士大夫走得很近的何進，也始終當宦官是心中最軟的一塊。

在一八四年當下，新興的何氏外戚與十常侍宦官集團情好日密，他們形成前所未見的政治同盟，榨取著帝國的最後一點養分。

但這場戚宦合作有善始卻無善終，它的失敗甚且覆滅了整個帝國。

年輕父親的苦心

有人或許會猜何氏一族與宦官們決裂的關鍵是袁紹，或是蹇碩，不過我認為都不是，戚宦之爭的導火線永遠只有一個，那就是皇帝。

事情源起於老掉牙的議題：立儲。

何皇后毒死王美人，健康地宣洩了情緒，卻使情敵在男人心中留下永恆的倩影；劉宏親自寫了《追德賦》、《令儀頌》等詩歌追憶與王美人的舊情，又可憐那剛出生就沒了娘的小兒子，將他送到外婆董太后的長樂宮中扶養。

這個小兒子就是東漢最後一任皇帝，漢獻帝劉協。

當時劉宏還年輕，尚未意識到立儲的必要性，何氏兄妹在宮裡宮外也幹得不錯，日子便這樣過下去，直到群臣請求立劉辯為太子，劉宏這才醒悟事情不對。

他不想立劉辯為太子。

但問題是，劉宏沒得選，劉辯是貨真價實的嫡長子，他老媽是貨真價實的皇后，更可怕的是，何進沒有弱點，他手握軍隊、廣開幕府，逐步累積政治資本，內朝的十常侍當他是自己人多所呵護，外朝士大夫恨宦官入骨，卻從未對何進潑過半點髒水。在何氏一族政通人和下，劉宏想廢長立幼，於情理於形勢上都站不住腳。

劉宏沒辦法，只能以劉辯「輕佻無威儀」（皇宮中比輕佻應該沒人比得過皇上您吧！）將立儲一事拖著，反正他還年輕，兩個孩子還小，何氏一族不會永遠那麼完美。

然而事情發展卻對皇帝越來越不利。一八七年三月，河南尹何苗率軍討平滎陽亂事，凱旋回京，在民亂四起的當下，這場勝利對朝廷是一劑強心針，何苗因而晉位車騎將軍，封濟陽侯；當時東漢排名前四的將軍位中，第一位的「大將軍」與第三位的「車騎將軍」都握在何家人手中。

連家族的二把手都有這種本事，何氏一族的聲望在朝中推至頂點。

劉宏可能也在此時察覺健康出了狀況，他抱著六、七歲的小劉協，想著無辜慘死的王美人，心頭盤算著。

一八八年下半年，劉宏幹了三件事。

第一，劉宏任命他的舅表兄弟、董太后的姪兒董重為驃騎將軍，領兵千餘人。「驃騎將軍」是東漢將軍位的第二位，換言之，董重在何進之下、何苗之上。

前面提過，劉宏的生父原只是個亭侯，母親董氏身分大概也不高；劉宏幼年即位，掌權的竇氏一族又被宦官所滅，理論上是董太后干政的節奏；不過董太后是個單純的女人，對政治缺乏興趣，除了教兒子賣官斂財乃至金錢「盈滿堂室」外，並未積極打造家族的政治班底。劉協既由祖母撫養，董氏一族自為劉協的監護人，為保劉協安全，當有需要為這個家族豐滿羽翼、磨銳爪牙。

董太后雖逐漸有了政治意識（她曾試著說服劉宏立劉協為太子），但仍不改她單純乃至愚蠢的性格，她與姪兒臨時抱佛腳組成的團隊，遠非精耕朝廷十年的何氏一族的對手。

劉宏做的第二件事便是成立「西園軍」。「西園」是劉宏的後花園，傳說劉宏就是在這裡搞大型的雜交、獸交派對，在這種性愛聖地……不是，在這種皇帝私人園林成立的軍隊理所當然是皇帝的私軍。劉宏為新軍設置八名校尉，包括大家熟悉的中軍校尉袁紹、典軍校尉曹操、佐軍校尉淳于瓊等，總司令則由宦官蹇碩以上軍校尉的名義擔任。

蹇碩的職位是小黃門，比中常侍低一階，《三國演義》把他列入十常侍是不正確的。他因為常常鍛鍊身體，又能說些軍事道理（「壯健有武略」），頗受劉宏喜愛。

西園軍的兵力來源，至少有部分是外地調來的軍隊，例如并州刺史丁原便命年輕的軍官張楊、張遼率兵來洛陽，成為蹇碩的屬官。

召來外兵，又以親信的蹇碩為統帥，劉宏明顯是要排除何進與十常侍對這支新軍的干預。

劉宏做的第三件事便是「平樂觀大閱兵」。當時有名算命仙預言洛陽將有戰亂，何進的下屬便建議由「天子將兵事，可以威厭四方」，何進轉而向劉宏報告，劉宏便照辦了。

於是一八八年十月十六日，來自帝國四方的數萬名軍人列陣於平樂觀前，供皇帝檢閱。

「平樂觀」不是什麼道觀，而是一處宮殿高臺，位於洛陽北方，劉宏全副武裝於大閱兵臺上主持典禮，禮畢後巡視部隊三回，然後自號「無上將軍」。

劉宏是歷史上第一位為自己加將軍號的皇帝，他的追隨者有南朝宋的廢帝劉昱（自封李將軍）以及明武宗朱厚照（自封威武大將軍）。劉宏接著命何進統率諸軍屯於平樂觀下，他登上高觀，宣布西園八校尉的設置，親手將「上軍校尉」的軍符授與蹇碩；他宣布：以蹇碩為「元帥」，司隸校尉以下百官，包括大將軍何進在內都要聽元帥的指揮。

這個訊息很清楚：全國將士，你們要服從的人只有一個，朕、或是朕的代理人，蹇碩蹇元帥。

以上三件事：董重驃騎將軍府的千餘士兵、蹇碩統率的西園軍、以及來自各地數萬名將士的忠誠，便是劉宏這個年輕父親為小劉協做的身後安排。

到目前為止，這些安排都進行得十分順利，皇帝有了自己的軍隊，與地方部隊也建立起直接連繫，何進、何苗、何皇后並沒有任何抗議，終歸朕是天子，他們便有天大的膽子，也不敢僭越。

劉宏笑了，他覺得自己制得住朝廷，握得住天下，他志得意滿，決定向前多踩一步。

他打算把何進趕出洛陽。

蹇碩風暴

平樂觀閱兵圓滿落幕時，西線急報，涼州叛賊王國率軍十餘萬進圍陳倉，三輔危急。新任元帥蹇碩與「諸宦官常侍」於是連名推舉何大將軍領軍西征，而皇帝劉宏二話不說立馬批准，還拉高規格，「賜兵車百乘、虎賁斧鉞」，讓你風風光光地走，不走也不行。

何進不是白癡，這半年來劉宏搞的事情不過是辦家家酒，他也就睜一隻眼閉一隻眼，現在竟打主意打到他身上來了！何進看著妹夫臉色日差，了解絕對不能在這個節骨眼上離開洛陽，他上奏表示將派袁紹到東方的兗、徐兩州調兵，等調齊兵員再行西征。

這個理由很牽強，洛陽一帶明明幾萬名剛參加完閱兵的士兵，何必另外往東方調兵？再說，袁紹任職西園軍中軍校尉，是皇家軍官，為何聽何進指揮去做後勤工作？事實上，史書上並沒有袁紹東行的記載，何進找藉口，連表面功夫都省下來了。

最後我們知道是由皇甫嵩帶兵西征，何進安坐洛陽城。

這失敗的一步曝露了劉宏的弱點，原先他還能維持表面上天子的權威，而今證明他只剩下空殼。同個時點前後，太常劉焉考慮「益州有天子氣」，自請擔任益州牧；董卓逗留長安，拒絕卸下兵權；這些野心家們都看到了劉宏的跛足，他幹了夠多的荒唐事，現在只等他死而已。

一八九年四月十一日，劉宏駕崩，得年僅三十四歲，諡為孝靈皇帝。

不同於之前的皇帝，劉宏並未死在德陽、崇德、玉堂等主要宮殿，他選擇死在母親所居住的嘉德殿中，想來在彌留時分，唯有母親與小劉協的陪伴才能帶給他些許的安慰。

劉宏死得不甘願，他在死前還有力氣處理董卓返京的問題，卻始終不願立劉辯為太子，相反的，他唯一交代的後事與劉協有關：「屬（劉）協於蹇碩」。

這段記載引來後世不同的解釋，有人認為是要蹇碩助劉協登基為帝，有人則認為只是要蹇碩當劉協的監護人而已。

我們不知道劉宏的本意為何，說不定連受詔的蹇碩也搞不清楚，他可能搖著劉宏大聲說：「陛下……陛下您別那麼快把頭歪過去啊，把話說清楚再死啊……」

看著宮人收殮劉宏的遺體，蹇碩心中澎湃洶湧，他發現自己正扮演傳說中「託孤大臣」的角色，他手上握著一個九歲、無父無母、卻有百分之百皇帝血統的孩子；過去八個月，他從二線宦官直升帝國兵馬大元帥，而今，他有機會再進一步……

以上的情境描寫有黑化蹇碩之嫌，我們也可以換個說法：

看著宮人收殮劉宏的遺體，蹇碩心中久久不能平靜，他心疼主子劉宏死得如此不瞑目，又心疼小主子劉協怙恃俱失，還要面對眼前險惡的政治風暴；過去八個月，他從二線宦官直升帝國兵馬大元帥，他決定拼盡一切，以報主子的知遇之恩……

以上哪個情境比較符合蹇碩當時的心境呢？可能兼而有之吧。可以確定的是，劉宏臨終時蹇碩在側，皇帝一闔眼，他便交辦下兩件事：請大將軍進宮、預備殺人。

這是蹇碩人生第一次動了殺人的念頭。

回頭翻翻蹇碩為數不多的記載。當他還是小黃門時，洛陽北部尉曹操以違反宵禁為由，杖殺他的叔父，蹇碩深為痛恨，大力運作的結果，曹操升任頓丘縣令，調離洛陽。之後平樂觀閱兵時，涼州硬漢蓋勳在座，劉宏問蓋勳天下何以紛亂，蓋勳簡短答道：「倖臣子弟擾之。」劉宏回頭問蹇碩的意見，蹇碩竟害怕到不知如何回答，從此偷偷討厭蓋勳。又是大力運作的結果，蓋勳升官，去長安當京兆尹。

稍後蹇碩為另一個宦官高望的兒子向蓋勳關說，蓋勳拒絕，蹇碩對他一點皮條都沒有。從這些記載我們會發現，蹇碩個性單純，蓋勳說「倖臣子弟擾之」，也沒點名他，他卻自己對號入座，嚇得說不出話。和十常侍們殘害忠良無數相比，蹇碩沒有害人的紀錄，你如果得罪他，他會幫你升官，只求你早早離開洛陽就好。

而今蹇碩要開人生中第一次殺戒，對象是連皇帝都動不了的大將軍何進。

按蹇碩的履歷，何進看不起他相當正常（「（蹇碩）素輕忌於進兄弟」），於是當他接到蹇碩的邀請時，不疑有他便隻身入宮，恰巧蹇碩的屬官潘隱與何進有交情（可能也不是「恰巧」，西園軍中應充斥著何進的眼線），急向何進打Pass，何進立馬逃出皇宮，直奔麾下部隊軍營，並帶部隊進駐洛陽城百郡邸（地方政府在洛陽的聯絡辦公室），同時請病假，暫不入宮治喪。

蹇碩一擊失敗，事情便按何氏一族的劇本發展，四月十三日，十七歲的皇長子劉辯即皇帝位，何皇后變成何太后，臨朝稱制，大赦天下，改元光熹，皇次子劉協被封為渤海王。後將軍袁隗升任太傅，與大將軍何進參錄尚書事，共同輔政。

何氏攝政大局布妥，何進卻仍心悸不已，蹇碩這個豎仔閹狗，竟敢太歲頭上動土，是他自己的主意？不，那個廢物，八成後面有人撐腰……是誰呢？

何進想起先前「西征風波」，聽說除了蹇碩外，「諸常侍」也在推舉者之列……這是怎麼了？那些沒老二的傢伙想聯合造反嗎？天下那麼多人想殺你們這群閹宦，也不想想是誰頂著，想趁改朝換代投機？最是無情是閹人……

何進動了殺意，便在他怒火中燒之際，軍營外來了位訪客，名刺上寫著張津，說是袁紹的門客。

黨錮創傷

如果東漢末年有社群網站，「誅除宦官」必然是火紅關鍵字，從東方的百年世家，到西疆的護羌營，隨便抓一個人問要怎麼拯救國家，十個有九個會告訴你：「十常侍不倒，東漢不會好。」

這樣的想法是可以理解的，將帝國混亂或自身的不幸歸咎於少數生理殘缺者，總是比檢討土地兼併、階級不公、少數民族政策等議題要簡單許多。

我這樣寫並不是說宦官沒做壞事，事實上，宦官作惡記載不絕史冊，並不因士大夫也做壞事而抵銷。我想說的是，東漢一朝的衰亡，「宦官亂政」只是附屬因素，東漢宦官並未構成系統性的問題，所謂專權，也就是個別宦官受皇帝喜愛，故得以「手握王爵，口含天憲」，皇帝翻臉收回這些特權並無難度。例如前面提到的大宦官王甫，他鬥垮竇武、幽殺竇太后、誅滅宋皇后家族，但也不過二十三歲的劉宏一聲令下，王甫便被捕下獄，酷刑至死，翻手為雲覆手雨的宦官集團一聲不敢吭，連平羌英雄段熲都受牽連無法自救。

簡單來說，東漢的宦官自始至終都沒有脫離「奴才」的地位，皇帝對付外戚、士大夫有難度，對付宦官卻易如反掌。

宦官真正造的孽是過分迎合皇帝人類的或非人的慾望，乃至該等慾望無限制膨脹，造成司法不公、行政無效率、財政敗壞等。但我認為這也怪不到宦官頭上，宦官本就是設計來伺候皇帝的私生活，總不成皇帝躲著翹腳吃雞排，還要宦官說「坐不正不食」吧？更何況，士大夫上書不受採納可以辭官回鄉，皇帝處罰士人還得面對輿論壓力；宦官可沒有辭職出宮的選項，皇帝殺一個頂嘴的宦官和捏死一隻螞蟻差不多。在這種情況下，宦官當然只能盡量討好皇帝，什麼忠孝節義國計民生，都比不上一條狗命。

例如呂強是靈帝朝少數正直的宦官，他建議解除黨禁、清查宮內貪瀆，因而被十常侍構陷，乃至自殺抄家，滿朝清流士大夫無一人挺身辯護，事後也沒人為他平反。在這種環境下，怎麼要求宦官犯顏抗諫？

簡言之，東漢的宦官是皇帝的代理人，宦官做惡背後就是皇帝做惡，不過因為皇帝是檢討不得的（也有人開始檢討皇帝，容後慢表），宦官便成為眾矢之的，一如臺灣的行政院長。到了東漢末年，士大夫要是沒搞過宦官或是被宦官搞一下，還不好意思說自己是號人物呢。

何進到底為何、又是何時向士大夫靠攏的仍是個謎，我先前寫他是為了「洗背景」、好讓妹妹當上皇后一節，只是個人猜測。若何進志在攝政，他應該明白帝國的統治階層仍是那些讀儒書、講氣節的士大夫；他不能只當「妹妹的大將軍」或是「宦官養的大將軍」，他必須當「大家的大將軍」。

何進向士大夫靠攏的重要一步就是拜楊賜為師。

楊賜為弘農楊氏出身，祖父是「天知地知你知我知」的楊震，孫子是「黃絹幼婦外孫齏臼」的楊修，他的學術地位崇高，是少年劉宏的帝師，五度登上三公之位，最終逝世於司空任上，劉宏親自為他服喪。何進拜楊賜為師的時間與細節不清楚，但「國舅拜師」想來是段儒林佳話，也為何進敲開了士林之門。

孔融便是透過楊賜與何進搭上關係的。孔融本是楊賜司徒府中幕僚，一八四年何進新拜大將軍時，楊賜派孔融前去賀喜，豈料大將軍府的人通報太慢，孔融一怒奪了拜帖便走，大將軍府的人因主子高升正猖狂著，豈能受這等羞辱，吵著要將孔融拖到暗巷處理。不過何進明白孔融身上流的是孔子的血，是士大夫圈的北極星，他展現大度，不但不責怪，還親自拜訪孔融，徵辟他為掾屬，並推薦他入朝為侍御史。

「一代之偉人」的王朗也是如此。他是楊賜的學生，受何進徵辟，他在大將軍府的時間可能不長，楊賜過世後他辭職為老師服喪，之後投入陶謙麾下。

當時正值黨禁解除之際，在何進的用心經營下，許多文學與儒學士人紛紛加入新成立的大將軍幕府，知名者如邊讓、陳琳、王謙、劉表等。當然也有些是抓不到的寶可夢，如陳寔、鄭玄、申屠蟠等名士大神。儘管無緣幕友，何進仍做足禮數，勤跑紅白帖，例如在幕中為鄭玄、申屠蟠設計專屬座位，陳寔過世時特別遣使弔喪。

二哥何苗也依樣畫葫蘆，他開府較遲（一八七年始拜車騎將軍），紀錄上他的掾屬有應劭（《風俗通》作者，後為泰山太守）、樂隱（曹魏將領牽招的老師）、衛茲（曹操最早的贊助者）等人。

既然身在士林，何進就得分享同儕的理念與經驗，而黨錮世代士大夫的共同記憶，自然便是黨錮創傷。例如劉表，他年輕時是名士偶像團體「八顧」、「八及」、「八俊」的成員，但因遭點名為黨人而逃亡，一逃便是十五年；想想，一個菁英分子人生最精華的十五年都花在逃亡上，對迫害者的怨恨可想而知。

孔融受的創傷更深。當年他才十六歲，黨錮頭號通緝犯張儉逃來他家，找他哥哥孔褒（就是和弟弟分梨子那個）避難，恰巧孔褒不在，張儉本來不想跟孔融這孩子多說什麼，怕害了他，孔融卻很煞氣地將張儉留下來。事後東窗事發，孔褒、孔融均以窩藏要犯的罪名被逮捕，兄弟二人爭相認罪，最後朝廷處死孔褒，卻將孔融放了。背著「害死哥哥」的罪名活下去，對一個十六歲的少年來說，有多難啊！

於是我們可以想像，何進與衣冠楚楚的士大夫並坐清談，原本氣氛優雅融洽，一旦提及治國之策，士人們霎時面目猙獰，痛罵宦官禍國殃民，字句血淚，試問由宦官奶大的何進該如何自處？

若「誅除宦官」只是同溫層間的情緒發洩也就罷了，但並非如此，隨著主觀情緒累積、客觀情勢發展，「衝組」的士大夫開始展露頭角，而且是有資源有能力的「衝組」。

例如袁紹袁本初。

奔走者聯盟

我們現在很容易用「失敗者」的形象來描繪袁紹，說他外寬內忌、優柔寡斷，卻忽略他年輕時英雄俠義的一面。

容我引用拙著《橫走波瀾：劉備傳》中部分片段：「袁紹，字本初，豫州汝南人，東漢帝國末年最閃耀的一顆政治明星。他的父親袁逢官至司空、叔父袁隗官至太傅，祖父袁湯官至太尉，曾伯祖父袁敞官至司空，高祖父袁安官至司徒。換言之，從東漢章帝到獻帝之間約一百二十年，帝國最高的三個職位太尉、司徒、司空，外加一個尊榮更高的上公太傅之位，都有袁家人的身影。」

袁紹是袁逢次子，上頭有哥哥袁基，下頭有弟弟袁術，差就差在他是庶出。在他出生之前，伯父袁成過世而沒有子嗣，剛出生的袁紹就被過繼到伯父名下，不過在他成長的過程中，生父袁逢與叔父袁隗仍相當疼愛他。

袁紹十來歲便入宮為郎官，二十來歲外放擔任濮陽縣令（我們記得董卓他爸生涯最高職位是縣尉，世族政治便是如此，對某些人來說一輩子都爭取不到的職位，對另外一群人來說只是職涯的起步而已），在縣令任上名義母親（也就是袁成的妻子）過世，袁紹於是辭官服喪，服完後索性為從未謀面的名義父親袁成再服三年喪。換言之，袁紹失業整整六年，只為哀悼養父母，非常有當代名士風範。

三十歲左右的袁紹回到洛陽，那時正值第二次黨錮之禍之際，士大夫圈子被恐怖氛圍籠罩，每天聽說誰被捉進北寺獄受苦刑、哪位又流放千里或是被禁錮家鄉。袁紹不當官也不找其他工作，他躲在家裡整天與海內外名人開趴，看起來像是個紈褲阿宅，實則秘密組織愛與勇氣的「奔走者聯盟」。

聯盟的組織者是袁紹，但關鍵人物是「奔走隊長」何顒。何顒，字伯求，南陽郡襄鄉縣人，洛陽太學傑出校友，同時也是個暴力殺人犯，他的好友臨死前哭訴父仇未報，何顒便去將那仇人人頭割回來，當好友墳前祭品。面對政治迫害，這種俠客型的人物自然與乖乖牌名士有不同的反應。

史載，何顒名列黨人通緝名單，易名逃到汝南，他仍不安分，多與當地豪傑結交。汝南是袁氏老家，袁紹大約透過某些管道接觸何顒，「奔走者聯盟」於是生焉。聯盟成員除了袁、何二人外，還有張邈張孟卓、許攸許子遠、吳子卿、伍德瑜四人，他們不當官不應辟，專心為受難黨人奔走；若黨人經濟困難，便給予經濟協助，若有逃亡，則為其設計掩護、安排藏身所在。在奔走者聯盟的努力下，相當多的受難士人獲得保全。

我們要了解，庇護黨人並不是什麼富家公子牌桌上的遊戲，孔融的故事告訴我們，黨人的刑罰可能只是褫奪公權或流放，但庇護黨人卻是死刑。因此奔走者聯盟乃是冒著相當大的風險，除了理想與熱血，我無法想像其他促成這個聯盟的動力。

我們可以理解為何看似紈褲的袁紹享有那麼高的名聲，為何之後他有資格當反董的領袖，這不只因為他出身名門或是「有姿貌威容，能折節下士」而已，在亂世中，想要別人效命，你得先將自己的身家性命押在牌桌上。

附帶一提，袁術看「吾家奴」袁紹搞聯盟搞得風風火火，於是也弄了個類似的「俠氣聯盟」搶票房，但不知為何，何顒幾次潛入洛陽，都只找袁紹，不找袁術，袁術為此超火大，當眾批判何顒「凶德」，宣稱改天一定宰了他。

黨錮禁令在靈帝朝中期略有緩解，至少黨人的旁系親屬不再受牽連，袁紹也不怎麼低調，他家門口的街路每天都因賓客太多而塞車，宦官們對此相當感冒，中常侍趙忠便說：「袁本初坐抬聲望，好養死士，不知要耍什麼花樣！」

叔叔袁隗聽到這話嚇得半死，回頭便勸袁紹節制，剛開始可能好言好語，但袁紹屢勸不改，念得煩了，叔叔不禁說了重話：「你是要害慘我們家囉（汝且破我家）！」

袁隗已是第二次出現在我們的故事中，到目前為止，他仍是面目模糊的歷史人物。當時袁隗已在三公的位置上，是汝南袁氏的話事人，他選擇與中常侍袁赦連宗，親近宦官，袁紹所做所為自然令他緊張。但袁隗也會視情況做些反對宦官的事，例如聲援被張讓陷害的王允。大概就是這種兩面討好哲學使袁隗地位不墜，乃至於劉辯即位後獲得上公、輔政地位。

士人們捱了十多年，總算撥開雲霧見月明，一八四年，黨禁解除，大量士人重回朝堂，該是「奔走者聯盟」轉型成「復仇者聯盟」的時候了。

誅宦大計

袁紹在一八四年前後成為何進的掾屬，接著轉入朝廷擔任御史、虎賁中郎將等職，然後在一八八年當上西園軍的中軍校尉。袁紹在何進幕府中時間不長，但雙方關係顯然不錯，因此「西征風波」時，何進拖出袁紹當擋箭牌。

這也解釋了為何何進一直沒將蹇碩放在眼中。畢竟西園軍的二把手（「中軍校尉」應僅次於「上軍校尉」）是自己人，其他校尉是這個自己人的小弟（如曹操、淳于瓊等），那蹇碩不過是個殘廢的元帥罷了。

也就在一八八年，袁紹第一次將「誅宦」付諸行動。行動發起者是涼州硬漢蓋勳，那年平樂觀大閱兵，蓋勳得到皇帝賞識，受領部分禁軍，蓋勳於是與袁紹、劉虞商議，計畫「併力誅嬖倖，然後徵拔英俊，以興漢室」，不過還在籌畫階段，蓋勳便被任命為京兆尹，劉虞被任命為幽州牧，雙雙離開洛陽，第一次誅宦大計胎死腹中。

一八八年當下袁紹還不清楚何進的意向，並未拉何進入夥，一八九年蹇碩謀殺何進未遂的消息傳出，袁紹知道機會已成熟，他派出說客告訴何進：「這些宦官專權太久，長樂太后又與他們通謀斂財，大將軍應當清選賢良，整齊天下，為國家掃除這些敗類！」

這段話頗有玄機。表面上說客的主旨是最後一句「為國家除患」，其實重點卻在「與長樂太后專通姦利」一節。「長樂太后」就是劉宏的母親董太后，他們母子賣官斂財，會計、收納等工作都由宦官擔任，說宦官與太后通謀倒不算抹黑。對何進而言，蹇碩只是個跳梁小丑，同是外戚、手上有軍隊有皇子的董氏一族才是心腹之患，張津說詞將兩者掛鉤，正中其下懷，何進點了頭，「誅宦大計」正式上軌道。

袁紹很快來何進前報到，奔走者聯盟成員也依次現身，隊長何顒成為何進心腹，並於稍後擔任北軍中侯統領北軍。二十幾位名士陸續加盟，這些人與其說是「名士」更不如說是「謀士」，他們的專長不是談經論道，而是謀略、投資與俠義，他們包括荀攸（後來曹操謀士）、逢紀（一做逄紀，後來袁紹謀士）、鄭泰（河南開封人，「陰交結豪桀，家富於財」）、蒯越（南郡中廬人，「深中足智，魁傑有雄姿」）、王匡（泰山人，「輕財好施，以任俠聞」）、王允等人。

何進也吸收了袁術的俠氣聯盟，雖然知名度差些，但也有像陶丘洪、宗承等出色人物。袁術本身擔任虎賁中郎將，統率皇宮內的虎賁軍。

何進一統兩大聯盟，外加上獨立的高手，「何進宇宙」至此大功告成。眼下百郡邸軍營內聚集著眾多少壯士人，他們的舉止不那麼優雅，談吐不那麼斯文，他們高談闊論，大膽擘畫帝國的未來。何進第一次感受到伙伴的力量，他終於感覺自己不是一個攀著裙帶、懸在半空中的大將軍，他擁有強而有力的支持，那是一種前所未有的踏實感動。

而「誅宦大計」便是這一切支持的來源。

另一方面，蹇碩也在找伙伴，他對外宣傳劉辯輕佻不德，何氏兄弟貪圖虛名，無法安定帝國；唯一救國的方法就是誅殺何進，改立渤海王劉協。

弔詭的是，蹇碩並未找上先帝安排的搭檔、驃騎將軍董重，反而找上宦官同僚，他給趙忠等人寫信道：「何進兄弟把持朝政，召集天下黨人，企圖誅殺先帝左右，只因我蹇某人手上還有兵權，他們不敢動手。今天這般局勢，何進必然先殺我，之後便輪到諸位。故請諸位同我合作，報私仇、輔皇家，即刻下令封閉皇宮，下詔捕殺何進。」

這封信道理充足，送到十常侍手上卻沒人鳥，據說是喪事繁忙、宦官們太過哀傷之故。十常侍的處理方式就是將信轉寄給何進，並在收到何進回信後，就蹇碩的生死進行辯論，有人道：「蹇碩是先帝任命的，是先帝的臂膀，不能殺！」

這時何家的好朋友郭勝說話了，他拍胸脯保證：「何進是我成就的，不可能有變卦！就照他的方法辦吧！」

四月二十五日，還在殷殷盼望同僚回覆的蹇碩遭黃門令逮捕，下獄處死，這場蹇碩風暴為期不到兩周。

前面說過，「黃門令」是宮中諸宦者的人事主管，有逮捕個別宦官的權力，可憐蹇碩貴為西園軍上軍校尉、帝國元帥，終不脫宦官身分，何進不花一刀一槍，靠宦官內部懲戒系統便消滅了劉宏遺下的鬼魂。何進於是取得西園軍指揮權，包括袁紹、曹操，還有原本為蹇碩屬下的張楊、張遼等士官兵，全移轉到大將軍麾下。

接下來輪到董氏一族。當時何家已掌握九分局面，董重麾下千餘士兵也無法構成威脅。董重在史書上低調安靜沒半句臺詞，但姑媽董太后卻仍一派單純天真，她插手政事被媳婦阻止，便嗆聲道：「妳囂張不就靠妳阿兄嘛！信不信我們家驃騎砍妳阿兄人頭易如反掌啊？」

何太后將這話轉告阿兄，何進採取行動。董重不如蹇碩活躍，但好歹是外戚將軍，需要高規格處理。大將軍何進於是會同車騎將軍何苗、司徒丁宮、司空劉弘、太尉劉虞（**雖然他遠在幽州**）等連名上奏，指責董太后與已故宦官夏惲、封諝非法斂財，又陳說先帝已逝，董氏僅為一藩后，依例不得留住京師，應遷宮本國。

奏書經何太后批准即發生法律效力，五月六日，何進率軍包圍驃騎將軍府，將董重逮捕免官，董重隨後（**被**）自殺；董太后則被遣返回河間，重度憂鬱地活了一個月，六月七日暴卒，許多民間柯南推理是何太后動的手。

劉宏苦心的布置，在他死後不到一個月便被何進清掃一空。

原本事情可以做到這樣就好。十常侍在蹇碩一案中已充分表態：他們是先帝的狗，現在願意當大將軍的狗，還會是條好狗，該搖尾的時候搖尾，該咬人的時候咬人。但問題是，很多事情一旦開始就無法停下來，就像股東入了股、公司請了員工，就得開門做生意，解散公司得負擔額外的成本，侵吞股款則是要坐牢的。在何進這邊，那麼多英雄為了「誅宦大計」摘下蒙面，事情就很難這樣算了。

這個時候，袁紹說話了。

立場衝突

袁紹告訴何進：「先前竇武誅宦失敗，主要是因為保密工作沒做好；另外北軍五營那些傢伙見著宦官就變軟腳蝦，也是敗筆。今天將軍貴為國舅，兄弟手握兵權，麾下英雄匯聚，一切盡在掌握中，此乃難得的機會，將軍應一口氣為天下除患，如此名垂後世，周朝申伯也無法比擬啊！」

這段話有幾個重點。第一，「竇武政變」是袁紹的參考範例，他的目標是消滅所有宦官；第二，由於會用到暴力，因此要考慮兵權，也要考慮禁軍腳軟的問題；第三，有那麼多高手在這裡挺你，天時難得，你最好不要再嘰嘰歪歪。

第四，關於保密事項。袁紹提出具體建議：「現在先帝遺體仍停殯前殿，將軍應先將宮內禁軍軍權抓在手中，但不要輕易入宮。」換言之，「誅宦大計」相關討論應鎖在宮外，以免重蹈竇武覆轍。

何進於是續請病假，不陪喪也不送葬，一個勁兒地和袁紹等人討論「誅宦大計」細節。這些談話內容現在已不可考，若參照當年竇武計畫，可能還是採取體制內手段，先用個無關痛癢的罪名抓個無關痛癢的小宦官，酷刑取供，瓜藤攀連，最後將宦官集團一網打盡，並且藉機廢了宦官制度。

然而計畫很快踢到鐵板。六月十七日，劉宏下葬，國喪告一段落，何進隨即約了大妹討論誅宦的構想，豈料何太后竟斬釘截鐵地拒絕，她說：「由宦官主管省中事務是我們帝國的傳統，怎能說廢就廢呢？更何況，先帝新喪，我又怎麼能衣裳光鮮地與那些士大夫對坐共事呢？」

想像何太后的心境：自少女時代起，她的世界便只有那數千平方公尺的宮闈，所習知識只為討一個男人的歡心；三十歲、還不過初老之年，那個男人竟走了，她突然成了這個帝國的最高決策者，她得決定從哪裡發兵攻打鮮卑、從哪裡調度糧食賑濟青州災民等事宜，偏偏她連半個鮮卑人都沒見過、半步都不曾踏入青州地界。那些說會輔佐她的大臣，全都又老又臭又沙文又自大，話不好好說偏要夾雜子曰孟云，不屑的眼神擺明當她是個傻丫頭。比較起來，那些陪她一路走來的宦官親切太多了，身上香香的聲音細細的，傻了才去誅宦官成就那些士大夫！

何太后不是什麼大智慧的人物，但也不是任人擺布的女流；從先前鴆殺王美人一案來看，何太后個性決絕而固執，不大聽人勸，這點對事情的後續發展有重大影響。

誅宦大計一開始便胎死腹中，唯一可資慶幸的是，何進謹守保密原則，他和妹妹的談話並未洩漏，沒迫使宦官撕臉。

然而話在家裡傳也夠了，二哥何苗與媽媽舞陽君一聽大哥竟如此不顧道義，想對家族的老朋友下殺手，紛紛跑去找何太后說項，甚至還說：「何進殺宦官就是想專權獨裁，太后不能不防啊。」何太后被瘋狂洗腦，半信半疑。

其實何進的意志也不是那麼堅定，他氣的是蹇碩，現在蹇碩已死，是否要採取極端手段，他心中是猶豫的。家人的反對給他一個藉口，他回去後可能向袁紹等人說：「太后不同意我也沒辦法，總不能造反吧？是不是？各位冷靜一下，想想其他不那麼激進的方法，例如我們先殺幾個特別囂張的？是、是、是，本初你說的我都知道，但現在就是辦不到嘛……」

袁紹不同意，依他分析，宦官最可怕的地方就是在於他們離皇帝（或太后）太近，所有指令的進出都經他們的手，如果不把他們一次剪除，將來必定為患（「**親近至尊，出入號令，今不悉廢，後必為患**」）。

在這裡，何進與袁紹「誅宦」根本立場的差異終於浮現。

何進的「誅宦」是「誅其放縱者」，放縱者可能是一個人、十個人甚至一百個人，但總之不是宦官全體。換句話說，何進只是想整肅宦官集團，讓他們更聽話而已。

相反地，袁紹則認為宦官「今不悉廢，後必為患」，換言之，袁紹要的不僅是一場宦官的大清洗秀，他還要根本地廢除「閹人為宦」的制度，省中管理工作將由有小雞雞的士人去做。

我們姑且把何進的立場稱為「整肅派」，袁紹的立場稱為「滅絕派」，釐清這項根本差異，我們才能正確評估何進面對的困局。

「整肅派」要做的事無疑是較容易的，我相信以當時何進的資源，殺一、兩個大宦官，甚至狠下心來把十常侍全殺光，應該都不是問題，他可以越過何太后動手，事後再找臺階下（例如叫小咖的曹操背黑鍋）。但這樣能解決問題嗎？當權宦官本來就是一小撮，一代新人換舊人，桓帝前期「五侯」權勢滔天，後來王甫、曹節掌權，再之後則是十常侍天下，即便今日除去十常侍，必然也有小宦官上來補他們的缺；事實上，劉辯當時已有親近的宦官，一旦他成年親政，歷史又將重演。

從這個角度來看，「滅絕派」的主張似乎較有道理：不只殺人，還要廢除宦官制度，根除東漢政治的百年沉疴。

當然，這樣的論理也有盲點。如前所說，宦官其實不是問題所在，皇帝才是，人皆需要損友，皇帝這種天下第一紈褲子弟更需要天下第一的最佳損友，因此即便宮內沒了宦官，最後必然還是會出現類似的佞臣，外朝士大夫還是會不爽。真要根絕近臣干政，必須徹底改革宮廷制度，讓皇帝上班族化，或是乾脆廢除君主專制走向共和，不過這偏離主題太遠，我們很難期待超越時代的神人。

要達成「滅絕」的目標有兩條路，一是從體制內變法，二是在體制外革命（叛亂）；何進、袁紹都是體制內的人，此刻的他們可還沒想到顛覆漢室、成立一個零宦官的新政府。那若要在帝國體制下進行改革，何太后的批准便是不可或缺的要件，不可能繞過她將法律改了。

有人說何進不是掌握軍權可以為所欲為嗎？但何進軍權的基礎是他外戚大將軍的名號，他不是軍閥；當年竇武政變，宦官強迫取得的詔書便足以瓦解北軍，今天太后（**可能加皇帝**）親自站出來，只怕何進更無法討好。

「整肅」與「滅絕」的兩派立場差異成為這場「誅宦大計」成敗的瓶頸，在接下來的幾個月中，我們會看見何進搖擺於兩派之間，猶豫著體制內與體制外的手段。

在那當下，何進可能向袁紹等人雙手一攤，嚷道：「太后不從，我有什麼辦法？你們自認為足智多謀，想個辦法讓我妹妹點頭啊。」

結果還真有辦法。

B計畫。

B計畫

B計畫就是我們很熟悉的：召外兵進軍洛陽，迫使太后妥協（「多召四方猛將及諸豪傑，使並引兵向京城，以脅太后」）。

這個被後世批評到臭頭的想法，在當代其實沒有太多反對意見。異議者只有一個：陳琳，他反對體制外的詭道，認為何進既輔政又掌兵權，自當堂堂正正地處理宦官問題，怎麼還要靠外兵助力呢？更何況到時軍頭匯聚，爭強鬥勝，等於交出主控權，一定有亂事。

另一個不看好的聲音是時任典軍校尉的曹操，他不在決策圈裡，只能上網發文，道：「閹者為宦這制度由來已久，重點是皇帝不該將權力下放給宦官。處理現在這情況，應是將宦官論罪，誅殺領頭羊，這只需要一個獄吏就好，何必大張旗鼓地徵調外兵入京？想要殺盡宦官，消息一定走露，計畫必然失敗。」

曹操的立場偏向整肅派，認為制度無法廢，閹人不可能盡誅。由此，我們可以了解曹操為何無法進入大將軍府的決策小圈圈，以他的背景，若在眾人面前提出此議，大概有人會酸說：「再怎麼有本事也還是大長秋的孫子啊！」

我們現在很容易以事後成敗認為B計畫是個愚蠢的決定，不過若衡估當時的情勢，這計畫相當合理，而且事實上它幾乎成功了。

如前所述，要達成滅絕的目標，必須有太后的批准，如今太后就是不准，有什麼突破僵局的方法呢？給她錢？幫她介紹新對象？

召來外兵或許聽來誇張，卻是個有效的選項，對太后而言，地方駐軍是她最不熟悉的領域，也是最有可能妥協的環節；激進點去想，若是到時候太后仍不妥協，便可以開啟禁忌的C計畫：直接讓外兵進宮屠殺宦官，到時追究責任，就讓那個倒楣的將領扛就好。

當然，召來外兵確實可能發生陳琳所說的「大兵聚會，強者為雄」的風險，但這風險是可以控制的，我們稍後討論。

事實上，「以地方兵力靖君側」並非多麼異想天開的謬論，甚至可以說，在當時很多人都有類似的想法。

早在一八四年黃巾之亂平定時，涼州名士閻忠（就是後來被韓遂抓去當頭領的那個）便找上皇甫嵩，遊說他趁此威震天下之際，一舉帶兵殺入洛陽，「誅閹官之罪，除羣凶之積」，等到局勢穩定時，再趁機篡漢稱帝。皇甫嵩聽了嚇壞了，他自認沒這個本事，說閻忠這話是「反常之論，所不敢聞」。

不只涼州人這麼想，關東士人也有類似想法。一八五年張溫受命西征，隱士張玄造訪其軍營；張玄是世家子弟，「沉深有才略」，但不願為官，張溫曾多次徵辟他都不理，這回卻主動送上門。張玄告訴張溫，天下盜賊紛起全都是因宦官無道，現在張溫手握重兵，應立即掉頭，回洛陽剪除宦官，任用忠正之士，則涼州問題不過小菜一碟。

張溫的反應與皇甫嵩一樣，半天不敢答話，最後才說：「不是你說得不好，是我做不到，怎麼辦？」張玄說：「事行則為福，不行則為賊，今與公長辭矣。」便要服毒自殺，張溫阻止他，答應保密，張玄於是隱居到魯陽山中。

第三個案例便是「王芬案」，可能發生在一八七、一八八年間，當時算命師告訴冀州刺史王芬說，星象顯示宦官將滅，王芬大喜，便打算趁皇帝劉宏北上巡視河間故宅時發動兵變，誅除宦官，廢劉宏，改立合肥侯為皇帝。王芬為此找了好些幫手，包括許攸、周旌等，他也找過曹操，但曹操認為他一定失敗，所以拒絕（**不是認為這樣做不道德**）；華歆本想加入，但被陶丘洪所勸阻。最後皇家的算命師技高一籌，預先告知皇帝北方有赤氣，當有陰謀，不宜北行，皇帝遂取消出訪，改召王芬進京，王芬以為陰謀敗漏於是自殺。

「王芬案」距何進商議誅宦大計不到二年，何進身旁的許攸、華歆、陶丘洪、曹操等人，全是王芬案的關係人。

從這些例子可以看出，對那些智謀之士來說，「招外兵脅太后」並非大逆不道；外兵進京、進宮誅殺宦官也是個合理的備案；甚至是倚仗外兵廢立皇帝，也曾有人討論過。這個朝廷、這個皇帝已經夠爛了，不用暴力不足以救天下。我可以想像，討論中可能會有更誇張的想法，例如把太后抓來拘禁調教、不分三七二十一血洗省中之類，相比起來，招外兵脅太后已是最中庸、傷害最輕微的選項了，何進也因此被說服了。

大方向已定，開始執行吧。

八路調兵

如陳琳所提醒的，外兵入京最大的風險就是軍閥獨大，何進與袁紹並非沒有考慮到這點，為了控制風險，他們做了以下安排。

首先，他們招來三支來自不同地區、領軍者彼此無關的外兵。其次，何進派五名部屬下鄉募兵，充實首都兵力。

在這樣的安排下，三支外兵加五支新募部隊，將沒有一支部隊享有絕對優勢，將領之間也難以串聯，何進安居八卦蛛網之中，以其兵力、其職銜、其威望，完整控制局面。

細節部分，先說下鄉募兵五人組，他們分別是：王匡去徐州、鮑信去泰山、毌丘毅去丹陽、張楊去并州、張遼去河北；這其中，鮑信的部屬有于禁，毌丘毅的部屬有劉備，陣容頗為壯觀。

募兵的過程發生若干意外，張楊被地方的山賊絆住，滯留上黨；毌丘毅則在下邳一帶被青徐黃巾纏上，似乎也沒回洛陽。不過另外三支募兵團倒是頗為順利，在八月二十五日關鍵日時，王匡已帶著五百弩兵回洛陽覆命；鮑信、張遼也成功募兵抵達洛陽近郊。五支部隊有三支準時抵達，達成率算不錯。

三支外兵分別是：東郡太守橋瑁、武猛都尉丁原、另外就是我們好久不見的男主角，前將軍董卓。

橋瑁出身梁國橋氏，是橋玄的族子，橋玄就是評價曹操是「命世之才」的那位老先生，位達三公。橋瑁出身世家，任東郡太守，「甚有威望」，可以推論是袁紹的自己人。他受何進之命，打著誅宦官的旗號向洛陽進軍，到成皋停住。成皋縣境裡頭有大家熟知的虎牢關，雖是洛陽東方重鎮，但離洛陽還有八十公里，急行軍也要幾天，對洛陽的震懾力不免弱了些。

來自并州的丁原有著完全相反的家世背景，他出身寒微，書讀不多，全靠一馬當先的騎射本事才在公門中尋得一條出路，擔任縣政府中的事務官❽。一八八年三月，并州刺史張懿為休屠各胡所殺，朝廷大概找不到文職人員接這個位置，索性提拔勇猛著稱的丁原為刺史，並且授與軍權，丁原隨即以本地基層軍官組成團隊，團隊中留下名字的都是大人物：呂布、張楊、張遼。

然而丁刺史上任並未創造顯赫戰績，并州的黑山、白波、南匈奴等亂事反倒越是風生水起。丁原似乎將精力擺在政治上，前面提到，他和洛陽來往密切，西園軍成立，他馬上派張楊、張遼送兵支援。他與何進、袁紹的關係應是這樣建立的，張楊、張遼名列募兵五人組，表示雙方有相當的信賴基礎。

❽《英雄記》說丁原原任「南縣吏」，但東漢並沒有一個單名「南」的縣。

劉宏過世前任命董卓為并州牧，丁原於是卸下刺史的頭銜，改任武猛都尉[9]，繼續在并州領兵，可能是用來牽制董卓。

而今何大將軍實施B計畫，丁原是受召的外兵之一，何進先任命丁原為騎都尉，稍後又升至九卿之一的執金吾，丁原於是向南進軍，目標是洛陽北面的黃河渡口孟津。

丁原兵力龐大，達數千人之多，詭異的是，何進要求丁原不要打上官軍的旗號，而是打著「黑山伯」的名號（像是賣鵝肉的），假裝是對政府失望透頂的民變團體，丁原軍南下來到與洛陽一河之隔的河內郡，在平陰、孟津等黃河渡口放火，要求誅殺宦官，火光滔天，連洛陽中都可以看見。

第三支外兵便是董卓了，他在幾個月前率領五千人部隊離開長安，暫時駐紮於河東郡。

董卓與何進如何搭上線的，史未明載，唯一的推論就是董卓以「袁家故吏」的身分，與袁隗一直保持連繫。另一線索是，在董卓進京前，他的弟弟董旻已在洛陽任職奉車都尉，手上還有一支部隊。何進於是以密函命董卓向東進軍，目標是洛陽西側的皇家園林上林苑[10]。

話說召來橋瑁與丁原沒人有意見，火燒孟津好像也無所謂，但對於召來董卓一事意見就多啦。首先是盧植，他和董卓在討伐黃巾時是前後手關係，有第一手資訊，他告訴何進：「要殺宦官根本就不用召外兵，董卓凶悍，手握精兵，到時一定不受控制。」另一個反對者是鄭泰，理由大概也是董卓凶殘貪婪，必定為禍朝廷，何進已掌大權，想殺有罪之人不需要自找麻煩。

何進拒絕這些意見，董卓進軍洛陽遂成定局，董卓自河東開拔，在七月時抵達弘農郡澠池縣，離洛陽僅約七十公里。

就在這個時候，一名京官來到董卓軍中，下令停止前進。

情況又有變化。

---

❾丁原的「武猛都尉」是個新發明的怪頭銜，不在原本東漢的官制內。東漢有很多稱「都尉」的官職，在中央有所謂的「三都尉」，即騎都尉、奉車都尉、駙馬都尉；騎都尉管騎兵（多半是管羽林軍），奉車都尉管車駕，駙馬都尉管公主⋯不是啦，駙馬都尉管馬，南北朝後公主的丈夫多任駙馬都尉，後來「駙馬」便成為公主丈夫的頭銜。三都尉都是比二千石、有權上朝的高官。

地方則有邊境的「屬國都尉」，負責少數民族的軍事統治；三輔地區有「右扶風都尉」、「京兆虎牙都尉」，是當初應付羌亂而設置的地方部隊；另外黃巾之亂時，洛陽周邊八個關卡也設立都尉負責防守，但都沒有「武猛都尉」之名。

這些地方上的都尉都是品秩比二千石，比州牧略低，比刺史六百石要高出許多，因此丁原從并州刺史轉武猛都尉，算是個滿大的升遷。張楊曾任丁原的「武猛從事」，也是武猛一族的人。

❿《後漢書》記載，何進命董卓「屯關中上林苑」。這個「關中上林苑」在長安南方，是個佔地將近臺灣一半面積的皇家園林；當時董卓已經在河東，要他「屯關中上林苑」等於叫他回長安去，與威脅太后一點關係也沒有。司馬光在編《資治通鑑》時也覺得這段記載有問題，索性便刪掉了。

我個人覺得「關中」兩字可能是范曄筆誤，因為洛陽西邊也有個上林苑，若解釋為屯「洛陽上林苑」一切就說得通了。這樣的筆誤很好理解，要是在臺灣你說你家大樓叫「上林苑」，大概也沒人知道你住在哪個縣市。

迴還之間

當時三支外兵中最早就定位的是丁原，他火燒孟津，火光洛陽城中可見；另外兩支軍隊則邊走邊喊著誅殺宦官的口號，對洛陽施加壓力。

但固執的何太后仍不妥協，她知道一切都是大哥搞的鬼。

「鬧劇，真是一場鬧劇！難不成他們真要造反嗎？」何太后大概會這樣想：「你以為軍隊的事我說不上話，我就找個說得上話的來跟你說！」

於是二哥何苗去找了何進，他懇切地告訴大哥：「當初我們兩個小子從南陽來到京師，又窮又賤，能有現在富貴的光景，全靠宮裡這些人的幫忙啊！大哥，國家大事不是那麼簡單的，你現在做絕，覆水難收，三思、三思，和宮裡頭的人和解才是上策啊！」

何苗出面干預意義重大。於私，他是家中唯二的男人，於公，他是帝國車騎將軍，有獨立的幕僚與部隊，要是他公然站到宦官那邊，情況勢必會更複雜。

何進心中最軟的那塊再度動搖，他派諫議大夫种卲趕往澠池，命董卓停止進軍。种卲的祖父种暠是東漢中後期唯一有正面評價的涼州刺史；种卲稍後還會多次出現，是我們故事的小配角之一。

袁紹得悉此事火冒三丈，馬上去找何進，激動地說：「交構已成，形勢已露，再拖下去事情必會生變，將軍你還要等到什麼時候，快快決定啊！」

何進受於壓力，只好繼續行動，他讓袁紹當司隸校尉，王允當河南尹，這兩個位置負責犯罪調查，握有警察部隊⓫；何進一派既已控制禁軍，現在洛陽警力也抓在手中，宦官們再無兵可用。何進另命袁術選虎賁武士二百人，準備代替宦官入守省中。

袁紹等這一刻很久了，他下令對所有的宦官犯罪展開調查，同時派人傳訊給董卓，要他

⓫「司隸校尉」在東漢的權力鬥爭中是個重要的職位，在接下來的故事中，我們會看到這頭銜被反覆提起。司隸校尉的性質很特別，和軍職的「校尉」沒有關係。職位創於西漢武帝劉徹晚年，當時發生巫蠱大案，皇帝、太子勒兵相殺，牽連太廣，乃至劉徹認為原本的御史系統不可信，遂設司隸校尉為皇帝特務，底下警力一千二百人，能逕行逮捕甚至處罰皇親貴勳，差不多就是明朝錦衣衛的原型。東漢之後，司隸校尉成為與州刺史類似的監察官，但因司隸校尉的轄區涵蓋京師洛陽，因此監察的對象也包括中央政府官員，即所謂「職在典京師，外部諸郡，無所不糾，封侯、外戚、三公以下，無尊卑。」換言之，司隸校尉兼具地方官與中央官性質，它有資格上朝，並且與御史中丞、尚書令在朝堂上有特別的座位，稱為「三獨坐」。但它又如州刺史一般，擁有獨立的辦公室，甚至在某些特殊情況下擁有軍權或至少警察權。因此與御史臺的監察官相比，司隸校尉無論在調查或是執法上都有更充分的資源，成為洛陽城內除禁軍外最主要的武裝勢力。當年跋扈將軍梁冀就是被司隸校尉的兵力所圍捕；大宦官左悺、具瑗，以及後來的王甫都是栽在司隸校尉的彈劾下。

至於「河南尹」，前面曾略交代過，它本是河南一郡的首長，因為轄區包括洛陽，因此職銜不稱「太守」而稱「尹」，並擁有上朝的特別待遇。不過河南尹幹的還是一般郡守的工作，也負責郡兵的指揮，是洛陽中另一支部隊。例如之前何苗就是以河南尹身分帶兵平定滎陽的亂事。

繼續大張旗鼓地進軍，目標是洛陽平樂觀。

或許袁紹的動作夠快，或許董卓對洛陽的動向掌握良好，董卓並沒有理會前來阻擋進軍的种卲，他繼續前進，同時上書朝廷，一抒「誅宦」之願。董卓上書道：

「臣以為天下亂事不止，全因張讓等常侍、黃門仗恃皇家寵幸，濫用特權之故；宦官族人把持州郡官職，一道公文便勒索大筆金錢，京畿諸郡最好的房地產全給張讓等人吃下，因此民怨沸騰，妖賊四起。

臣先前奉詔討伐於夫羅，但將士兄弟因為缺糧，飢乏難耐，不願渡河北上，反而要求往洛陽，誅閹宦、除民害，並且向朝廷討回欠餉。我為了安撫屬下，這才勉強移軍至弘農郡的新安縣。

臣以為，為避免湯水煮沸，將湯水舀起，不如滅火去薪；弄破膿瘡雖疼痛，總比任其侵蝕肌肉好；等到水淹過頭頂，才想要叫船，必然悔之莫及。

因此，臣如今效法春秋趙鞅掃除范、中行二氏往例，鳴鐘鼓向洛陽進軍，請逮捕張讓一眾，以清姦穢。」

董卓這道上書義正辭嚴，其中恫嚇也是明目張膽，何太后這下真的怕了，她下令開除多數的宦官，只留下少數與何家親信者。這些宦官們失去皇宮庇蔭立時成喪家之犬，低聲下氣地上大將軍府請罪，任憑大將軍處置。

B計畫竟然成功了！

袁紹等的就是這一刻，他急切地告訴何進，殺！就是現在，就在這裡，為大漢的未來立下百年根基啊！

在這關頭，何進又軟了，看見諸宦官匍匐腳下，何進覺得沒必要大開殺戒，他拉高姿態，道：「天下擾亂，都是諸君的緣故。如今董卓將到，我也沒辦法護著諸君，各位還是早早回故鄉享福吧！」

另一方面，何進再次派种邵為使者，前去命令董卓撤退。當時董卓的軍隊已開進河南尹轄區，離洛陽不過十幾公里，當然不願意停下來，董卓還稱「京中有變」，命軍士逮捕种邵。种邵揮舞詔書斥退士兵，走到董卓面前指著他的鼻子大罵，董家軍士不敢動手，董卓也知理虧，只得向西撤退到離洛陽約二十多公里的夕（ㄐ）陽亭。

何進大概覺得事情告一段落，雖然大家好像不大滿意結局，但應該都可以接受吧？宦官走了，又沒鬧出人命，從此士宦間井水不犯河水，可以安穩過日子。

不過沒人領何進的情。袁紹已鐵下心、非把宦官抄絕不可，他以司隸校尉身分下命令給各地政府：舉凡宦官親屬，一律逮捕下獄。

宦官這頭也不甘心於如此下場。先前他們被蒙在鼓裡，直到外兵壓境，才驚覺情況無可收拾。宦官們沒權沒兵，上何進官邸求情是哀兵策略，最後雖然掉了官位，但總算保住性命；不過這也只是緩兵之計，若沒有後續動作，大伙兒最後還是會被袁紹整死。

於是第二道哀兵出擊就更極端了，由頭頭張讓出馬求何家排位最後的何小妹，也就是張讓的兒媳。張讓感傷地說：「我這老臣犯了罪，本當與媳婦妳一同回家去，只是今天出了宮，心頭卻怎麼也是放不下……只盼啊，唉，能再進一次宮，再見一次太后與陛下，如此老臣就是死在外頭的水溝裡也沒有遺憾了！」說著張讓下跪，對著兒媳叩頭。

權傾天下的張中常、又是自家公公，說得如此委屈，何小妹感情上哪禁得住？再理性想想，袁紹下令收捕宦官家屬，那豈不是連我也算進去了？何小妹越想越不對，於是進宮找媽媽舞陽君商量，隨後又去找姐姐何太后。三人討論許久，最終情勢大逆轉，太后降詔，所有宦官再度回宮任職。

接下來的事情不大清楚。估計何進這邊又是一陣擾嚷，袁紹罵何進顢頇，花了那麼多工夫，到頭來閹宦還在宮中逍遙，要哪一天他們說得何太后或是新皇帝動了心，別說我們這些士大夫逃不掉，你這個國舅爺大將軍也得遭殃！

何進在袁紹巨大的壓力下，決定隻身進宮與妹妹好好談談。

那天是東漢少帝光熹元年、西元一八九年的八月二十五日，決定帝國命運的一系列變動，都發生在接下來的八天之內。

第三章

八日政變

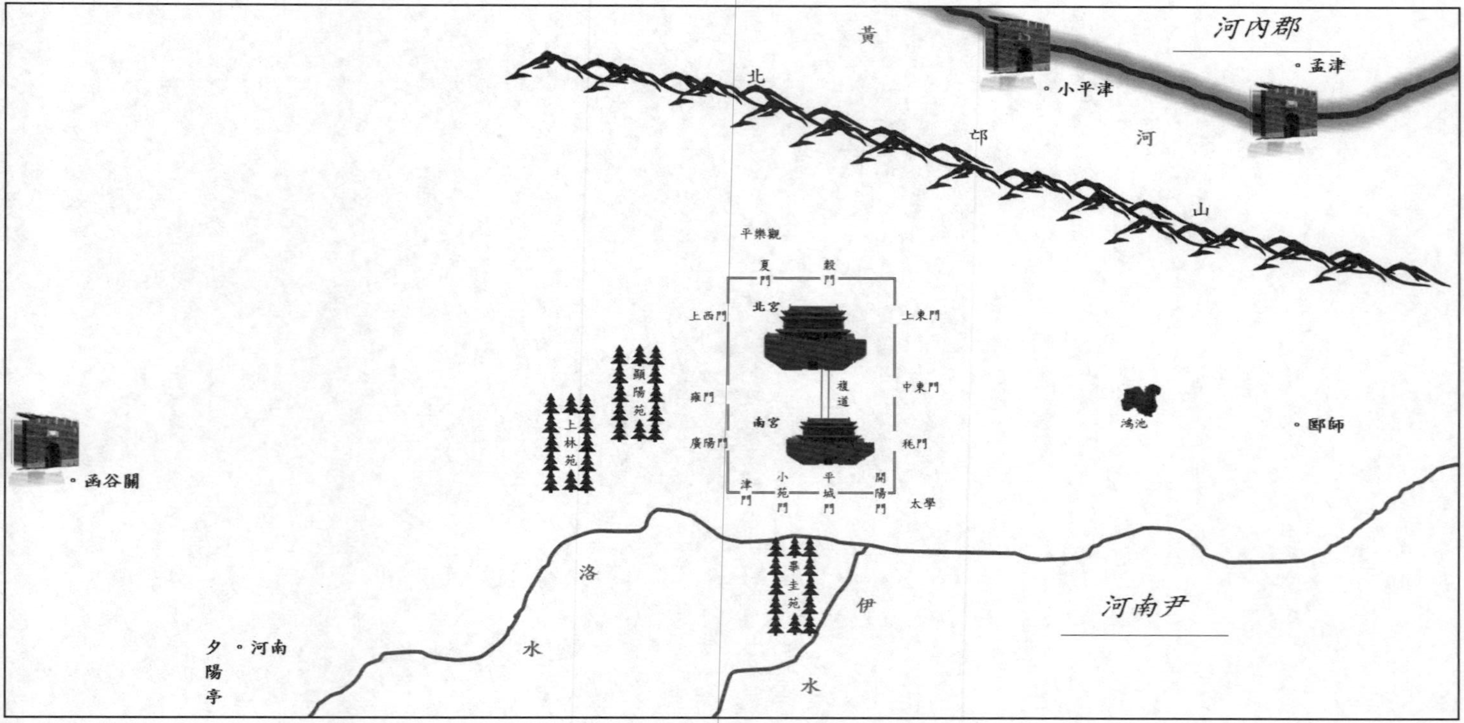
河內郡
孟津
小平津
黃
河
北
邙
山
平樂觀
夏門
穀門
上西門
北宮
上東門
顯陽苑
雍門
複道
中東門
南宮
廣陽門
耗門
上林苑
津門
小苑門
平城門
開陽門
太學
鴻池
偃師
函谷關
洛
水
畢圭苑
伊
水
河南尹
河南
夕陽亭

▲圖二：洛陽附近

第一日：戊辰、八月二十五

西元一八九年在東漢紀年上共有四個年號，一到四月是靈帝的中平六年，四到八月是少帝的光熹元年，八月二十八日到九月一日是少帝的昭寧元年，九月後是獻帝的永漢元年；到了十二月，不知是實務需求或是政治正確，朝廷下詔廢除光熹、昭寧、永漢三個年號，仍將此年記為中平六年。

這年洛陽氣候異常，六月開始的雨水一下就是八十幾天，從仲夏到中秋，整座洛陽城都籠罩在水霧之中。直到八月二十三日天空才稍微放晴，天文學家於是留下金星觀測的紀錄：二十三日，金星接近心宿一；二十五日，金星運行到心宿二附近。

「心宿」是中國星座二十八宿之一，由三顆星組成，分別為心前星、心中星、心後星，或是簡單稱心宿一、二、三，其中心宿二、也就是「心中大星」最受人類注意。它是一顆離地球六百光年的超紅巨星，在夏季南方夜空閃著熾熾紅光，由於它非常亮非常醒目，因而成為占星學的重要星宿。波斯人以它為四王者星之一，希臘人以它為天蠍座的「天蠍之心」，又因為它是顆紅色的星星，希臘人稱它為「火星之敵」。

在中國傳統天文學中，心宿被視為帝王施政的「明堂」，而居中的心宿二正好代表帝王，因此當其他天體進入心宿時，普遍被視為不祥之兆。例如「熒惑守心」便是火星在心宿中逗留不走，兩顆紅色星星纏在一起，是最凶險的天象。金星（太白）主兵事，犯心宿自亦不祥，正所謂：「心宿三星，天王正位也，中星曰明堂，天子位……太白犯，羅貴，將軍憂，有水災，不出一年有大兵。」

一八九年八月二十五日，太白犯心中大星，大大不妙。

何進沒有心情看星星，幾個月來的拉扯令他心神俱疲，他自暴自棄地放棄整肅派的立場，打算依袁紹的建議繼續強推B計畫，二十五日上午，何進入宮面見太后，直言：「盡誅諸常侍以下，選三署郎入守宦官廬」。

打從四月蹇碩風暴起何進便沒再進過宮，先前他與何太后、何苗都是在宮外談話，此下他突然進宮，宦官們頭上立刻響起警訊，紛紛議論：「大將軍先前不來喪禮、不去送葬，現在突然入宮，想要幹什麼呢？難道真想搞當年竇武政變那樣的事嗎？」張讓派人竊聽何氏兄妹談話，終於將最後一塊拼圖拼上，發現戰慄的真相。

史書上沒有記載何太后給何進的回應，想來是再一次拒絕採取極端手段；何進一半失望，一半鬆了口氣，他整理衣裳向大妹告退，穿過層層門闥，快到宮門時，有人從後方將他叫住，只見一位小宦官氣喘吁吁地跑來，說太后另有要事，請大將軍入省再議。何進不疑有他，便跟著小宦官穿過黃門，回到省中一處樓閣坐定，看看外頭圭表已是接近黃昏，正納悶不見妹妹，卻見張讓、段圭、畢嵐等數十名宦官拿著兵刃魚貫而入，何進方才知道中計，起身便跑，但宦官們準備周全，埋伏一擁而出，在嘉德殿前將何進壓制在地。

張讓走到這位親家的面前，歎了口氣，道：「遂高啊！好久不見啊……該怎麼說呢？原來您真的相信，今天天下那麼亂，全是咱們這幾個沒出過宮的閹人害的？當年啊，先帝與太后鬧不愉快，都到了論及廢立的地步，咱們可是一把鼻涕一把眼淚地求，還從各自腰包裡掏了幾千萬棺材本，皇上才開心，才把那件事算了。你都給忘了？咱們當初這麼做為的是什麼？還不就是圖在你何家門下一個安身立命的所在，子孫們以後可以安穩過日子嘛，今天你竟要滅我們族類，遂高，你捫心自問，這公不公道？」

張讓拉下臉，又說：「你剛剛跟太后開口閉口便是『省內汙濁』……你他媽的，那些整天說自己清流的公卿裡頭，真的不濁的又有幾個啊？」

張讓說罷退開，何進正要答辯，尚方監⑫渠穆已走到他身後，手持尚方寶劍，一劍砍下何進的腦袋。

或許在頭顱與身體分家的那一瞬間，何進會想到他曾剁下的羊頭，想著二弟在一旁剝羊皮，兩個妹妹清洗羊雜碎的日子，人生本是一場戲，至少，他媽的，他何進是風風光光登過場了。

後世對何進的評價很低，曹操說他是「沐猴而冠帶，知小而謀彊」，《三國演義》評詩也說「無謀何進作三公」。當然，一方面我們可以說何進以屠家子出身，二十年內成為帝國

⑫「尚方」是皇宮裡的官署，工作是為皇帝鑄劍，因此所謂「尚方寶劍」其實就是皇帝的用劍，不是鹹魚。

的實質領導人，自然不是顆單純的豬頭；但另一方面，何進位高權重，卻不見對帝國有什麼建樹，他傾盡畢生之力搞鬥爭，最後落得身首異處的下場，說他的人生失敗，也不算過分了。

然而不可否認的是，何進是當時的最高權威，是唯一可以鎮住各方勢力的人，這不禁讓人去想，如果何進沒有死，B計畫繼續執行，董卓是否仍有掌權的機會呢？是否還會有之後的天下三分呢？

可惜的是，歷史沒有「如果」，倒是有很多意外。

話說回命案現場。小宦官們忙忙清理血跡，張讓、段圭等人則開始下一步，他們矯擬詔書，拔掉袁紹、王允的官職，改命親宦官的士大夫樊陵為司隸校尉、許相為河南尹。張讓以大將軍名義將草稿送到尚書臺，準備翻抄為正式的詔書。

問題出在這個環節上。當年竇武政變，宦官們先拿下皇帝與太后，才逼著尚書臺擬詔；現在張讓等人並沒有控制皇帝太后，打算用騙的騙出一道詔書。然而尚書臺可謂是東漢的精英中心，裡頭盧植、韓卓、華歆都是何進的人馬，哪有那麼好唬過的？這份草稿怎麼看都不合理，尚書臺於是將草稿退回，表示請大將軍過來面議，某位中黃門（負責宿衛的宦官）可能因為剛殺了人精神亢奮，想也不想就將何進的人頭丟給傳信的尚書，大聲說：「何進謀反，已伏誅！」

至此，情況失控。

第二天：己巳、八月二十六

何進或許不是個雄才大略的亂世梟雄，但他是個好老闆，當他的死訊傳出時，大將軍府內部曲們均悲憤不已，二十五日稍晚，何進最親信的兩位屬官：吳匡與張璋，帶著弟兄們來到南宮討公道，但宦官已封閉宮門。這時虎賁中郎將袁術帶兵到，原本負責守護皇宮的虎賁軍，竟與大將軍部曲們合作攻打宮門，他們沒有重裝備，只能以刀槍砍劈門板。過不久太陽下山，袁術進一步在南宮嘉德殿外的青瑣門以及東、西宮分別放火，試圖逼宦官投降，但宦官並未妥協，配有武裝的中黃門們持續在樓閣上防守。

二十六日清晨，南宮內巷戰持續，火還在燒，而何進的死訊已傳開，宮外的人馬越來越多。董卓的弟弟、時任奉車都尉的董旻帶著自家人馬前來，先前下鄉募兵的王匡此刻也帶著徐州弩兵報到。

袁紹也到了，但他沒去南宮，而是帶著人馬來到北宮的南門——朱雀門前，這裡位在南、北宮之間，是交通要道；車騎將軍何苗英雄所見略同，亦帶兵來到朱雀門前，在何進遇害當下，袁紹與何苗之間正上演一場無聲的話事人爭奪戰。

我們不確定袁紹聽到何進遇害時作何感想，也不知道他遇見何苗時如何應對，想來袁紹是讀書人，懂得禮數，因此他與何苗並沒有發生衝突，相反地，兩軍還合作逮獲並處斬了宦官趙忠。

趙忠是十常侍的二把手，熱愛建築，品味也高，他在洛陽與鄴城所興建的宅邸與墳墓後來都成為搶手貨。大概因為自己家裡住得太舒服了，趙忠並沒有參與昨天的何進謀殺案，他可能今早才得到消息想回宮看看，卻被逮個正著送了性命。

何苗斬殺趙忠，站穩立場，儼然成為何進復仇戰的總指揮，豈知情況丕變，原本在南宮裡的吳匡與張璋突然出現，旁邊還跟著董旻的部隊。吳、張、董率兵殺向何苗軍，雙方在朱雀門前混戰，最終何苗軍戰敗，何苗被殺，被棄屍於皇家園林，其餘傷亡將士據說有數千人之多。

或許有人黑暗地猜想何苗是死於袁紹的陰謀，不過從後續的發展看來，吳匡、張璋與袁紹並不是同路人，在沒有進一步的證據前，我們只能說何苗的死是兄弟間心結所導致最壞的結果。

何進與何苗的關係很微妙，兩人沒有血緣關係，卻當了幾十年的兄弟；他們出身微賤，一路風風雨雨走來，攀上帝國高位，理當有份革命情感；但另一方面，何進對何苗似乎又多了份競爭、提防的心情。張璋與吳匡是最早掌握這份心情的人，他們各有特別的本事受到何進的賞識，何苗卻很討厭他們倆，兩人於是到處詆毀何苗、稱讚何進，何進為此相當歡喜，常誇獎兩人，並引為自己的心腹。

這段記載出自曹丕的《典論》，曹丕為此評論道：「身為忠臣應該尊重老闆的父母兄弟，正所謂愛屋及烏，更何況是屋主的骨肉呢？像張、吳這樣挑撥何家兄弟的感情相當惡劣。」

曹丕真是超沒資格說這種話的。

張璋的背景不清楚，吳匡倒是有些線索。他是陳留人，兒子吳班、同族姪子吳懿先後入蜀，後來都成為蜀漢政府的高級將領，吳懿的妹妹並嫁給劉備，是為蜀漢的穆皇后。

記得前面提到「奔走者聯盟」成員之一、不知何許人也的「吳子卿」嗎？由於吳懿字子遠，我會自動把吳子卿與吳子遠聯想在一起，猜測這位名不詳的吳子卿先生是陳留吳氏的一員，但這只是猜測，沒有證據。

話說回頭，何家兄弟本有心結，如今何進遇害，何苗眼看接掌大局，張璋與吳匡又是憤怒又是害怕，他們想到先前何苗屢次阻擋誅宦大計，甚至懷疑何苗與宦官串謀殺害何進，兩人於是鼓動同僚道：「殺大將軍的就是何車騎，我們能不能為大將軍報仇!?」部曲們感念前老闆，流淚高喊：「願致死！」吳、張遂與眾部曲們歃血為盟，憑著這股義氣衝向何苗軍，何苗就這樣掛了⑬。

何苗一死，現場指揮權便落入袁紹手中，經過鎮日交鋒，宦官漸漸不支，該是算總帳的時候了。

---

⑬何苗的死亡日期《後漢書》本身記載就有矛盾，《天文志》記的是己巳日，即八月二十六日，《靈帝紀》中則是記在庚午日，即二十七日，我想這不是很嚴重的誤差，畢竟巷戰混亂，真要確定死亡時間也不容易，更何況巷戰可能就發生在半夜子時前後。

第三天：庚午、八月二十七

袁紹接手政變的第一件事，就是宰了宦官的兩個大走狗：許相與樊陵。

許相出身汝南許氏，和「月旦評」的主持人許劭、許靖同族，不過許相這脈名聲一直很差，他的祖父許敬、父親許訓都靠諂媚宦官發達，許訓還是東漢少數「三公大滿貫」的紀錄擁有者：太尉、司徒、司空都當過。許相差他爹一點，只當過司徒與司空。許劭非常痛恨這些無恥親戚，拒絕與他們來往。

樊陵的評價則較平衡些。他的祖父樊英是個天下知名的命理學者，精通易學、風角（就是靠風吹來算命）、星相、河圖洛書、七緯（就是從《孝經》等儒家經典中找預言的學問，類似聖經密碼吧）等技術，漢安帝與順帝徵他為官都徵不到，最後是皇帝為他設專門壇席，以請示神明的方式向他求教，禮遇規格極高。

樊陵沒祖父那麼神，他和宦官家族連姻，他的太尉一職也是買來的，致使他惡名在外[14]。不過另一方面，樊陵當京兆尹時似乎又是個勤政愛民的好官，他開了一條「樊惠渠」，對地方水利頗有幫助，蔡邕還為此寫了首「京兆樊惠渠頌」，稱讚樊陵：「勤恤人隱，悉心政事，苟有可以惠斯人者，無聞而不行焉。」

簡單來說，樊陵與許相並不是什麼路邊的阿貓阿狗，他們都是有家世背景、當過高官的士人前輩，有一定的影響力，倘若此二人擔任司隸校尉與河南尹的消息流出，即便是矯詔，袁紹的指揮權恐怕也會受到影響。

但……誰不會矯詔啊？

二十七日清晨，袁紹與叔叔、二號輔政大臣、太傅袁隗矯詔，召見樊陵、許相，斬之。

在這個非常時刻，平時不沾鍋的袁隗也不得不撩落去，這道矯詔像投名狀一樣，逼得他與兩個姪子硬幹到底。

清除了外援，袁紹望向高聳入雲的朱雀闕，抄起兵器，大步走進北宮。

經過整日對抗，南宮的宦官已無法支持，張讓、段圭於是挾持劉辯、劉協、何太后以及省中官員向北宮撤退。東漢洛陽皇宮呈一個「呂」字形，連結南、北宮的是雙層的室內走廊，稱為「複道」；宦官們帶著皇帝、太后打上層複道走，卻聽得外頭傳來喝叱，探出窗外一看，只見樓下一名身高將近一九〇公分的大漢，正是尚書盧植。

好一個盧尚書！只見他左手操戈，右手戟指，仰頭盡數段圭等人罪狀，盧植身材高大，聲若洪鐘，加上他本是當代大儒，什麼威嚇、道理、時節牌連發，段圭腳底的石柱立馬崩

⑭有趣的是，在靈帝朝時，「太尉」就是專門秤斤論兩在賣的。樊陵之前的三個太尉：張溫、崔烈、曹嵩，都靠花錢上位。張溫花費多少不清楚，最後當了一年二個月的太尉；崔烈則花五百萬，當了半年的太尉；曹嵩花一億（價錢也差太多！），也是當半年太尉。樊陵可能最窮輩分又淺，只當一個月的太尉就走人，裡子面子都不好看。

解，心虛之下便將何太后放了，何太后便從二樓直接跳下來，我想是盧尚書用他強壯的胳臂將太后一把接住，攬在懷中，超Man的！

連太后都丟了，十常侍已經沒戲可唱。在這場事變中，十常侍犯了兩個錯誤，第一，殺何進過於倉促；第二，低估了何太后的牛脾氣。

我不大理解為何張讓那麼急著殺何進，事實上，將何進軟禁起來，當橡皮圖章或當人質都很管用。之所以倉促行事，可能是張讓被何進「真心換絕情」氣到失去理智，感情衝動下下的手。也可能竇武政變給十常侍錯誤的印象，以為殺個外戚大將軍沒什麼。他們忽略了「竇武死在政變尾聲」這個事實，竇武活著一日，宦官便能哄騙竇太后說：「這詔書只是要逮捕令尊而已，不是要殺人，我們也沒那個膽子殺大將軍啊！您就簽下去，咱們圖個保命而已！」

在何進政變中，宦官們很早就失去談判的籌碼，太后不同意何進的誅宦大計，不等於她會對何進之死視而不見。

十常侍們可能認為他們擺得平太后，認為她一介三十歲的地方媽媽，夫喪兄死之際遭逢兵變必然六神無主，只要稍加威脅利誘，她便會乖乖妥協。於是何進死時，張讓向太后稟告：「大將軍兵反，燒宮，攻尚書闥。」此時只要太后點頭，袁紹等人便將被認定為反賊，進而步上竇武的後塵。

然而何太后是個硬頸的媽媽，何進費盡心思調兵遣將也沒讓她點頭，張讓三言兩語就想騙太后簽下去，誠然過於天真；何太后還將辦公用的「六璽」與儀典用的「傳國璽」藏起來⓯，使張讓即便想自行矯詔也無印章可用，結果張讓叫不動任何武裝部隊，只能可憐兮兮地靠中黃門持兵守閣。大概也因為何太后太不合作，張讓逃亡時索性把她從複道二樓丟下去。

二十七日下午，袁術已佔領南宮，袁紹也進入北宮，封閉宮門，開始「宦官大清洗」，舉凡閹人，不分對錯，無論少長，一律斬殺，有些宮內官員因沒有留鬍鬚而被誤殺，有些人還得脫褲子來證明自己有小雞雞。

整場屠殺下來死亡人數超過二千人，堪稱慘劇。事實上，大多數的宦官都是權力結構的底層，他們遭逢不幸而受閹割，以奴隸的身分活在深不見底的後宮裡，除了攀上黃門、常侍之位，再無見到陽光的可能。如今他們不僅掉了性命，還被安上誤國亂國的罪名。

在大清洗的同時，袁紹派人登上端門，持續向皇帝所在推進；當天稍晚，袁紹與王匡聯

⓯「六璽」與「傳國璽」是不同的東西。天子六璽是皇帝辦公用印，六璽印文分別是「皇帝行璽」、「皇帝之璽」、「皇帝信璽」、「天子行璽」、「天子之璽」、「天子信璽」，封爵、任官、發兵、外交各該用那顆玉璽均有規定。而「傳國璽」的印文一般通說是「受命於天，既壽永昌」，據說當年由秦始皇嬴政打造作為皇權的象徵，但並不實際使用在行政文書上。漢朝接收了這顆傳國璽，與斬白蛇劍並列為兩大皇家寶物。在這場動亂中，天子六璽被藏在宮閣裡沒隨皇帝出宮，皇帝回宮後就找回來了。傳國璽倒是失蹤了，那是另一個故事，後面會提到。

手突破端門直上到承明堂，斬殺「十常侍」之一的高望。

結束了！一切都結束了！袁紹望著血流成河的屍體，心中吶喊著。終於贏了，閹賊滅了，所有的正義與善良都回來了，明天之後，朝堂將站滿清流之士，皇帝將沐浴在溫暖的道德中，再也沒有奸賊操弄權柄，羌亂教亂將自動消停，漢室將興！天下太平！

袁紹想著這些年受的委屈，這些年付出的熱血，不由得熱淚盈眶，他整理衣冠，心下納悶，怎麼還沒有人帶皇帝過來？他一番「臣紹言」的長篇大論已等不及了啊！

袁紹當然等不到皇帝。正當宮中大屠殺之際，張讓、段圭等數十人已帶著劉辯、劉協悄悄離開北宮，穿過洛陽城北面的穀門，向北疾馳而去。張讓的計畫應是渡過黃河，找個安全的城市，然後奉天子之命招四方之兵討伐叛逆。

張讓的金蟬脫殼之計使得甚巧，乃至於洛陽宮裡宮外一堆人竟沒人知道皇帝的去向，當天夜裡，張讓一行人來到洛陽北方的渡口小平津，只要弄條船過河，一切又是海闊天空。

便在此時，後方傳來馬蹄以及熟悉的洪鐘之聲，眾人回頭，只見巨人盧植乘馬而來，身邊跟著一騎，乃是地方官員、河南中部掾閔貢。盧植喝令宦官釋放皇帝，宦官見對方人少，想做最後抵抗，殊不知閔貢乃高手，手上劍光一閃，數枚宦官人頭已落地。

在此危急時刻，中二的劉辯突然吵著肚子餓要吃宵夜，閔貢於是不知打哪兒弄了頭羊，一面用寶劍宰羊，一面對張讓說：「你這個挨過刀的閹人啊，讓你出脫污泥，扶持日月，你卻賣弄國恩，階賤為貴，劫迫帝主，蕩覆王室，乃至今天苟延殘喘，遊魂河津，自王莽以來，奸臣賊子就屬你最奸了，看著我幹嘛？你不自己去死，是要我動手嗎？」

宦官們絕望了，張讓與段圭向劉辯磕頭，哭道：「臣等完了，天下也要大亂了，陛下珍重！」說罷便跳入黃河自殺。

叱吒東漢朝堂十餘年的「十常侍」，至此灰飛煙滅。

閔貢用羊肉串餵飽了兩個孩子，催促著他們回頭往幽暗的邙山山區出發。盧植跟在後頭，看著混濁的黃河河水拍打著一具具屍體，不禁長長地歎了口氣。

這一夜可還長著的呢！

第四天：辛未、八月二十八

我們將鏡頭拉遠，正當皇宮動亂、皇帝出逃時，洛陽近郊東、西、北三個方位各有軍隊快速地向洛陽推進。

來自東方的是騎都尉鮑信，他先前奉命下鄉募兵，自故鄉泰山郡募得千餘新兵，回程來到成皋時聽聞何進的死訊，遂加速行軍趕回洛陽。話說何進安排的另一支外兵橋瑁當時應該也在成皋，但並沒有橋瑁與鮑信互動的紀錄。

北方來的則是執金吾丁原，他原本在孟津，聽聞洛陽有變，急率領數千人的龐大部隊渡過黃河，向洛陽前進，企圖保護何氏一族，隨軍的還有擔任主簿的呂布。

西方來的部隊就是董卓。前面提到，董卓原本駐軍夕陽亭，由於他弟董旻就在洛陽政變的核心，理論上，至遲於二十六日下午，董卓就該收到政變的消息，他帶著三千人步騎混合部隊花了二十七日整整一天的時間，完成二十公里的行軍，在晚間抵達洛陽西面的顯陽苑，見到城中火光，這才命士兵給我跑起來。這時皇帝在城北的消息傳來，董卓隨即率軍北上，在二十八日清晨，自百官公卿手中劫下劉辯與劉協，護送這兩兄弟回到洛陽皇宮。

董卓迎皇帝於北邙阪的史料很多，其中最生動、最詳細的當屬王粲著作的《英雄記》，前面《楔子：北邙阪之螢》一段便是依《英雄記》改寫。王粲的父親王謙是何進的長史，當時王粲大約十五、六歲，何進還想把家中女孩嫁給王粲兄弟。八月二十五日政變之時，王粲處於動亂的核心，他所留下的紀錄應可視為第一手報導。

有趣的是，即便王粲也發現，關於董卓見劉協一節，目擊者的傳述並不一致，有人說董卓先對劉辯碎念幾句，騎馬來到劉協身邊，劉協本與閔貢共乘一馬，董卓說了一句：「我董卓也，從我抱來。」便硬把劉協抱到自己的馬上；但也有人說，小劉協死不肯讓董卓抱，最後董卓只能與劉協並馬而行。

從歷史發展角度觀之，小劉協究竟有沒有被老董卓強抱實在不是個重要的議題，但當代的士人顯然認為有其重要性，某程度說明劉協（**雖然只是個孩子**）是否對邪惡的董卓抵死不從。

那天，袁紹可能也在公卿行列中見證了董卓接駕，他可能還透過袁隗的引薦，與這位袁家老故吏故作親熱地敘了個舊。他對這個渾身羊騷味的西涼老兵痞沒什麼好感，他們不可能成為朋友，但這是否意謂著他們就是敵人？

袁紹回到城裡，一名全副鎧甲、風塵僕僕的將官早在等他，那是剛帶著泰山兵趕到的鮑信，他對袁紹道：「本初，董卓那廝手握強兵，將生異志，若我們不及早動手，將來必定為其所制……本初，趁那廝的人馬剛到，兵困馬乏，咱們發動奇襲，必可一舉擒之！」

面對這樣的建議，袁紹的反應是「紹畏卓，不敢發」。

袁紹會害怕是可以理解的，他雖能耍幾下刀劍，說到戰爭卻還是個在室仔，他底下的西園軍、禁軍或袁家部曲多半沒實戰經驗，面對董卓那支殺人無數的涼州軍，就好像你在市民大道籃球場大殺四方，突然來了幾個身上刺奇怪中文字的黑人說要報隊一樣。面對二千名沒有武裝的宦官，你可以看起來非常英勇，但對二千名精銳西涼武士展開奇襲又是另一回事。

不過我想除了害怕以外，眼下袁紹似乎也沒理由和董卓翻臉。董卓進京不到二十四小時，憑什麼論斷他「將有異志」呢？董卓的出現並非意外，一如鮑信出現並非意外；你說他有抗旨的前科，別忘了袁紹剛剛才幹過的事；至於董卓接駕時跋扈的模樣，換個角度看，那是涼州人純真坦率的一面，而且董卓本來就是將軍、牧首級的人物，論資排輩，說話大聲點也沒什麼。對這種性子豪爽的軍人，你敬他一分他敬你十分，大家都可以好好過；若動起手來，搞成洛陽巷戰，誰都沒好處。

二十八日下午，折騰整夜的皇帝劉辯整頓衣冠，幸駕北宮崇德殿，天子六璽從宮閣中被取了出來，雖然傳國璽未尋獲，但無礙朝廷重新開機。當天皇帝降詔（理論上應仍由何太后稱制）改元，將年號由「光熹」改為「昭寧」，並大赦天下。朝廷提拔閔貢為郎中，封都亭侯；另外免除司空劉弘、司徒丁宮官職，改由董卓為司空。

閔貢封賞不意外，倒是盧植，他不僅救了皇帝，還救了太后，卻什麼賞賜也沒有，還是個小尚書，好像不大公平。這也不難理解，閔貢官小，封賞容易，盧植就沒那麼簡單，高層的政治利益分配已非皇帝與太后能作主的。

至於董卓，他當上司空頗費周折，他先找到某位言官，以雨不停為由，彈劾劉弘下臺，自己才上了位。董卓主動討官並不意外，不過亂成一片的朝廷能那麼快地就彈劾與任命做出安排，顯然存在某種默契，特別是掌握尚書臺的袁隗，而這份默契並非董卓以暴力促成，而是基於士大夫們的樂觀期待，相信冠以三公名號，在未來的「後宦官秩序」中，董卓將會是個安穩、聽話的要素，甚至是個有力的支持者。《西遊記》裡頭太白金星對孫悟空搞的也是這一套。

當然，以歷史的結果觀之，這些士大夫顯然錯得離譜。

當士人們忙著政治安排時，董卓在城外的顯陽苑駐兵，努力站穩腳步。吳匡、張璋帶著前大將軍府部曲前來投誠，何苗的部曲在群龍無首下也選擇加入董卓軍。另外根據史載，當時董卓兵力僅有三千人，怕不足以服眾，於是每隔幾天就趁夜間派部隊潛出城外，天亮時再大張旗鼓回城，營造董家軍源源不絕的假象。

董卓另一個大動作就是殺丁原、併吞并州部隊，這部分我留到明天再說。

第五天：壬申、八月二十九

《三國演義》中「餽金珠李肅說呂布」是個經典的橋段，小說先寫董卓大宴群臣，議論廢立皇帝，荊州刺史丁原反對，董卓本想當場殺人，但見呂布站在丁原身後霸氣外露竟不敢動手。隔天丁、董兩軍在城外打了一仗，董家軍被呂布殺得大敗，董卓部將李肅於是獻策，以黃金、珍珠、赤兔馬遊說呂布倒戈，最終呂布殺了義父丁原，帶兵投靠董卓。

《演義》用短短的篇幅，便栩栩如生地描繪出一個武藝高強卻見利忘義的呂布。歷史記載與小說略有出入：丁原並非荊州刺史；丁、董兩軍並沒在洛陽交戰；董卓殺丁原應在暢議皇帝廢立之前；李肅真有其人，也確實是呂布的同鄉，但是否為策反呂布的說客，我們不得而知。

小說與正史相符之處，便是丁原是呂布殺的。

呂布是并州五原郡九原縣人，九原縣在今天包頭市附近，乃長城邊上重鎮，當時是飽受鮮卑騷擾的大前線。呂布的家世不詳，估計與丁原一般是寒門出身，靠一刀一槍的真功夫闖出一片天。史載，呂布「便弓馬，膂力過人，號為飛將」，以驍勇本事進入州政府工作，與董卓、丁原走同樣的路子。一八九年夏天，丁原受何進所召進軍河內，便將呂布帶在身邊，丁原稍後被任命為騎都尉，以呂布為主簿。

「主簿」是個文員，工作是負責記錄官署日常作業、審查各類文書。丁原所受教育不多，用呂布為主簿，一則意謂呂布至少有基礎的讀寫能力，二來也顯示對呂布的信賴。當然，用一個當世猛將當文書記錄員，就像派一名精銳遊俠去殺綿羊一樣，誠然大才小用，不過也不能怪丁原，按東漢制度，「騎都尉」下並無從官，主簿可能是丁原可以給呂布最好的頭銜了。

很多人會問：如果沒有金珠與赤兔馬，呂布為何要殺丁原呢？難道呂布就是見利忘義的「三姓家奴」嗎？我的答案可能會讓很多呂布迷失望：是，我認為呂布謀殺老闆的動機就是為了自己的利益。

不過！我們可以為呂布的動機提供更多歷史說明。首先，丁原與呂布之間並非如《演義》上寫的是義父子關係，反之，他們的關係可能並不甚親近；丁原擔任并州刺史是一八八年三月後的事，從那時起算，兩人的從屬關係到一八九年八月還不到一年半，若嚴格照史書記載，呂布「大見親待」是在丁原屯河內之後，那兩人的信賴關係僅僅只有一個多月而已。

其次，《演義》把丁原塑造成公忠體國的老臣形象，事實不然，丁原是縣級吏佐出身，轉任六百石州刺史，地位並不高，或可推斷他的年紀也不很大（**若年紀大地位又不高，那更糟糕**）。再者，丁原雖以驍勇出名，但當上刺史後，並沒有任何作戰的紀錄，相反地，在一八八到一八九年之間，并州的南匈奴、白波軍、黑山軍勢力快速膨脹，還向南侵入河東、河內等郡，足以讓人對丁原的軍事能力產生懷疑。

相反地，董卓已在東漢官場打滾二十多年，乃侯爵、將軍甚至三公的身分，又有在西線與羌胡數百戰的實績。再說，董卓當時還握著并州牧的頭銜，若呂布也別著州政府公務員的識別證，其實董卓算是呂布名義上的上司。

假設你是三十歲出頭、野心勃勃的呂布，收到董卓高規格的Offer，你會怎麼決定呢？總言之，呂布殺了丁原，帶著并州兵團投靠董卓，董卓也很阿莎力，讓呂布接收前老闆的騎都尉頭銜，並收他為義子（**這是史上有記載的了**），經常讓他擔任自己的貼身保鏢。

差不多同一時間，另一位丁原舊部——張遼帶著河北新兵千餘人回到洛陽。受到小說與漫畫影響，很多人覺得張遼是呂布青梅竹馬的小弟，其實張遼雖比呂布年輕，加入丁原麾下的時間卻比呂布早。丁原死後，他便像自有店面的加盟主，帶著自家部隊游走於不同連鎖體系間；這批自河北募得的士兵便是張遼的第一批資本，那年他二十五歲。

經過一連串的運作，原先「八路調兵」的平衡已完全被董卓破壞，此時「京都兵權唯在卓」，無人能與他對抗。

有了軍權當底牌，董卓腦袋動到更大的事情上。

第六天：癸酉、八月三十

八月三十日大清早，袁紹與部分官員應董卓邀請，來到洛陽城西的顯陽苑議事，這時他們還不清楚開會的主題。

顯陽苑起建於西元一五九年、漢桓帝延熹二年秋，至今有三十年的歷史了。那一年天下多事，梁冀被殺、宦官上位、羌亂再起；與今年一般，那年有個多雨的秋天，被徵調來修築顯陽苑的民工並未受到妥善的照顧，他們露宿於冰雨中，凍死、餓死者甚多，一如蔡邕《述行賦》所感歎：「窮變巧於臺榭兮，民露處而寢溼，消嘉穀於禽獸兮，下糠粃而無粒。」桓、靈昏君世代遂自顯陽苑始。

而今這個偌大的園林已成為涼州、并州聯合軍團的基地，不同語言、不同種族的士官兵在山林水榭間紮營出操，金戈鐵馬，氣氛肅殺。

董卓在宮殿上等著，見著袁紹一行人沒什麼寒暄，開宗明義便說：「皇帝就是要立賢明的，不該拘泥什麼倫常規矩，我每想到靈帝昏庸，心中就一把火，現在這個『史侯』也一樣蠢笨胡鬧，不是當人君的料，我打算廢了他，改立『董侯』。董侯這孩子年紀雖小，倒也聰明，雖然長大可能也會是個笨蛋，但是誰又知道呢？我看啊，就這麼辦吧！」

前面提到劉辯出生後送道士史子眇扶養，故有「史侯」之稱。「董侯」則是劉協，因是祖母董太后養大的緣故。

董卓說完看向袁紹，在場眾人也看過去，袁紹被殺了個冷不防，本能性地反對道：「漢室四百年，恩澤深厚，百姓信賴。而今聖上還年輕，沒犯什麼大錯，明公卻要廢嫡立庶有違禮法，恐怕無法服眾。」

董卓不高興了，他手扶配劍，罵道：「我只是問問，你這小輩還真有意見啊？現在天下大事，我說了算！我要幹的，誰敢不從！」

袁紹見對方抬出輩分，便道：「像這種大事，請容我回頭向叔父報告，再做討論。」

董卓道：「這些姓劉的事，沒什麼再討論的必要了！」

袁紹大怒，霍然起身，手按刀柄，將配刀從腰後轉到身前，昂然道：「天下健者，豈唯董公？」說完拱手長揖逕自離去。

在場眾人都驚呆了，董卓想來是既驚且怒，但他知道袁紹是什麼樣的人物，現在硬碰硬並沒有好處。董卓琢磨片刻，決定換個管道幹這件事，他派人直接去找袁隗，除了皇帝廢立的提案，可能還交代了些說詞。袁隗已聽說顯陽苑的衝突，心下正惴惴，此下聽了說客之語，尋思片刻，緩緩點頭道：「就如董公所議吧」。

當日稍晚，董卓再度召集會議，這回是在洛陽朝堂上的正式會議。董卓提出廢立方案，眾人你看我我看你，沒人答話，董卓哼了口氣，厲聲道：「昔年霍光廢立，田延年仗劍執法，今日我亦循此例，若有人阻攔本案便送軍法審判……好，我話說到這裡，有沒有人有意見？大家知道我心胸很開闊，有話儘管說。」（**後面那段話是我自己編的。**）

聽到「軍法」兩字，在場官員們更是噤若寒蟬，這時卻有個洪亮的嗓音大呼「不可」，百官轉頭一看，只見盧植大步上前，朗聲道：「當年商朝太甲處事不明，西漢昌邑王罪過千條，因此有伊尹、霍光廢立之事，而今皇上年輕沒犯大錯，與這些前例不能相提並論！」

盧植資歷深、名聲大，有氣魄又有學問，要說公開辯論，董卓完全不是對手。但董卓也不給盧植辯論的機會，他直接走出議場，下令將盧植押入大牢候斬。

以現在的議事規則來看，董卓當然是個很糟的主席，不過他開這些會本來就不是為了討論事情。

接下來發生什麼事史無記載，但我想不外乎是袁隗明示或暗示地表達同意廢立的立場，大大動搖那些沉默多數的信心，共識在檯面下凝聚，至於採取行動已是隔天的事。

我們先來關心得罪董卓的下場。

首先是盧植，他被送進死牢，因彭伯與蔡邕說情逃過死劫，僅以免官了事。盧植知道對大局已無能為力，於是申請退休還鄉，董卓先是批准，隨後反悔，派兵追趕，盧植早料到此節，改走軒轅小道離開洛陽，總算返回幽州老家，他隱居在上谷郡的軍都山，三年後過世。

盧植當年是與董卓平起平坐的帶兵將領，如此卻落得生死由人的田地，誠是令人感歎。當然，這感歎不是專為盧植而發，稍後我們還會看到很多類似的情況。

至於袁紹，他可能在八月三十日當天稍晚離開洛陽。

史載，袁紹在與董卓橫刀互嗆之後，直接「單騎」出走洛陽，還將司隸校尉的符節掛在洛陽上東門上，顯得立場強硬，姿態又瀟灑自若。

不過事實上，袁紹出走逃命的成分應該還是大過抗議的成分。反對廢立的下場，盧植已做了示範；手握兵權的下場，丁原也做了示範。你反對廢立手上又有兵，那真的不知道除了殺你還能殺誰。

於是鮑信、王匡、袁紹三人形成第一波出走潮，鮑、王二人應該是帶著先前招募到的部隊回老家泰山去；袁紹卻沒回袁氏的老巢汝南，反而是往北走，這部分與「懸節東門」都很有意思，稍後我們再一併討論。此外，許攸、逢紀、陳琳、曹操等人大概也都在這一波出走潮中。

拘禁了異議者，驅逐了領兵者，董卓心情舒坦多了，他發出重大會議通知，時間是九月初一大清早，地點在崇德前殿，會議主旨：皇帝廢立。

第七天：甲戌、九月初一

詳細的廢立流程在此不贅述。簡言之，九月初一，董卓大會群臣於崇德前殿，皇帝劉辯、陳留王劉協、何太后亦出席。首先由太后頒布策書，指責劉辯種種過錯，廢為弘農王，改立劉協為皇帝。隨後由群臣共議何太后逼殺董太后之罪，策命何太后還政，遷居永安宮。待策書讀畢，尚書丁宮（**前幾天剛被彈劾下臺的那個司徒**）宣告新皇登基，太傅袁隗上前將皇帝璽綬解下，交給劉協，然後牽著劉辯走下寶座，北面稱臣。劉協以皇帝名義宣布大赦，改年號為永漢。

故事說到這裡，我們會遇到一個經常被提起的問題：董卓為何要廢劉辯立劉協？或是更精確一點：董卓為什麼要在抵達洛陽不到三天的時間內廢劉辯立劉協？

史書給的理由有兩個。第一，董卓喜歡劉協，在八月二十八日他們相遇的那一晚，劉協的聰明伶俐與禮貌規矩給董卓留下很好的印象，當時董卓一直想抱抱這個可愛的小朋友，因而「乃有廢立意」。另一個理由是董卓宣稱與董太后同族，因此偏愛董太后帶大的劉協。

三十歲以前，我覺得這兩個理由都是瞎扯。姑且別說你要怎麼用短短的一場談話去判斷一個九歲小孩適不適合當皇帝，若董卓的目標是專權，理論上皇帝智商越低越好，怎會想要立賢呢？至於同族情誼，董太后是冀州河間人，董卓是涼州隴西人，差了十萬八千里，同族這話是要騙誰呢？

然而三十歲以後我開始相信這些理由是真的。在現實生活中很多看似重大、需要理性分析的決定，往往卻是因不理性的原因而做成的。就像我會因為某位候選人看起來比較順眼而投票給他（她），也會在社交場合對某位李姓陌生人親熱地說「同宗、同宗」一樣。

當然，立劉協為帝還是有些顯而易見的好處，例如他比哥哥小五歲，離親政也就晚了五年；他是個無母孤兒，他爹留下的羽翼已被何進剪除，董卓可舒舒服服地坐享萬人之上的位置。

我認為還有一個更直觀的因素，不只解釋為何要廢立，還可以解釋為何要那麼趕地辦這事。這是刑法總則的問題。

五天前，洛陽城裡數千人死於非命；一個運作良好的政府應該要為這些死者尋求正義，就算是運作不良的政府，也至少要給社會大眾一個交代。

有些命案的交代很容易。例如殺害何進的凶手已伏誅；十常侍之死是正義的實現；至於那二千多名被屠殺的小宦官，身分太低，無人聞問，便是有人在意，一句「閹賊為孽，死有餘辜」大概也就帶過去。

不過有幾條性命是無法簡單帶過的。例如何苗，太后親兄、劉辯親舅、帝國車騎將軍，他帶兵為何進復仇，捕殺宦官趙忠，最後卻被謀殺棄屍，難道不該成立真相調查委員會還他一個公道嗎？若是何太后主導真相調查，以她固執的個性這案子會查成什麼樣子呢？

董卓或許不會吝惜張璋與吳匡兩位主嫌的性命，但是本案還牽扯到董旻，也就牽扯到董氏一族，短時間內，董卓的軍事力量或可控制太后皇帝，但帝國政治總是要回歸正軌，不管是太后繼續稱制，或是皇帝親政，「夷三族」對董卓來說就不只是風險而已了。

不能不計較的還有許相與樊陵兩起命案，他們都是三公退休、素有名聲之士，啥事沒幹就掉了腦袋。董卓大概這樣說服袁隗：「我聽說，許、樊二位當日是奉詔拜見太傅，但當時皇上太后都被閹賊挾持，六璽不自隨，請問詔從何來？太傅家四世三公，應當很清楚矯詔該當何罪吧？」

除此之外，袁術放火燒宮，袁紹帶兵擅闖省中，哪一條認真追究起來不是死罪？因此八月二十八日，劉辯回宮後第一道旨令不為別事，便是宣布大赦，然而僅有赦令太不保險，釜底抽薪之計便是何太后、劉辯下臺，重建一個「對大家都好」的新朝廷。

我們會發現，在討論過程中，明確發言反對廢立皇帝的只有盧植與袁紹二人。另外有相關發言紀錄的是孔融，但史書只說他「輒有匡正之言，以忤卓旨」，而他受到的處罰僅是降職為議郎，離董卓事前聲明的「軍法從事」還差得遠。由此可以想像孔融並非強力反對皇帝廢立，可能只是就某些禮儀的技術問題吹毛求疵而已。

連孔融這種大炮型的人物都持溫和立場了，其他大臣的態度可想而知。若說這些大臣囊括不語是怕了董卓也不對，稍後在遷都的討論中，大臣們可都是大鳴大放呢！

如前面提到，對某些士大夫來說，廢立皇帝並非絕對的禁忌，閻忠想過這事，王芬想過這事；曹操不支持王芬不是因為罪大惡極，而是認為王芬太弱不能成事。

在董卓的堅持、袁隗的支持、以及群臣的不反對下，皇帝廢立案通過，東漢最後一位皇帝，漢獻帝劉協，正式登上舞臺。

第八天：乙亥、九月初二

九月初二，新皇帝登基第二天，連綿三個月的雨水也奇蹟般地停了，誠是天佑我大漢，該是這個老帝國脫胎換骨的時候了！

第一道出爐的新政是省中改制。按袁紹等清洗派的立場，宦官已死絕，索性便廢了「閹者為宦」的制度，省中事務改由侍中與黃門侍郎主管，這兩個職位原是無屬員的散官，現在各增設屬官六人，自公卿子弟中選任，接掌宮內各官署，包括負責宮女的「永巷令」與負責后妃的「掖庭令」，存在中國宮廷數百年甚至千年的閹宦傳統於焉絕跡。

當然，我們知道閹宦制度並未消失，在往後中國歷史中，還有很多比十常侍更顯赫更囂張的大宦官，漢獻帝劉協因此空前絕後成為中國歷史上唯一沒有宦官伺候的皇帝。之後曹操的魏宮是否設宦官我不確定，但曹丕篡漢後，宦官便再現宮中，只是地位不如以往，曹丕規定「宦人為官者，不得過諸署令」，在曹魏宮中，皇帝身旁近侍乃散騎常侍、侍郎等士人，宦官只能當事務官幹活而已。

以今天角度觀之，杜絕閹宦是文明的進步，但古人卻不這麼想，唐朝杜佑的《通典》便批評說東漢這段「無宦官時期」乃是「中外雜錯，醜聲彰聞」。杜佑生在中唐，正準備見證真正的大宦官時代。

換個角度，削除宦官其實就是削除皇帝的手腳，現在皇帝不僅上班時得聽士大夫嘰嘰喳喳，下班回宮後還是要聽士大夫嘰嘰喳喳。七十年後，曹魏的第四任皇帝曹髦想對付司馬昭，能商量的對象只有侍中王沈、王經等人，這些無良士人一下就把皇帝給賣了，乃至曹髦只能兒戲般地帶了三百多名宮人「親征」，最終為亂兵所殺。想曹魏有宦官、而曹髦還如此，身旁連一個宦官都沒有的劉協面對權臣時必然更孤立無援。

新政府的第二道政令便是調整高層布局。太傅袁隗不動，董卓則由司空改任太尉，兼領前將軍事，拜郿侯。原本的太尉劉虞，轉任大司馬。三公剩下兩個位置由楊彪與黃琬擔任。黃琬先前遭禁錮鄉里二十年，是第一位晉位三公的黨錮受害人，宣傳效果十足；他原先任豫州牧，手握軍權，用三公頭銜招他回京，也算是裁軍手段。

和同僚相比，董卓更為尊爵不凡便是受賜了「虎賁」與「鈇鉞」兩項寶貝，前者是皇家衛隊的專稱，賜給「能退惡者」，後者則代表專殺之權，賜給「能誅有罪者」。這兩項都是「九錫」中的項目，是董卓「頭銜遊戲」的開端。

政變有功人員也依次敘獎。獎最大的是火燒宮門的袁術，拜為後將軍；原任河南尹的王允則升任九卿之一的太僕；與袁紹一同殺入省中的王匡，雖逃離洛陽，但仍受拜河內太守；另外羽林中郎將桓典只是參與謀畫，也以「忠義炳著」賞錢二十萬，家中一人為郎官（**大概就是去接掌宦官留下的職缺**）。

至於政變主力袁紹，董卓雖氣他的應嘴應舌與不告而別，但在眾人勸說下，最終放下恩怨，拜袁紹為渤海太守，封邟鄉侯，這部分我們稍後再詳細討論。

新政府下一個措施便是平反黨錮之禍的受難者。大約九月下旬，新上任的三公董卓、黃琬、楊彪各帶刑刀上殿死諫，請求追撫竇武、陳蕃等人。劉協感其誠意，批准其請，不但下詔恢復竇武等人爵位，還擢用其子孫為官，並派使者前往墳前弔祭。

當然，董卓等人的死諫只是做做樣子，九歲的劉協不可能當真砍了這些大佬，這些表演彰顯了冤案平反之難，劉協為先祖悔錯是基於萬民所請，而非出自不孝與任性。

下一道新政也是「轉型正義」一環，只是用上暴力手段，由董卓掛名執行。新皇登基第三天，九月三日，董卓下令毒殺何太后，並以「太后已廢」為由，指導百官於喪禮上僅著素衣，不穿喪服，極盡羞辱之能事（**軍人董卓指導士大夫如何辦喪禮，這你敢信？**）董卓隨後處死何媽媽舞陽君，棄屍園林；並下令將何苗開棺分屍，丟棄於路旁飼狗。

但要留意，何氏並非滿門滅絕，何進的兒子並未受牽連，這位何公子可能以白身待在洛陽，幾年後才過世，留下美麗的寡妻尹小姐與帥兒子何晏，被曹操納入府中⑯。

綜合以上幾道政策，政府想傳達的訊息很清楚：先前皇帝寵信宦官迫害士人乃是錯誤，政府於是致力廢除宦官，向受害者道歉、補償。幾天前的政變正是轉型正義的陣痛，宦官、

---

⑯當然，也有人認為何晏生在何進死前，何晏生父在一八九年死於宦官或董卓之手。我這邊的論點基於兩條史料，《太平御覽》收錄《何晏別傳》稱：「何晏小時養魏宮，七八歲便慧心大悟……」另外《魏略》則稱：「太祖為司空時，納晏母並收養晏宮中，其時秦宜祿兒阿蘇亦隨母在公家，並見寵如公子……」「秦宜祿兒阿蘇」就是秦朗，他進曹家一定在一九八年十二月之後，當時曹操殺呂布，納秦宜祿妻子杜氏為妾並收其子秦朗為繼子。按《魏略》，何晏進曹府比秦朗晚，若何晏生在一八九、一九〇年，則一九九年時他已經十歲了，不符合《何晏別傳》中「小時養魏宮，七八歲便……」的記載。所以何晏應生於一九〇年之後，何進之子因此得活過一九〇年。

何苗、何太后、樊陵、許相等為加害者集團，死有餘辜。袁紹、袁術等雖幹了很多出格的事，但功大於過；何進乃悲劇英雄，功未成而身先死，改革的重擔由董卓挑下，高舉正義大纛，帶著新皇帝在正確的路線上大步邁進！

至此，八月二十五日以來的混亂局勢告一段落，宦官俱滅，何氏外戚退場，士大夫加官進爵，朝中氣氛一清，當是帝國中興之兆。

當然我們知道不是這麼一回事，亂世才正要開始。

中場

修梵寺的金剛

董卓死後第三百二十年，北魏延昌三年，宣武帝元恪御宇第十五年。

那是北魏最好的一年，元恪繼承歷代鮮卑皇帝改革成果，雄心壯志，北破柔然，南克齊梁，大有一統天下之勢。元恪並大興土木，擴建新都洛陽，洛陽城於是展地至三百餘平方里，城內三百二十里坊，一千三百六十七座佛寺，「金剎與靈臺比高，講殿共阿房等壯」，是為佛國神都。

但那也是北魏是最壞的一年，元恪年少即位，寵信母舅高肇，大肆迫害先朝宗室大臣，北海王元詳、彭城王元勰、咸陽王元禧、京兆王元愉先後被殺，北魏朝政於是敗壞。延昌三年十月，高肇以司徒兼領大將軍之位，率傾國十五萬大軍南征蜀地，一時間北魏軍政大權盡集於高肇一人之手，洛陽繚繞的佛音之下，正暗湧著一股詭譎的氣氛。

那日午後，洛陽城東修梵寺來了個深目高鼻的胡僧，他依序禮佛，穿越中庭時突然停住腳步，看著庭園中的金剛力士木像發愣。此時一群麻雀自寺外飛來，原要在金剛肩上暫棲，卻像是被金剛威嚴法相嚇著般，調轉方向飛上屋宇去了。

那胡僧見著此景，不禁喃喃說了句話。

一名青年士人上前行禮道：「恕晚生唐突，高僧在此駐足良久，突然一語，非漢非胡，晚生不解其意，不知得否請高僧一解疑惑？」

那胡僧微微一笑，將那句話又說了一次，然後改用漢語道：「這是天竺語，意思是：得其真相也！」

那士人道：「原來是遠從天竺而來的神僧，想必是見過金剛力士的真身實相了？」

那胡僧搖頭道：「此真相非彼真相。偈云：『彼若於實處，一相無差別，若無相分別，是即有真相。』是我所謂的真相也。」

那士人低頭無語，似乎是在琢磨胡僧的話。那胡僧合什道：「若施主無他事，貧僧告辭。」說罷轉身便走。

那士人上前一步擋住胡僧去路，道：「實不相瞞，先父生前獨愛此金剛像，常至修梵寺此間沉思，今日高僧駐足凝觀，晚生不禁觸景傷情，又想起先父死前所遇怪事，想來高僧佛法精湛，不知得否委屈法駕至舍下一談，晚生自當備薄酬以為禮敬。」

那胡僧道：「不知尊翁所遇是何種怪事？」

那士人道：「高僧信鬼否？」

那胡僧道：「佛不說鬼。」

那士人道：「先父正是為惡鬼所害，而且還是那個千古巨奸董卓的鬼魂！」

那胡僧挑了挑眉毛，道：「願聞其詳。」

那士人道：「咱們邊走邊談。」

原來那士人姓邢名遜，河間鄚縣籍，為國子博士，其父邢巒乃當代名將、文武才策之士，在朝為相能安邦治國，運籌帷握，算無遺策，外出為將曾領軍下漢中巴西千里之地，另於懸瓠一戰以八百騎破敵軍七千，一月三捷，震撼南朝，官拜度支尚書、車騎大將軍，被譽為北朝第一智將。正因如此，邢巒日前壯年辭世，北魏朝野無不震驚痛惜。

邢遜邊走邊自我介紹著，腦海裡想的卻是另一件事。「這番僧對阿爹之死毫無反應，難道就是個普通的的西域沙門？」

邢遜領著胡僧穿出修梵寺後門，眼前景色突然開闊，一座約一畦大小的埤池遮斷大道，青石板路環池鋪設，路兩旁楸、槐、桐、楊等樹依次夾植，光影疏落，路上少見行跡。埤池對岸是數座高門華屋、齋館敞麗的豪宅，依邢遜介紹，那是太傅錄尚書長孫稚、尚書右僕射郭祚、廷尉卿元洪超、衛尉卿許伯桃、涼州刺史尉成興等官員的宅第，而邢府便是離銅駝大街最近的那幢。

「據傳，這永和里便是當年董卓宅邸所在。」邢遜道：「這座埤池為董卓所造，永和里北面還有座相同的池塘，二池均不通明渠，而是以暗渠接城外河水，因此水源豐沛，冬夏不竭。又聽說先帝重築洛陽城時，經常有人於永和里發掘金玉寶玩之物，想來都是董卓所聚斂的。」

「貧僧有一事不解。」那胡僧突然道。「倘若董卓真於洛陽城內造池建屋，又何以火焚洛陽成焦土呢？」

邢遜微笑道：「不知高僧至洛陽弘法幾年了？」

那胡僧道：「東來中土九年雲遊，九年面壁，造訪洛陽是第一回。」

邢遜道：「原來如此，那高僧不聞鄉里事也難怪了。後漢時洛陽城，較今日洛陽城小，故這永和里，後漢時乃座落於城外東南。史載，董卓逼遷漢室後便駐兵於畢圭苑，這畢圭苑在洛陽城南洛水、伊水邊，是故董卓於城外東南鑿水池、建華廈、收財貨，與其焚城之舉便不衝突了。」

那胡僧道：「原來如此，受教了。」

邢遜道：「諺云：『古今興衰事，盡付洛陽城。』洛陽初建於成周，大興於後漢，後來被董卓一把火燒毀，曹家司馬皇帝著力重建，但不過百年又毀於永嘉之禍。這燒燒建建之間，今日洛陽與昔日洛陽，可不只滄海與桑田之別啊！」

兩人說著已來到邢府，自有人迎接，邢遜低聲交代幾句，不久便出來了四、五名高大的僕役，領著二人穿屋過井，來到宅邸後方一處倉房。

邢遜道：「高僧，董卓惡鬼便在此間。」推開房門，只見房內地上挖了個半人深的大坑，坑裡散放著數十只腐朽的木箱與麻袋，木箱裡是滿滿的銅錢，麻袋中則是硃砂石。

邢遜放低嗓音道：「一年前，寒舍翻修，掘得此等物品，漢五銖錢數十萬枚、丹砂數十萬斤……還有這個……」他躍入坑內，指向角落一塊古碑，上頭銘文：「董太師之物」。

邢遜道：「當天夜裡，先父便夢著一胖大將軍，自稱董卓，說是要索取錢與丹砂；先父痛責董卓奸惡凶殘，因此拒還物品。想不到自那天起，先父身子便一日比一日差下去，家人四處求醫問神均未見效，先父一生忠義，但仍不敵董卓惡鬼，最終於前月辭世。」

那胡僧笨拙地爬入坑中，翻看錢幣丹砂。

邢遜低頭拭淚道：「我家先祖邢顒為後漢孝廉，曾親眼見董卓禍虐洛陽，殺人無數，先祖避難遼西，追隨北平田疇，又奉幽州牧劉虞之命出使長安。據先祖筆記，他與田疇、鮮于輔等人不走中原道路，而是出塞，於荒漠中九死一生走了數個月，才自朔方向南至長安面見獻帝。據說當時長安朝廷百廢凋零，連皇帝見先祖時都面帶懼色，蓋皇帝都不知道眼前之人是否是董卓派來試探的！董卓凶惡如此，想不到三百年後又害我父性命，可恨、可惱！」

邢遜手搥石碑，顯得義憤填膺。那胡僧沒有回話，只合什念佛。

「高僧不信？」邢遜道，同時聽得「碰」的一聲，倉房大門已被關上，陽光自屋瓦間透入，照得坑內斑斑點點。

那胡僧念佛告一段落，抬頭道：「施主邀貧僧前來，只是要問貧僧信不信鬼？」

「只說信或不信。」邢遜道。

那胡僧道：「一如貧僧於修梵寺內所言，貧僧已得其真相也。」

「真相是什麼？」

「閣下弒尊翁於修梵寺金剛前。」

黑暗中傳來邢遜倒抽一口涼氣以及僕役抽出兵刃的響聲。邢遜一會兒方道：「何以見得？」

那胡僧道：「那金剛木像的右肩較左肩薄淺約三分，細看下有新近打磨的痕跡。貧僧初見不解其故，待見鳥雀不棲於木像上時方才恍然，那木像上必然是塗有石灰等物。」

「為何既要重新打磨木像，又得塗上大量石灰呢？真相只有一個：木像染血，血跡滲入木紋，欲掩飾者是個仔細的人，磨去血跡後尚且不放心，因此再鋪上石灰，避免蟲虫聞得血腥而蛀咬。」

「貧僧正思索金剛濺血之因，尊駕便來搭話了。」

邢遜冷冷地道：「那董卓惡鬼之說，又是如何？」

「誘餌罷了。」那胡僧道：「貧僧為異邦人，但亦頗讀中國書，貧僧聽聞，董卓昔日壞五銖而鑄小錢，致糧價大漲，錢貨不行，那董卓又怎會蒐羅如此眾多的五銖？貧僧又聞，董卓死後，漢廷查抄郿塢，得金銀數萬斤，卻無錢貨，益徵這數十萬五銖不合理。」

邢遜道：「或許董卓蒐羅大批五銖，但未及鑄成小錢便敗走長安，故將錢藏於此處。」

那胡僧道：「董卓連銅人、鍾虡等巨像都燒熔帶走了，會搬不走幾十萬五銖？再說，施主既然明白董卓敗走長安，應該也知道董卓『太師』之銜乃是之後加封，又怎會留下『董太師』之物的銘文？」

邢遜冷笑道：「不愧是天竺來的和尚，有大智慧，但有智慧不等於聰明啊，你和你那些同門一般，嘴裡說著佛門不信鬼，聽見有鬼，依舊耐不住性子跟著來了。他們現在都在這坑底等你囉！」

那胡僧深深歎息道：「弒父逆天，尊翁又是忠義之人，貧僧不解，尊駕何以犯此逆天大罪？」

邢遜「哼」了一聲，道：「那老頭位高權重，我這把年紀卻一官半職也沒有，他自當他的忠臣，可一點也沒盡到慈父的本分。而今好不容易高大將軍願辟我為司徒府行參軍，參與征蜀，那老頭又千方百計阻撓出兵，我奉大將軍之命斡旋，只是溫言勸說，那老頭盡將罵我不忠不孝不智不勇，還說他姿顏雄偉，怎會有我這短小醜陋的種……哼，我就知道，這二十多年來他從沒當我是兒子，他當我是下人、是怪胎！一刀殺了他，還算是便宜他了！」

那胡僧歎道：「無妄想時，一心一佛國；有妄想時，一心一地獄。若以心生心，則心心不靜，念念歸動，從一地獄歷一地獄。施主動念造業，雖生猶死，是常在地獄，唯有潛心修行，直視本性，方得解脫。」

邢遜大笑道：「禿驢死到臨頭還想說教，大爺我不求解脫，倒是現在就先幫你解脫！」說罷一揮手，僕役們便向那胡僧撲去。

咦？

邢遜還沒反應過來，但見倉房大門已被打開，房內大放光明，僕役們橫七豎八地倒在地上，兵刃整齊地擺放在一旁，而那胡僧已不見蹤影。

邢遜慌忙爬出坑洞，跑向門口，突然感到一陣窒悶，明明沒有人掐住脖子，卻吸不到半點氣息。邢遜極力掙扎，滿臉通紅、雙目圓睜，就在將死之際那窒悶感消失，邢遜趴在地上大口喘氣，只能以眼角餘光看著那胡僧緩緩走出大門。那胡僧道：「這閉鎖訣只是小懲，使尊駕親自體會死亡之苦，盼尊駕能誠心悔悟，重回正軌。」

邢遜極吃力地說道：「你……你究竟是誰？來這裡做什麼？」

那胡僧腳步不停，口中念道：「我本來此土，傳法救迷情，一花開五葉，結果自然成。貧僧法號：菩提達摩。」

楊衒之《洛陽伽藍記》：「修梵寺，在青陽門內御道北。嵩明寺復在修梵寺西。竝雕牆峻宇，比屋連甍，亦是名寺也。修梵寺有金剛，鳩鴿不入，鳥雀不棲。菩提達摩云：『得其真相也。』」

第四章

亂世的序幕

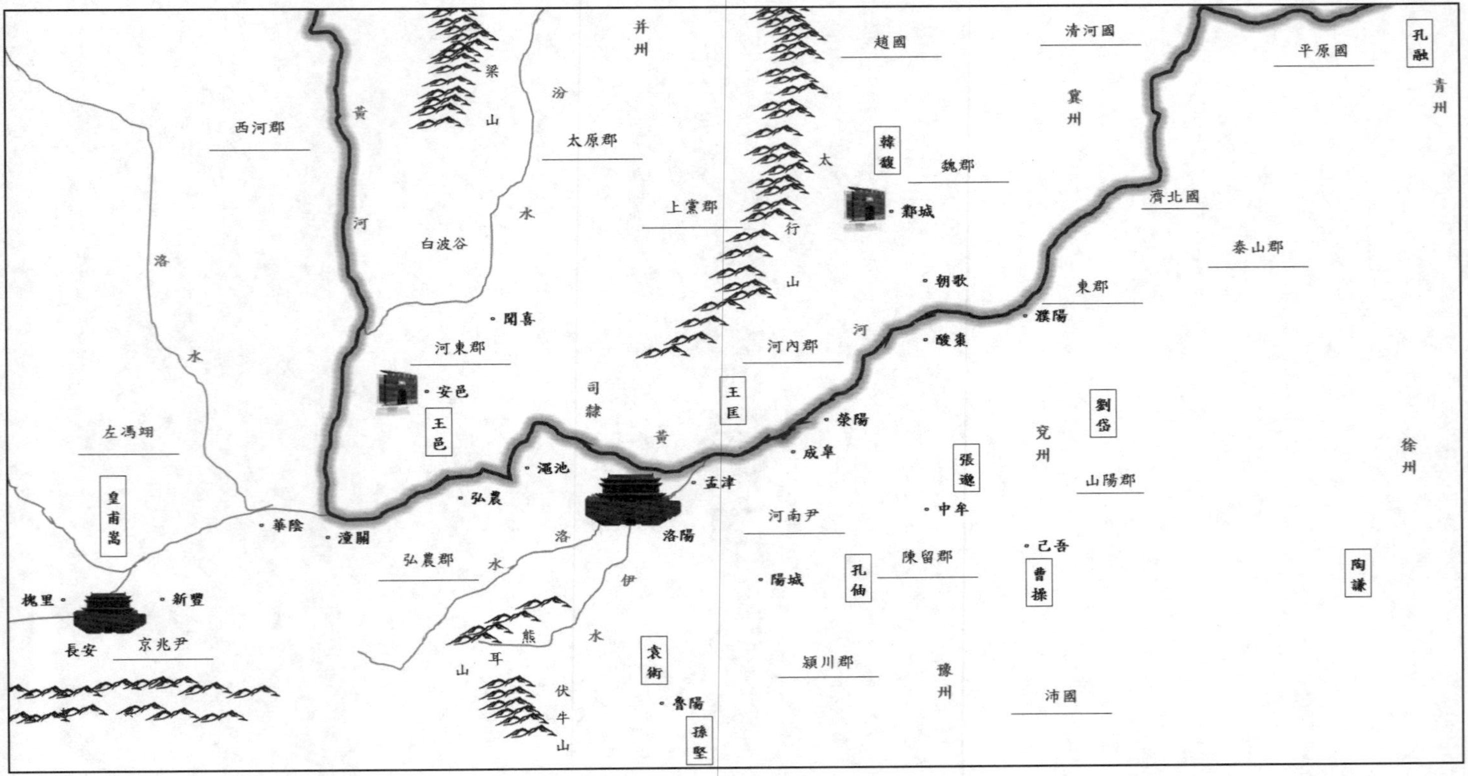
并州
西河郡
太原郡
上黨郡
趙國
清河國
平原國
孔融
青州
冀州
韓馥
魏郡
鄴城
濟北國
泰山郡
東郡
朝歌
濮陽
酸棗
河內郡
河東郡
安邑
王邑
聞喜
白波谷
汾
水
梁
山
太
行
山
黃
河
洛
水
左馮翊
皇甫嵩
華陰
潼關
弘農郡
弘農
澠池
司隸
王匡
滎陽
成皋
孟津
洛陽
河南尹
中牟
張邈
兗州
劉岱
山陽郡
己吾
曹操
陳留郡
孔伷
陽城
潁川郡
豫州
沛國
徐州
陶謙
袁術
魯陽
孫堅
伊
熊
耳
伏
牛
槐里
新豐
長安
京兆尹

▲圖三：關東聯盟

好人董卓

我們可以說董卓是好人嗎？當然可以，邏輯上，你可以說任何人是好人，只要你掌握「好人」的定義。

反過來說，壞人也是一般道理。

史載，董卓當權後不是沒想過做壞壞的事，但他清楚輿情，因此相忍為國地大力拔擢士人為官；相反地，他的涼州親信多半僅任校尉等軍職，不居顯位。

當時最得董卓信任的士人為周毖[17]與伍瓊。周毖是涼州武威人，他的父親周慎就是四年前與董卓並為西征軍副統帥的那位蕩寇將軍。既為同鄉又是故人之子，周毖受董卓信任不難理解，董卓入京後，周毖先後擔任尚書、侍中等機要職位。

伍瓊的身分則比較弔詭。史載伍瓊字德瑜，汝南人，在董卓掌權期間擔任侍中、越騎校尉、城門校尉等職。伍瓊理論上就是袁紹奔走者聯盟五人組中的「伍德瑜」，大概也是前何進幕府的幕僚。為什麼說是「理論上」呢？因為同一時期還有一位叫伍孚的仁兄，同樣字德瑜，同樣是汝南人，還同樣擔任過侍中與越騎校尉，而且根據記載，伍瓊與伍孚都曾經謀殺

[17] 又做周珌，毖、珌發音皆為「必」。

董卓未遂，兩人最後也都是被董卓所殺。

所以是史官們「伍瓊、伍孚傻傻分不清楚」嗎？然而史書上，伍瓊與伍孚的出身、事跡、死亡時間都明確不同，很難認為這兩個名字是指同一人。我們姑且將二人視為不同。

除周、伍外，進入董卓信任圈的還有何顒與鄭泰，前者任董卓的長史，後者則進入尚書臺。此外，董卓的屬官還有孔融；王允則是最受董卓信任者，以太僕守尚書令，等於是閣揆。

簡單來說，除了袁紹等幾位出逃人士外，董卓接收了何進整套班底，包括曾經說他壞話的鄭泰。

橫在董卓新團隊面前的第一個問題，就是如何處置袁紹。

史載，袁紹出逃後，董卓本要發布通緝令，周毖、伍瓊、何顒等勸他放下，他們說：「廢立這種大事，本來就不是普通人會想到的，袁紹當初只是沒想透徹，怕明公責怪，這才逃走，絕對不是心懷他志。您今天讓他走投無路，他只好狗急跳牆，袁氏樹恩四世，門生故吏遍布天下，若他搖旗一呼，英雄四應，則東方恐怕就不是您能控制的了。不如就放他一馬，讓他當個郡守，袁紹知道自己無罪，一定很高興，這樣就沒事了。」

董卓接受這個建議，不但拜袁紹當渤海太守，還將自己兼領的前將軍頭銜送給他，外加邟鄉侯爵位。袁紹拒絕前將軍的軍銜，但接受太守與侯爵的封贈，而且自稱繼續兼任司隸校尉。

董卓沒有追究袁紹「猶兼司隸」，反之，朝廷不任命新的司隸校尉，某程度默認了袁紹的兼職。

從事後諸葛觀點來看，董卓似乎是被周毖等人唬弄了，以袁紹當時的處境，要「收豪傑以聚徒眾，英雄因之而起」，恐怕仍力有未逮。如前所述，士大夫之間並無共識反董，袁隗還站在董卓邊上，加上皇帝在董卓手中，所謂「袁氏樹恩四世，門生故吏遍布天下」只是一種宣傳辭令，未必真有作用。

不過周毖等人那段說詞也不算全錯，董卓雖然叱吒洛陽，一些周邊事證卻顯示他的影響力非常有限，甚至不出洛陽以東，真想和袁紹在東方掰手腕，董卓恐怕還有苦頭吃。

而且袁紹在逃離洛陽時，做了兩個妥協的暗示。第一，「懸節上東門」，袁紹並非「棄官」，只有「棄節」，他將符節公開地掛在城門上，某程度意味著不會假傳聖旨、集結地方勢力[18]。第二，袁紹北奔冀州而非南下老家汝南，也暗示他出走只為避禍，並非有意動員家族的勢力。

有這些客觀事實為佐證，周毖等人說袁紹「非有他志」聽起來可信多了。董卓大概在多

[18] 在東漢制度下，司隸校尉並不持節，袁紹的符節是先前對付宦官時，何進特別「假節」的。大家如果看過蘇武牧羊的圖片，漢朝的符節就是一根竹棒，棒頭用線串上幾簇牛尾巴的毛，即所謂的「旄」。東漢的符節原本是用黃旄，如今袁紹棄節，董卓便下令將符節上第一簇旄（葆）改成赤色，以茲區別。

方評估後，決定小退一步，當然這也是「以退為進」的一步。

用來安置袁紹的渤海郡雖然是個大郡，但它位在冀州東北邊，遠離中原精華地區，袁紹在當地沒有人脈優勢。而且渤海東邊毗鄰青州平原郡與北海郡，那裡是青州黃巾最盛的區域，冀、青二州交界處有張饒等規模達二十餘萬人的大型亂事，袁紹搞不好上任途中就被黃巾做掉了，豈不皆大歡喜？

董卓另外還擺了一個和袁紹相當不對盤的韓馥當冀州牧，這部分我們之後會再討論。

袁紹乖乖赴任，解決了董卓眼前一大難題，周毖、伍瓊、何顒等人在董卓面前更走路有風。他們與負責人事的尚書郎許靖合作，向董卓推薦大批少壯派士人擔任地方首長，表面上是為董卓收買人心，實際上是在地方布樁，為倒董做準備。

在這股大封官浪潮中，最關鍵的是「張邈任陳留太守」一案。張邈是「奔走者聯盟」的創始成員，但又不像袁紹、何顒那麼高調，擺在與河南毗鄰的陳留郡少惹懷疑；而張邈的家鄉東平郡便在陳留郡隔壁，他因此可以充分調度身為「八廚」的資源。

此外，劉岱為兗州刺史、孔伷為豫州刺史、王匡為河內太守、張咨為南陽太守，可能都是的周毖等人的精心布局。

當然，並不是所有大封官浪潮下的人事案都是周毖等人的安排，有些任命仍來自董卓的指示。

例如孔融，前面提到孔融對皇帝廢立有意見，因而遭到降職，後來董卓大概受不了這個愛唱反調的大炮，便暗示三公共同推薦孔融去當青州北海郡的太守，那裡是青州黃巾軍的根據地，孔融到任後被打得「咪咪冒冒」，遂了董卓一番心願。

公孫度為遼東太守又是另一個故事。公孫度出身偏遠的遼東郡襄平縣，少年時在更偏遠的玄菟郡當郡吏，後來不知透過何種管道，被舉薦至帝國中央為尚書郎，又外放為冀州刺史，是當時遼東人菁英中的菁英。董卓的部將徐榮同樣是遼東人，在他的關說之下，公孫度被任命為遼東太守，這背後有很多值得腦補的故事，例如為何這起人事案不受東漢「三互法」**（即出生本地者不得為本地省長）**的限制、公孫度和徐榮是什麼關係、徐榮在董卓陣營中又是什麼地位等等。只可惜史料有限，只能想像。

除了地方郡守外，董卓遵循何進路線，繼續徵召在野名士，幾位當初何進抓不到的寶可夢，在董卓粗殘的手段下紛紛被收入精靈球中，包括陳紀、荀爽、韓融等人，這其中荀爽鋒頭最健，九十五天內從平民直升三公，被認為是當代官場奇蹟。

董卓徵召的名士中，最值得一提的當屬蔡邕。蔡邕，字伯喈，陳留郡圉縣人，生於一三三年，董卓徵召的當下，蔡邕約莫五十六歲，與董卓同一輩分。

蔡邕是個李奧納多·達文西般的人物，他多才多藝，而且每項技能都是當代頂尖。他是位傑出的儒者、經學家，曾與馬日磾、楊賜編定標準版本的六經，鐫刻於太學外**（即「熹平石經」）**，每日抄經者數以千計。他又是史學家，是《東觀漢記》的主要編輯。他也是文學家，他的作品《青衣賦》、《述行賦》是魏晉的華麗文風的濫觴。他是書法家，「飛白體」

（一筆畫中間有留白、像牽絲一樣）便是他首創。他也是音樂家、音樂研究家、樂器製作家，他的《琴操》是現存最早的中國琴曲匯編，他還打造了焦尾琴、柯亭笛等神物樂器。他同時是藏書家，藏書萬餘卷，多數送給王粲，剩下四千多卷絕版品不幸在戰亂中遺失，後來他的女兒蔡琰應曹操之邀請，默寫出其中四百多篇。

蔡邕成名很早，二十來歲起就開始為人寫墓誌銘，三十七歲時應司徒橋玄徵辟，按著文官的路子當到議郎，之後得罪宦官遭流放朔方，隔年雖獲赦，但又得罪王甫的弟弟，索性自行放逐到吳郡、會稽一帶。然而蔡邕雖自稱「流離藏竄，十有二年」，但以他密集為關東名士寫碑文的事實看來，多數時間他還是在關東一帶晃蕩。

何進並未邀請蔡邕入仕，倒是蔡邕主動寫信給何進推薦陳留名士邊讓。董卓上臺後徵辟蔡邕，蔡邕原本還故作姿態，稱疾不就，董卓沒啥三顧茅廬的耐心，放話道：「我可是可以殺人全家的！你蔡邕還躺在那兒啊？馬上就要倒大楣了！」蔡邕只好「無奈」地加入董卓幕府。

董卓非常器重蔡邕，讓他前後經歷謁者臺、御史臺、尚書臺三個核心單位（即「三日之間，周歷三臺」），然後拜為侍中，隔年又拜左中郎將，「蔡中郎」這稱呼便是由此而來。從之後的互動看來，蔡邕大概是諸多士人中唯一對董卓付出真心的人；他也是少數向董卓勸諫，董卓不但會聽，還不會發脾氣的；董卓最後讓蔡邕當中郎將，而不是三公九卿，某程度上也是將他當自己人看，這使得蔡邕顯赫一時，帝國政府西遷長安後，蔡邕府上「常車騎填巷，賓客盈坐」。我不大能解釋董卓與蔡邕如此投緣的原因，蔡邕本是個不拘小節的自由派分子，又曾在朔方前線待過，見識過邊疆戰事，可能與董卓有較多的共鳴。

話說回頭，在一八九年下半，董卓似乎是個及格的執政者，雖然他屢屢放話殺人，但他真正殺害的、有名字的士人只有一位叫擾龍宗的御史，還是因為這位擾龍先生違反保安規定、議事時沒解下配劍的緣故。相反地，董卓維護了宦官大清洗的成果，平反黨錮，擢用清流，一掃桓靈時代污濁的政治風氣，若局勢能穩定發展，東漢帝國中興有望。

如果你同意以上的觀點，那你正犯下與董卓一樣的錯誤。

好人董卓

董卓的錯誤是：以為只要做政治正確的事，便能解決實際的問題。

這是中國傳統政治上經常出現的盲點，其原因不外乎是中國太大，單一集權中央政府無法管理地方細節，只好訴諸「風行草偃」理論：只要帝國統治階層恪遵禮法，宣揚仁義道德，則治下萬民亦將受其感召，修身齊家，人人誠實申報所得稅，踴躍簽志願役，不上法院打官司，因此稅務、役政、司法都不成統治上的問題。若真出問題，著胥吏辦理即可，只要未傷教化，士大夫爺兒們便用不著髒了手腳腦袋。

董卓便是掉進這樣的盲點。他「素聞天下同疾閹官誅殺忠良」，當權後便延續何進擢用清流的政策，相信只要朝中清明，不需其他政策，羌亂、流民、財政紊亂、農村破產等問題便會迎刃而解。

這樣的想法不但緣木求魚，甚至背道而馳。東漢帝國衰弱的原因之一正是豪強兼併土地、壟斷政經資源，小農破產淪為流民，帝國對地方事務喪失管制能力。而所謂「清流名士」，也就是豪強中書讀比較多、形象比較好的那些人。

舉例言之，何進與董卓均相當倚重的鄭泰，史書上給他的評價是「少有才略，多謀計」，他的高祖父鄭眾為知名儒者，擔任過大司農，他的父、祖、曾祖三代沒有出仕的紀錄，但為家族累積相當的財富，至鄭泰一代，鄭家有田四百頃，足以讓鄭泰「陰交豪傑，聞名山東」。

「有田四百頃」是什麼樣的概念呢？東漢時一頃百畝，一畝為二百四十平方步，四百頃＝四萬畝＝九百六十萬平方步，大概落在十八到二十六平方公里之間[19]，大概是新北市板橋區那樣的面積，而且是落在河南開封縣這種精華地段。當朝廷中盡是既得利益階層，你很難期待新政府帶來什麼大破大立的改革。而事實證明，董卓當政的幾個月內，執政的清流們除了計畫怎麼幹掉董卓以外，沒人提出任何有益國計民生的政策。

董卓是有機會的，他不屬於既得利益集團，手上又有軍隊，若他能看清帝國病徵，不拘門第，選任行政人才，針對迫切的經濟、政治問題採取行動，不僅可能在洛陽站穩腳步，甚至可以再造帝國。但他終究是董卓，不是曹操，他已經六十歲了，沒下個十年可磨，什麼長治久安中興帝國之策、修身齊家養名聲之道，對他而言都不切實際。

當然，董卓可能壓根沒想當個中興之臣，他熱衷於頭銜與儀典，一股腦地向前朝外戚權臣看齊。他廢立皇帝，效法的是霍光；九月十二日獲九錫之二，看齊的是王莽，十一月一日更上一階，晉位相國並得「入朝不趨，劍履上殿」，這是梁冀所享有的待遇。

簡言之，頭腦簡單的董卓並未意識到自己「涼州軍閥」的優勢，仍以前朝外戚為模板；他與董太后連宗，自我抬舉，同時對士大夫政治賄賂，換取支持，希望快速到達外戚前輩們相同的歷史高度，這當然是過度天真的想法。

缺少具體施政、過度追求政治正確與追逐頭銜的董卓必須面臨很現實的問題：錢從哪裡來。董卓是個軍閥，他得養活麾下幾千幾萬名男人以及他們的家屬。董卓地位提升，底下人自然也期待待遇升級，同時董家軍不斷擴充規模，經濟壓力自然也隨之增加。

前面提到，董卓並未讓屬下充任中央官職，沒了名就要給利，但董卓沒有新開礦區提高收入，最終只能用旁門左道獎勵屬下。史載，十月何太后下葬時，董卓下令打開靈帝墳墓盜

⓳這是概略值。重點是東漢一步相當幾公尺並無確定數字。一種計算方式為，漢制一步為六尺，一漢尺約為二三．一公分，因此一步是一．四公尺，則計算結果四百頃田應是一八．四四平方公里。另一種算法從「里」往回推，依《九章算術》，一平方里相當於三百七十五畝，一般估計，一漢里約當於五百公尺，因此三百七十五畝是〇．二五平方公里，依此推算，四百頃田是二六．六七平方公里。

取珍寶；另外，他讓士兵在洛陽有系統地搶劫富人，「淫略婦女，剽虜資物，謂之搜牢」。洛陽周邊的百姓乃至基層公務員，都感到生命財產的威脅。

北魏楊衒之在《洛陽伽藍記》卷一的「修梵寺」條提到：洛陽城東南邊的永和里為董卓故居所在，「里南北皆有池，卓之所造。今猶有水，冬夏不竭」；時人經常在永和理挖到金玉寶玩之物，某程度表示董卓當年在洛陽聚斂之嚴重。當然這是三百多年後的筆記，真假不知，〈中場：修梵寺的金剛〉便是在這則筆記上虛構的。

在一切倒行逆施之下，董卓拖著帝國政府走向軍事獨裁最糟的結局，內戰開始了。

鳴槍者

我們都知道下一段該講的是「十八路方鎮討董」的故事，但在一八九年秋天來臨時，情勢卻不是如此一目瞭然。

當時張邈、王匡、劉岱等人陸續赴任守相牧伯，何顒、鄭泰則埋伏董卓身畔，只待一鳴槍，便可裡應外合攻下洛陽將董賊碎屍萬段，但問題是：誰來鳴這槍呢？理論上是袁紹，然而這位新上任的渤海太守卻遇上麻煩：冀州牧韓馥。

韓馥出身名門潁川韓氏，家世與早年經歷都不詳，只知道他曾是袁家故吏，在中央最高當到御史中丞；董卓將他外放為冀州牧，即袁紹的頂頭上司。

當時的冀州牧是個資源豐富的位置，一則河北黃巾之亂平定不過五年，像張郃、麴義等有作戰經驗的將校仍駐紮州中；二則黃巾之亂平定已經五年，河北經濟復甦，「冀州民人殷，兵糧優足」。另外，韓馥前手賈琮致力肅貪，史載他上任時，冀州幾十個縣長逃到只剩下兩個，這樣雷厲風行的手段是否有利民生經濟我不確定，但可想見有助集權，使州牧控制直達縣級單位。

韓馥既是士族出身，又是袁家故吏，現在手握冀州牧大位，理論上應是袁紹的強援。然而現實卻是韓馥不但不支持袁紹，還派人常駐渤海看管袁紹，防止他作亂。

我們不知道韓馥這麼做的原因。腦補推論，韓馥可能與袁隗、馬日磾一樣是長一輩的士人，傾向維護既有帝國體制，反對暴衝行動。韓馥先前在朝中擔任的「御史中丞」並不是什麼三、四流的小官，御史中丞為御史臺首長，品秩千石，雖非部長層級，但因職掌監察地位崇隆，是朝堂上「三獨坐」之一。更重要的是，御史中丞是監察系統的頭頭，也就是各州州刺史的頂頭上司，當東漢的州刺史們開始擁有兵權時，御史中丞的功能也隨之擴張，東漢中期之後，經常可以見到「御史中丞督某州刺史發兵平叛」的紀錄。韓馥能幹到這位置，顯示他有一定的年紀與地位。

袁紹遲無動靜，東郡太守橋瑁或許是最心焦的一位，他管轄的東郡就在洛陽邊上，他還是當初受召喚的三支外兵之一，下個出事的就是他。橋瑁不敢自己搖旗，也沒材調說服韓馥，他於是偽造了一封三公的公開信，大意是董卓逼迫朝廷，請求地方起兵救國[20]。

韓馥讀了公開信，心頭猶豫，詢問一眾屬官說：「今天我們當助袁氏？或當助董卓？」治中從事劉子惠答道：「今興兵為國，何謂袁董！」韓馥聽劉子惠如此煞氣的發言，不由得面有慚色，但劉子惠也是隻老狐狸，馬上接著說：「話雖是這麼說，但是『兵者凶事，不可為首』，我們最好先看看別州的動靜，要是人家起兵了，我們再跟進，反正冀州比其他州郡都強，即使晚加入，其他人的功績也不會強過冀州。」韓馥同意，於是解除對袁紹的封印，聽任他起兵。

劉子惠一番話世故得相當真實，多少反應多數新任方鎮的心態，這些士人從沒上過戰場，事前要籌畫啊結盟啊布局啊都很會，事到臨頭真要鳴槍起跑卻又縮了起來，大家都在等出頭鳥來測風向，要是大逆風，乖乖在地方待著也不錯。正所謂：英雄何必強出頭，尾刀可恥但有用。

於是，在一八九年冬天，率先鳴槍反董的並不是那些有兵有糧的方鎮，而是一些邊緣人，例如曹操。

曹操帶七星刀刺董是《三國演義》虛構的情節，史載，董卓進京後企圖將曹操納入智囊團，拜其為奮武將軍，曹操卻選擇逃離洛陽。不同的是，袁紹巴庫硬，朝中有人為他傳話說話，最終勾銷罪狀還有大官做；曹操則是被忘了，只好頂著通緝令逃亡，不但殺了好友呂伯奢，還在中牟縣被逮捕，多虧縣功曹認識曹操，與縣令溝通後就把曹操給放了，這就是著名的「捉放曹」故事的原型；這位中牟縣令並不是陳宮，他也沒跟著曹操一起逃亡，但仍請各位記住「中牟縣令」這個角色，我們很快會提到。

早先我以為中牟縣已經遠離洛陽，是徐州、青州的縣分，看地圖才發現其實中牟還沒出河南尹轄區，它在今天鄭州市的東側，離洛陽只有一百五十公里；而曹操離開中牟後也沒逃多遠，他往東又走了一百五十公里，來到陳留郡南部的己吾縣，開始召集軍隊反董。

曹操起兵的資本一部分來自曹家家底；己吾離曹氏老巢譙縣直線距離八十公里，是可以利用資源、兵事又不會波及宗族的安全距離。老爸曹嵩聽說兒子要造反嚇得半死，帶著財寶一溜煙就跑到東方的琅琊郡去了，倒是幾門旁支兄弟情義相挺：曹仁當時「陰結少年，得千餘人，周旋淮、泗之間」；弟弟曹純則是「承父業，富於財，僮僕人客以百數」；「家富而性吝嗇」的曹洪曾任蘄春縣長；曹真的父親曹邵也為曹操回本鄉募兵，這班兄弟為曹操貢獻了初始投資。至於大家熟悉的夏侯惇、夏侯淵兄弟約莫也在此時加入曹操陣營，但他們顯然窮困許多，是打工仔而非投資人。

家族以外的天使投資人有鄰縣襄邑縣的衛茲，以及遠從南方會稽而來的周喁。

衛茲曾舉孝廉並受何苗徵辟，一八九年八月二十五日時可能也在洛陽，直到董卓當政後才返鄉。史載他「明慮淵深，規略宏遠」，而且家境富裕，上市場買東西從來不討價還價；

---

⑳橋瑁偽書的時間應該很晚，因為直到一八九年閏十二月二十七日，朝廷才頒布楊彪、黃琬、荀爽為三公的人事令，在此之前，太尉一職因董卓高升相國而懸缺，不可能讓橋瑁「詐作京師三公移書與州郡」。

他是當代諸多看好曹操能「平天下」的論者之一，不同的是，衛茲以實際行動支持曹操，不僅提供資金使曹操募兵五千，自己也投身軍旅，成為反董鳴槍者之一。

周喁這名字大家可能比較陌生，他是會稽周氏三兄弟的老三，這三兄弟是接下來方鎮內戰初期頗為重要的角色。三兄弟中的大哥周昕曾為陳蕃的門生，他可能在一六七年陳蕃死時受牽連而「斥免禁錮」，隨後在一八九年被平反，並在大封官浪潮中取得揚州丹陽太守的位置。依此背景，他與弟弟周昂、周喁和袁紹、曹操親近並不意外，曹操在己吾時給周喁寫了封信，周喁便帶上二千人北上，支持曹操起事。

在諸夏侯曹、衛茲、周喁的贊助下，一八九年十二月，曹操於己吾起兵，吹響反董號角。

曹操起兵吸引了另一位大人物，鮑信。身為何進指派的募兵者以及最早建議殺董卓之人，鮑信與曹操一樣沒在大封官名單內，他頂著通緝回到故鄉泰山郡，變本加厲地大肆募兵募款，將手上原本千餘人的部隊擴張成「徒眾二萬，騎七百，輜重五千餘乘」的龐大武裝集團，隨後來到己吾與曹操會合。

有將近三萬人在轄區內起事，新上任的陳留太守張邈不可能不知情，張邈表面上維持觀望，私下則與曹操等人串連，衛茲可能在此時加入陳留郡政府。

不過曹操還不是真正的鳴槍者，比曹操更早起兵反董的，是個叫楊原的傢伙，他的官銜是中牟縣令。

史載，楊原在中牟縣看見董卓亂政心中憂愁，常想棄官逃走（應該是放走太多通緝犯了），這時一名叫任峻的縣民建議：「董卓作亂，天下都在看，之所以到現在還沒人起兵，不是沒有心，是形勢上大家不敢，縣長您只要唱開場，一定有人和聲。」楊原問：「那該怎麼做呢？」任峻說：「關東地區有十幾個縣，能作戰的壯丁不下萬人，縣長只要宣稱代理河南尹，統領這些士兵，必可成功！」

話說楊原非名門豪族，官階也不過一介縣令，任峻這死老百姓竟要他偽造文書，以十幾個縣的力量對抗董卓，而且這些縣分就在洛陽左近，真的是瘋了！更瘋狂的是，楊原竟然接受了任峻的建議！前一秒還想著棄官逃跑的他，後一秒勇氣百倍，他讓任峻當主簿，任峻隨後表楊原為河南尹，串連諸縣向董卓叫陣，成為最早起兵反董的地方勢力。

楊原後來事跡不見記載，反而任峻的事跡大家比較熟悉，他之後加入曹操陣營，成為曹軍重要的後勤官、屯田制的推手。中牟縣也沒因為楊原反董就被董家軍碾過去，相反地在接下來一段時間內，中牟一直是反董軍隊的前線基地，這可能可以歸功於楊原、任峻早期的作戰準備吧。

於是在一八九年尾聲時，洛陽東方已燒起幾簇反董火苗，我們以為董卓應及早出兵，杜漸防微，但一如先前提到的，董卓此刻的實力遠比想像的有限，乃至連洛陽邊上一個小縣都敢不買他的帳。更麻煩的是，董卓要面對的是「前門拒虎，後門進狼」的困局，比起東方小股勢力，從西而來的才是大問題。

劉辯之死

「白波」是黃巾的分支，靈帝中平五年、西元一八八年二月，黃巾領袖郭泰在并州白波谷率眾起事，亂事波及西河、太原兩郡，白波軍在當年九月跨過黃河南下，侵入司隸的河東郡。那時東漢朝廷左手處理涼州的韓遂馬騰，右手處理幽州的張純張舉，對并州亂事根本無從因應，白波軍於是擴張到十幾萬人的規模。

一八九年八月底，董卓自河東揮軍洛陽，河東空虛，十月，白波諸帥與南匈奴單于於夫羅大舉南侵。此時白波軍的組成分子並不清楚，若無視時間差，歷史留名的白波好漢有創始人郭泰，「白波四帥」楊奉、韓暹、李樂、胡才，以及官兵變強盜又變回官兵的徐晃。

白波軍下河東乃是斷了三河地區與三輔地區的連繫，甚至威脅到洛陽，董卓任命賈詡擔任平津都尉，防衛洛陽北面，另派女婿牛輔以中郎將身分率軍討伐白波。

牛輔是董卓最親信的將領，所統率的應也是董家軍精銳，後董卓時期西涼四天王的三位：李傕、郭汜、張濟，此刻都只是牛輔帳下校尉。以這支精銳部隊對付白波軍理論上是手到擒來，但不知是牛輔太無能，或是遊戲設定上黃巾係專剋董家軍，五年前董卓打不下廣宗，現在牛輔也打不贏白波軍。一九〇年二月時，牛輔還駐兵於河東首府安邑，後來卻一路被壓迫至黃河南岸的陝縣。大概也因為白波軍團太棘手，牛輔、李傕、郭汜、賈詡等董家軍菁英並未參與接下來與關東聯盟的戰鬥。

一邊有白波軍犯河東，一邊傳來關東諸鎮起兵的消息，董卓想來是沒辦法好好過年的。此時董卓團隊研議的解決方案竟是將廢帝劉辯殺掉，他們認為關東諸鎮起兵唯一的名義就是擁護劉辯，去掉這名義，關東諸鎮便失去正當性。

一九〇年，皇帝劉協頒布第一個年號「初平」，並於正月十日大赦，隔天（十一日），董卓便對劉辯下手，他命衛士將劉辯監禁於樓房中，然後找來太醫，責問說：「弘農王病了，怎麼沒跟我報告呢？」接著郎中令李儒將毒藥呈給劉辯，說：「服了這藥病就會好了。」

劉辯不是白痴，他說：「我本來就沒病，這是毒藥，你們要殺我！」他試圖抵抗，但董卓、李儒殺意已決，強迫他飲藥，最終劉辯只獲得一個與妻子、宮人訣別的機會。在此生離死別的場合，青少年的劉辯顯得滄桑世故，他飲酒唱道：「天道易兮我何艱！棄萬乘兮退守蕃。逆臣見迫兮命不延，逝將去汝兮適幽玄！」他的妻子唐姬（**還是個少女**）一邊哭泣、一邊起舞唱和，場面哀淒。唱罷舞罷，劉辯對唐姬說：「妳是王的女人，不能再做平民的女人了。我要走了，自愛，長辭。」說完飲鴆而死，得年十八歲，他被葬在孟津，用的是宦官趙忠之前興建的墳墓（**趙氏建築出品人人愛**），諡為懷王。

董卓並沒有為難唐姬，然而亂世皇妃命運總是坎坷，唐姬出宮回到故鄉潁川，家人幾次要她改嫁，她都拒絕。二年後董卓被殺、李傕派兵掃掠關東，唐姬被擄。李傕不知她身分，但見唐姬美麗氣質又好便想娶她為妻，唐姬堅拒。倒是賈詡得到情報（**不愧是鬼謀軍師**），直接找劉協報告此事，劉協是個善良的孩子，他沒有將母親的死怪罪到命運多舛的嫂嫂身上，他用所剩不多的皇帝權威，將唐姬自李傕手中救出，安頓於宮中，恢復她弘農王妃的頭銜。

唐姬的故事就到這邊，其他不管是浪漫的或骯髒的故事都是虛構的。

附帶一提，我們之前提過，在《三國演義》中十分活躍的李儒，在歷史中存在感很低，他不是董卓女婿，也不是董家軍智囊，他人生唯一有紀錄的片段便是謀殺一位十八歲的孩子。

董卓謀殺劉辯的新聞震撼天下，在這之前，親董派們還可以為董卓辯護說他只是個性比較直、用比較霸道的方式輔政，現在出了命案，什麼辯護都不管用了。原本還在觀望的士人無法繼續沉默，例如此時此刻，遙遠的東海濱，有個人正懷著滿腔熱血，疾疾向太守辦公室走去。

關東聯盟——東路軍

在《三國演義》和多數改編作品中，講到關東聯軍，我們就會看到袁紹、袁術、曹操等眾英雄排排坐在大帳中，呵呵哈哈地討論怎麼把董卓生吞活剝，接下來華雄會來挑戰，倒楣的鮑忠、俞涉就準備去送死。

在歷史上，各路方鎮並沒有會師一地，袁紹、袁術、曹操、張邈等幾位主要角色也並非總是齊聚一堂。真實的情況是，關東十幾名方鎮帶領部隊分別集結於洛陽的北、東、南三方形成合圍之勢，但真正的協調作戰從未成功過。

先說關東聯盟的東路軍。鏡頭來到東海邊的徐州廣陵郡，當時的廣陵太守是張邈的弟弟張超，他的郡政府中有位大有來頭的功曹，名叫臧洪。臧洪是廣陵在地人，他的父親就是一七七年三路北伐鮮卑的其中一路統帥臧旻。臧洪循「孝廉→郎官→縣長」的路線出仕，後來辭官回家，被太守張超聘為功曹，張超非常賞識臧洪，將所有的政務委由他處理。

臧洪聽到劉辯被殺的消息格外激動，他跑去找張超說：「府君，您的家族世受皇恩，兄弟並據大郡，如今王室將危、賊臣作亂，正是天下義士報恩效命之時！我們廣陵還算安定富裕。估計可立即募得二萬兵，以此誅除國賊，為天下倡先，義之大者也！」

張超被說動了，但真要「為天下倡先」，張超還是沒這個膽量，於是便帶著臧洪去陳留找張邈，張邈原已暗地支持曹操，見到臧洪願意出頭大為高興，便再將臧洪引薦給兗州刺史劉岱、豫州刺史孔伷等人。以臧洪的遊說為餌，大家的反董立場總算被明白釣出來，張邈於是邀集諸方鎮於陳留郡酸棗縣進行盟誓典禮；然而到了現場，這些地方大員又在那邊推推讓讓，最後還是把臧洪這個小功曹推上壇場。臧洪毫不客氣，升壇、操盤、歃血、朗誦誓詞，他的辭氣慷慨，真情流露，邊念邊哭，據說臺下士兵奴僕都被他的情緒感染，大家激揚振奮，一心報效王室。

按臧洪所念的誓詞內容，參加這場盟誓典禮的只有五家方鎮：兗州刺史劉岱、豫州刺史孔伷、陳留太守張邈、東郡太守橋瑁、廣陵太守張超。袁紹與袁術不在現場，至於曹操在不在我們不確定，若按《三國志・武帝紀》，曹操到酸棗時，聯軍已是「置酒高會，不圖進取」，那他顯然錯過臧洪主導的激情時刻。

除了上述五人以及屬於張邈支部的曹操、鮑信外，東路軍的確定成員還有山陽太守袁遺與陳國相許瑒。

袁遺是袁紹的遠房堂兄，事跡不多，只知道曹操認為袁遺和自己一樣勤學（**那到底是勤不勤學？**）。前後時間，汝南袁氏還有一位成員袁敘擔任兗州濟陰郡的太守，但沒他加盟聯軍的記載。

許瑒則是許靖的堂兄，他當陳國相應該也是大封官浪潮的成果之一。許瑒隨豫州刺史孔伷起事，把在洛陽中的許靖嚇得半死，他自我解釋說：「依附董賊求生，情感上做不到；要堅守崗位，死了又沒啥意義。」於是棄官逃亡，投奔孔伷。孔伷可能年紀太大或是身體不好，並未待在酸棗前線，而是屯駐潁川，不久便過世，接手豫州刺史的是袁術私署的孫堅，許靖則向南跑去投靠揚州刺史陳溫。

說到陳國，我們要提起另一個人物：陳王劉寵。與西漢一般，東漢的諸侯王只享有封國的租稅利益，沒有政治實權，多數諸侯王像豬一般被豢養於洛陽，連人際交往都受限制。封國政務由朝廷指派的「國相」負責，其職能與郡太守相同，故「守相」並稱。然而隨著帝國螺絲漸鬆，例外狀況出現，劉寵便是一例。他是東漢明帝次子劉羨一支，是個十發十中的神射手，他在靈帝朝時繼承王爵，竟組織了自己的軍隊，黃巾之亂爆發時，他帶著數千名強弩軍維持國境秩序，收容大量難民，聚眾十餘萬。而今關東諸鎮反董，劉寵也起兵響應，自號「輔漢大將軍」；然而劉寵似乎一直駐紮於國境內的陽夏縣，並沒有至前線與盟軍會師，關東諸方鎮也沒有利用這位親王的身分做文章㉑。

以上便是關東聯盟東路軍的組成。簡言之，東路軍人數十餘萬，以酸棗為大本營，張邈是協調人，有超強的政戰官臧洪為大家補魔，看起來非常威武，不過那是看起來而已，如果不是曹操……應該說就算有曹操，東路軍整體還是滿廢的。這點我們稍後再說。

關東聯盟——北路軍

北路軍便是由袁紹親領的方面軍，成員有冀州牧韓馥、河內太守王匡、西河太守崔鈞、落難小校尉張楊、衰尾單于於夫羅等。

袁紹與韓馥和解後便於渤海郡起兵反董，除原本渤海太守、邟鄉侯與司隸校尉的頭銜

㉑按《後漢書．孝明八王列傳》記載，在行政上支持劉寵軍隊的是陳國相駱俊，也就是後來東吳將領駱統的父親，按事件順序安排，駱俊應是許瑒後手。

外，袁紹又為自己冠上「車騎將軍」的光環。這時袁紹身邊的人有淳于瓊、逢記、許攸等老戰友，大家熟悉的田豐、沮授、郭圖、審配、張郃等人都還在韓馥麾下。

袁紹一搖旗，立刻風起雲湧，四方響應，冀州各郡國尤其積極，他們跟著袁紹的腳步往冀州西南方的黃河邊上匯集，大約在一九〇年二至三月、董卓遷都長安後不久，袁紹與冀州十名守相舉行了另一場盟誓典禮，地點可能在鄴城或河內，軍力號稱數十萬，比酸棗東路軍的「十餘萬」要多個幾倍；十名守相可能包括魏郡太守栗攀、鉅鹿太守李邵，其他人的名字便沒留下來了。袁紹隨後駐兵河內，自北面向洛陽施壓。

韓馥並沒有前往河內，他留在鄴城主持後勤。許多史料上記載韓馥心懷猜忌，不願見到袁紹人馬多，便經常扣留糧草，陰謀破壞聯軍組織。不過依一些事證看來，在軍事、政治的配合上，韓馥其實頗為用心，反倒是袁紹小動作不斷，謀奪冀州。

河內太守王匡是諸方鎮中準備討董最積極的一位，他原本就擁有自家的泰山兵，到河內後又收編當地民團，例如本地人韓浩原先組織民兵抵抗盜匪，王匡任用韓浩為從事，讓他參與反董作戰。王匡又下令河內戒嚴，並在學校裡組織職業學生，讓他們密告地方有力人士，郡政府隨後逮捕被密告者要他們付錢贖罪，否則便刑求，甚至威脅夷族，真是非常有效率的開源方式。

西河太守崔鈞是前太尉崔烈的兒子，史載他「少交結英豪，有名稱」，也是袁紹類型的人物。他起兵反董，導致老爸崔烈被董卓打入大牢；不過比袁隗幸運的是，崔烈並沒有被處刑，董卓死後他又回到朝廷當官，然後在李傕、郭汜之亂中為亂兵所殺……嗯，運氣也就好那麼一點點而已[22]。

張楊和於夫羅其實不大能算是聯軍的一部分，他們加入袁紹軍的時間非常晚，加入的時間也很短，對於反董不要說實質面，連名義上的功能都相當微弱。

張楊當初奉何進命令回并州募兵，結果因與地方盜賊糾纏滯留上黨。之後何進被殺，丁原亦死，張楊的兩個老同事呂布張遼都歸附董卓，大家喝酒吃肉之餘就忘了張楊這支孤軍，大封官名單上沒他的名字，也沒人討論接他回洛陽。張楊孤軍只好淪為流寇，他率軍攻擊位在壺關的官派上黨太守，並試圖劫掠馮、陳等上黨大姓的塢堡，努力在一眾黑山軍中存活。

關於於夫羅我們前面已經說得很多，背負偉大匈奴汗國光榮的單于在中原已經流浪五年，他偶爾與白波軍合作進軍河東，偶爾和黑山軍合作劫掠河內，活得相當辛苦。

張楊與於夫羅可能是在一九〇年下半年甚至一九一年初歸附袁紹，袁紹安排二人駐防漳水，離河內前線有段距離。沒多久於夫羅便叛變，挾持張楊而去，他們被麴義擊敗，南下轉

---

[22] 關於崔鈞還有一點值得一提，他可能就是後來在荊州與諸葛亮相當要好的「崔州平」，然而這只是一說，也有記載顯示崔鈞是哥哥「崔元平」，和諸葛亮好的那個是弟弟崔「均」，字州平。只能說崔烈滿無聊的，用同音同義的異體字為兩個兒子取名（用今天方式理解就是哥哥叫「台銘」弟弟叫「臺銘」吧），搞到後來沒人弄得清楚誰是誰。

進黎陽，於夫羅繼續當流寇，附於袁術，之後在內黃一戰遭曹操慘電。張楊則轉了運，被董卓拜為河內太守，並於稍後成為劉協東歸的大功臣。

原本北路軍還有一名成員，青州刺史焦和，當時青州黃巾勢力龐大，焦刺史依舊堅持率軍與盟，結果亂事一發不可收拾，青州部隊離散，焦和也病死。據說焦和從來不敢和黃巾正面作戰，信任算命師多於情報員，他不參加聯軍是件好事，畢竟廢材已經夠多了。

此外還有支幽靈反董部隊，就是劉備。劉備當時還不是個咖，他鞭打督郵棄官潛逃，有很長一段時間下落不明。依不同史料綜合判斷，劉備應該去了洛陽，在何進陣營中擔任低級士官，然後依「八路調兵」的安排隨毌丘毅前往東方募兵，之後被任命為青州北海國下密縣的縣丞（副縣長）。王粲的《英雄記》記載：「會靈帝崩，天下大亂，備亦起軍從討董卓。」當然不是說縣丞就沒資格愛國，只是一個事務官起兵討董新聞性有點低就是了。我在《橫走波瀾：劉備傳》推論要不劉備加入青州刺史焦和的部隊，要不便是以民兵身分響應關東聯盟，但無論是那一種形式，劉備此刻都還只是個龍套角色罷了。

關東聯盟——南路軍之一

現在這時候，南路軍的成員只有袁術，其他人要不在趕來的路上，要不就正準備被孫堅宰掉。

袁術當初並未與袁紹一同出逃，他留在洛陽，成為董卓重點攏絡對象，受拜為後將軍。曹操逃走時，袁術還跑去人家家裡，跟曹操老婆們說曹操已經掛了，不知有何居心。

袁術在洛陽應該撐不過一八九年底，他離開洛陽向南走，來到南陽郡與潁川郡交界處的魯陽縣，離袁家的大本營汝南約一百五十公里。此處位在豫荊二州之交，為日後方鎮混戰埋下伏筆。

關東聯盟部分先停在這邊，我們回頭看看在洛陽的董卓的反應。

遷都長安

從地圖上來看，關東聯盟在洛陽北、東、南三面集結數十萬大軍，西邊又隨時有被白波軍關門的風險，此時放棄洛陽西撤，縮短戰線，對董卓而言是個合理的決策。

董卓於一九〇年正月在不同場合拋出遷都長安的議題，態度還算和緩，他大概以為與朝廷公卿共事幾個月，人熟了，大家會懂他的苦心，想不到當初皇帝廢立時悶不吭聲的公卿大臣們一聽到要掀他們的老巢便激動起來，吵著要和董卓輸贏。

董卓首先諮詢個別大臣意見。例如陳紀，他是曹魏名臣陳群的爸爸，名門潁川陳氏出身，那時他已是六十好幾，被拜為平原相（也是爛缺），赴任前向董卓辭行，董卓便趁機提出遷都長安的構想，說關中土地多肥美，形勢多險要，現在關東形勢混亂，不知道西遷是不是個好主意？

陳紀立馬潑一盆冷水，他說要解決關東兵禍，應該是將朝政委由公卿處理，董卓專心討伐，如此可救百姓於塗炭間；至於「遷移至尊，誠計之末者」。董卓聽這話心裡不高興，但看這老頭子名聲響，也不費唇舌跟他辯論。

另一位受諮詢的就是朱儁，當時他擔任城門校尉、河南尹，董卓幾次想開會討論遷都之事，朱儁都直接杯葛。董卓一方面覺得朱儁很煩，一方面又知道他是指標人物，於是拜朱儁為副相國，希望可以軟化他的立場。

董卓派使者通知朱儁升官的消息，朱儁卻說：「遷都將孤天下之望，使關東軍氣焰更為囂張，我認為行不通。」

使者說：「朱大人你嘛幫幫忙，我是來升你的官的，你說遷都是幹嘛呢？」朱儁說：「副相我是做不來的，遷都則是個錯誤，還是個緊急的錯誤。我只是做我該做的。」

使者又說：「遷都八字沒一撇，聽都沒聽過，您在煩惱什麼呢？」朱儁說：「相國早都跟我說了，我可是心知肚明。」使者把這段牛頭不對馬嘴的對話回報給董卓，董卓明白朱儁立場強硬，也就打消拜副相國的主意。

雖然私下討論不順暢，董卓最終仍將議題擺上檯面。二月初的廷議上，董卓提出遷都案，這會兒他不提關東聯盟了，改用讖諱學當理由，他說：「西漢立都關中有十一個皇帝，東漢立都洛陽也已經經過了十個皇帝，依讖書應該要再回到關中，以應天命。」

太尉黃琬、司徒楊彪強力反對。黃琬的說法比較一般，不外乎洛陽是「天之所啟，神之所安」，一動則天下沮喪。楊彪則提供具體的理由：第一，長安的宮殿在東漢初年混亂中早就被燒得差不多了，遷都過去辦公居住都是問題；第二，突然遷動百姓，一定造成混亂，將有不良後果；至於董卓提的讖書，楊彪說，也就是本妖書罷了，怎麼會去信它呢。

董卓回應道：「宮室不足的問題好解決，隴右產木材，杜陵南山下又有從前漢武帝留下的瓦陶窯數千所，建材不缺，房子可以快蓋成。至於百姓擾亂的事也好辦，我有軍隊嘛，把他們趕到海裡都可以，更何況是西遷？」

雖然還是很霸道，但這是董卓第一次附理由與人辯論，也顯示他對長安的熟悉程度。

黃琬、楊彪還是不同意，董卓發火了，他說：「你們是要阻礙國家大事嗎？告訴你們，韓遂、馬騰寫信給我，要我遷都，若是不遷，他們就要打來了！到時我是擋不了的，你們自己和袁紹帶兵西征吧！」

話說韓遂、馬騰乃叛軍，堂堂相國竟光明正大地說他和叛軍有聯絡，還當成遷都的威脅，也是蠻天才的論點。楊彪、黃琬也不退讓，楊彪高聲說：「要西征我楊彪自有西行之路，只是不知道到時回頭，天下變成什麼樣了！」

黃琬則應道：「遷都本是大事，楊公說的話，相國不好好想想嗎？」

眼看朝堂氣氛劍拔弩張，司空荀爽跳出來打圓場，說：「諸位想想，難道相國喜歡遷都嗎？是不得已的啊！山東兵起，非一朝一夕能解決，這樣想來，遷都是好計，朝廷才能營造秦、漢一統之勢啊！」

董卓聽到有人支持，心情好些，宣布休會，荀爽私下對楊、黃二人說：「你們這樣堅持，一定會出事的，我可不跟啊！」黃琬回道：「怕什麼？昔白公作亂於楚，屈盧冒刃而前；崔杼弒君於齊，晏嬰不懼其盟，吾雖不德，誠慕古人之節！」

最終會議仍在沒有結論的情況下結束。董卓忿忿不平，又要場外奧步，他指示新上任的司隸校尉宣璠（不承認袁紹兼任了）彈劾黃琬、楊彪，二月五日，朝廷免除兩人三公職位。

二月十日，董卓再開會議，本以為可以順利通過遷都案，想不到又有人站出來反對，是董卓親信的伍瓊與周珌，董卓這才想到關東亂賊都是這兩人舉薦的，不禁大怒道：「當初你們兩個勸我晉用士人，結果那些傢伙一上任就發兵反叛，就是你們出賣我的！我怎麼會笨到用你們這種負君之人？」命令將伍、周兩人押出斬首。

董卓殺人的消息傳出，黃琬、楊彪腰桿也挺不直了，他們登門向董卓道歉：「先前那樣發言，只是戀舊，不是要阻礙國事，請明公高抬貴手吧！」董卓也後悔殺了周、伍二人，便表薦楊、黃為光祿大夫。

二月十七日，遷都計畫正式執行，皇帝、百官以及數以百萬計的洛陽民眾全數強迫西遷。遷都一案從決議到執行只有七天，政府根本不可能充分規劃，新任司徒王允盡其所能才顧全部分政府文書與儀典用具，絕大多數的民眾沒這樣的待遇，他們可能連行李都來不及收拾，便像鴨子一般，在二月寒冬中被趕著踏上四百公里西行的路程，董卓士兵沿途驅趕，民眾相互踐踏，飢寒交迫間，要不等死，要不搶劫更弱勢的人，道路兩旁盡是屍體，堪稱慘劇。

董卓士兵看在眼中，或許有那麼一點點報復的快感：一百年來，你們洛陽人把我們涼州人遷來遷去，可比你們現在還慘百倍呢！

董卓並沒有跟著西行，他恢復軍人身分，帶部隊進駐洛陽南方的畢圭苑。三月五日，皇帝抵達長安，九日，董卓火焚洛陽城，皇宮、宗廟、官府與大量民居付之一炬。史書上沒有記錄董卓焚城的動機，他既然率軍留守洛陽，焚城應不是為了焦土策略，可能是要徹底逼走洛陽人，或是拆卸建材等物資後，順便收拾環境吧。

遷走了那些礙事的，可以好好打一仗了！面對關東聯軍，董卓了解必須凝聚更強的力量。

涼州人大團結

遷都同時，董卓也開始進行作戰規畫。關東聯盟數十萬大軍，董家軍加上洛陽少量的禁軍顯然不足抗衡。董卓於是更加用力地籌錢，他大量逮捕洛陽富戶，羅織罪名以沒收財產，並命呂布發掘洛陽附近的帝陵與公卿墳塚，蒐羅陪葬品。另一方面董卓召集核心幕僚，討論大型動員的可能性。與會人士都不敢說話，偏偏鄭泰脫口而出道：「為政靠的是德行，不是靠人多的。」

董卓不高興地說：「按你這麼說，要兵幹什麼？」

鄭泰說這話確實是存了私心，怕董卓軍力太強，關東兄弟們不是對手。被董卓質疑，鄭泰不由得出了一身冷汗，他鎮定心神，從容道：「並不是軍隊沒有用，只是關東這些騷亂，用不著大型動員。

第一，關東地區太平已久，百姓不習戰，因此軍隊人數雖多，但戰力有限；

第二，明公您出身西州，身經百戰，名震當世；

第三，袁紹不過是個京師官二代，張邈不過是個小心保守的老頭，孔伷則是個只會清談扯淡的名嘴，他們都沒有作戰經驗，絕非您老敵手；

第四，關東士人中，有那種勇猛善戰、智計敏捷、足以獨立率部隊作戰的人才嗎？沒有，至少我沒聽說過；

第五，即便真有那種智勇之士，沒帝國授予頭銜，將帥間定位不清，最後一定是各路人馬各行其事，坐壁上觀，等別人成敗尾刀而已；

第六，相反來說，關西諸郡本是戰區，人民習兵，連婦女都能作戰，以此和關東忘戰之士作戰，直似虎狼對上綿羊群；

第七，再說，當今天下所謂精銳，不過就并、涼之人、匈奴、屠各、湟中義從、西羌八種等部隊，這些精銳全在明公麾下，壯漢見著都要怕，何況小丑們？

第八，您的部下均為多年心腹，忠誠智勇，指揮起來如臂使指，可以分兵可以合戰，對抗關東那盤散沙易如反掌；

第九，政治因素，明公您討滅宦官，道理正義都站在您這邊，關東聯盟師出無名，以逆攻順，必敗；

第十，以地理環境論，當年戰國六國強盛，終亡於秦，漢初七國人數眾多，也無法越過滎陽一線，更何況是今天團結的朝廷呢？

如您認為以上所言有任何可取之處，請您再想想：是否還需要動員呢？動員可能激發民亂，是自虧威重啊。」

史書上說鄭泰這話是「詭辭」，但事實證明鄭泰言之在在成理，關東聯軍並不敢和董家軍作戰，真打下去也是慘敗收場。董卓聽了這麼有道理的巴結話很高興，便打消動員的念頭，甚至還任命鄭泰為對關東聯盟作戰的總司令。但馬上有人向董卓反應：「鄭泰太聰明，和關東有勾結，給他軍權太危險了。」董卓於是取消命令，讓鄭泰當個小議郎。

董卓再遲鈍，這時應該也感覺洛陽朝廷中滿滿的敵意，這讓他不禁想起涼州同胞們，即便關係再差，人不親土親啊！

所謂「涼州同胞」包括兩組人：當官的皇輔嵩、蓋勳，當賊的韓遂、馬騰。

我們用了許多篇幅交代董卓離開長安後發生的事，但對留在長安的皇甫嵩來說，過去這半年只是尋常歲月，三萬士兵屯駐扶風，韓遂、馬騰並未來犯，洛陽的改朝換代也與彼等無關，日子就這樣過去。直到一九〇年二月，皇甫嵩終於接到詔令，徵拜其為城門校尉，要他放下軍隊，即刻往洛陽赴任。

當時遷都正在進行，皇帝百官在西行的路上，皇甫嵩真要當城門校尉，也該是在長安上班，召其前往洛陽的目的昭然若揭。皇甫嵩的長史梁衍便勸告老闆說：「董卓雖誅除宦官，但不能盡忠於國，他放任軍士劫掠，又任意廢立皇帝。今徵召將軍，輕則將您軟禁，嚴重便是加害於您，您萬萬不可前去；如今董卓在洛陽，天子在西行路上，將軍手握精兵，應先前往迎接尊駕，然後奉令討賊，如此袁紹壓迫董卓東面，我們壓迫西面，董卓必敗無疑！」類似的話，閻忠說過，皇甫酈說過，如今梁衍再說，皇甫嵩仍是搖頭，他接受指令，放下軍權，單身往洛陽赴任。

與皇甫嵩同行的還有蓋勳。蓋勳在一八八年來到長安當京兆尹，當時涼州叛軍東來，蓋勳身為郡尹本有郡兵五千人，他藉此機會擴軍一倍，並以士孫瑞、魏傑等五位名士為校尉，建立一支長安版的西園軍。

一八九年中，董卓私自帶兵東行，蓋勳便曾評論道：「貪人敗類，京師必當有變。」後來董卓廢立皇帝，蓋勳更直接寫信給董卓說：「當年伊尹、霍光立有大功，廢立皇帝仍使天下寒心，你一個小丑，怎敢做這種事？『賀者在門，弔者在廬』，你自己當心點！」

董卓接到這信自是極不高興，便下令將蓋勳調回洛陽，蓋勳本還想著與皇甫嵩合作抗董，但皇甫嵩選擇聽詔赴任，蓋勳也只好依命前往。

皇甫嵩與蓋勳的下場容後慢表，我們先看看董卓與另外一位皇甫家人的互動。馬夫人。她是涼洲三明皇甫規的繼室，也就是皇甫嵩的伯母。馬夫人出身扶風馬氏，不只能文而且是著名書法家㉓。她顯然比丈夫年輕許多，皇甫規享年七十一歲，而且已過世十五年，馬夫人依然魅力不減，董卓當上相國後，不顧家中多名妾室，以「軿輜百乘，馬二十匹，奴婢錢帛充路」的高規格向她求婚，馬夫人輕裝素顏到董卓府上，下跪陳情拒絕，董卓沒風度地派人持刀圍住馬夫人，說：「我可是要讓四海天下聽話的男人，妳一個女人竟敢對我說不？」

馬夫人明白逃不了，索性挺直腰，對董卓罵道：「你這個羌胡雜種，毒害天下還不夠嗎？我娘家世代清德，夫家文武上才，你爹不就是在我們家人前跑腿的小吏嗎？竟敢非禮主母？」

董卓大怒，下令將馬夫人的頭髮綁在馬車車軛上，用鞭棍亂打，馬夫人怒道：「還不打重些？讓我死得痛快點！」一代名媛才女就這樣被打死車下。

「羌胡種」、「驅使走吏」之子大概就是董卓藏得最深的疙瘩，馬夫人一言戳中，激得董卓痛下殺手，他現在等著皇甫嵩。

於是皇甫嵩與蓋勳抵達洛陽後，所受待遇截然不同。當時洛陽公務員見到董卓都又鞠躬

㉓《後漢書》記載馬夫人能草書，唐朝張懷瓘所著的書法研究《書斷》則記載她擅長隸書。

又拜，蓋勳卻絲毫不給臉，只是依同事關係長揖行禮，旁人都捏了把冷汗，但董卓也不責怪，反而先後任命他為越騎校尉、潁川太守等重要職位。

皇甫嵩呢？他一到洛陽便陷獄案，官員彈劾他的屬下犯罪，皇甫嵩受牽連入獄，也不知罪名是啥，直接判死刑。

不過董卓並非真的要殺皇甫嵩。皇甫嵩的兒子皇甫堅壽和董卓關係不錯，聽說父親下獄，趕緊來到洛陽，在某個宴會場合上當眾向董卓下跪痛哭。按說當時洛陽士大夫均已西遷，這場宴會可能是涼州自己人的場子，眾涼州將士被皇甫堅壽感動，紛紛向董卓求情。董卓要的就是皇甫家匍匐腳邊的樣子，他親自扶起皇甫堅壽，並下令釋放皇甫嵩。

董卓仍是忌憚皇甫嵩，因此沒留他在洛陽前線，而是將他踢回長安，當個小小的議郎，稍後才升至御史中丞。一九一年四月，董卓親臨長安，故意命御史中丞以下官員跪於道路兩旁奉迎，當董卓車駕經過皇甫嵩面前時，他特別下車，扶起皇甫嵩，握著他的手說：「義真，你怕了嗎？」皇甫嵩說：「明公以德輔政是天大的好事，我有什麼可怕的？若明公您濫刑逞慾，那天下人都會怕，又何止我一人呢？」

這話馬屁與諷諫各半，董卓並不喜歡，又問：「那麼義真，你服是不服？」皇甫嵩聽得出董卓言辭中的威脅，不敢再逞強，說：「怎知道明公今天能走到這般高位呢？」董卓說：「鴻鵠本來就有遠志，燕雀自然是不知道的。」皇甫嵩說：「當初我與明公都是鴻鵠，都有遠志，但明公今天已是鳳凰了！」董卓這下開心了，笑說：「你早服我，今天就不用拜了。」

說到底，董卓從皇甫家要的就一個「服」字，今天我殺你家的主母，你大氣不敢吭，還要趴在我的腳邊對我微笑，這才叫真正的服從！

不過「躡俳無落魄的久」，皇甫嵩還沒下舞臺，他還有戲可搬。

董卓對蓋勳就沒那麼變態的心思，他將蓋勳納為軍事參謀，參與對關東聯軍的作戰。另一位被納入參謀的非董系將領是朱儁，有回討論時，朱儁與董卓意見相左，董卓就以一貫沒禮貌的方式說：「我百戰百勝，決策就靠心裡直覺，你最好給我惦惦，省得髒了我的刀。」

朱儁沒說話，蓋勳卻開口了：「想當年商王武丁聖明，依舊廣徵意見，你是什麼貨色，想叫所有人都閉嘴？」董卓難得縮了回去，說：「剛剛開玩笑的嘛！不要那麼認真……」蓋勳得理不饒人，說：「殺人這種話是可以拿來開玩笑的嗎？」董卓說不過，只好向朱儁道歉。

董卓將蓋勳當成一個異議者的榜樣，顯示自己的肚量，但並未授與蓋勳任何實權。蓋勳在洛陽留到最後，隨董卓遷至長安後，沒過多久便因為背部膿腫發炎死了，時年五十一歲，董卓特別賞賜皇家的喪車喪服，並將他葬在西漢惠帝的皇家陵園安陵，以示崇敬。

蓋勳前半生在涼州毫無疑問是個大人物，內抗爛官，外抗強敵；但他離開涼州後就顯得只硬不強，他和劉虞、袁紹計畫誅除宦官、和皇甫嵩合作反董，總是雷聲大但一滴雨都沒有。史書上說皇帝劉宏非常信任他，經常諮詢他的意見，若是如此，蓋勳又為何被外放長安呢？為何不利用皇帝的信任整肅宦官？或是誅殺他眼中「貪人敗類」的董卓呢？是因為皇帝其實沒那麼信任他？或是不殺宦官不殺董卓，正是蓋勳的立場呢？

因為我個人還滿喜歡蓋勳的，所以我會解釋他離開涼州後，缺乏資源，因此沒辦法幹大事，只能說大話。

最後是董卓與韓遂、馬騰之間的關係，這部分資料不多，前面提到，早在一八八年董卓離開長安時，便「邀韓遂、馬騰共謀山東」，而韓、馬二人「見天下方亂，亦欲倚卓起兵」；稍後在遷都的辯論中，董卓拿涼州叛軍當成要脅，態度還相當坦然。

董卓與韓、馬的協議為何我們不得而知，想像上，可能董卓承認韓、馬對漢陽等三郡的控制權，韓、馬則承諾不再進犯三輔，董卓因此得以安心地將長安視為大後方。董卓死後，協議被打破，因而有了李、郭與韓、馬的涼州內戰，這部分我們稍後會提到。

總言之，在政府中處理了皇甫嵩與蓋勳，政府外拉攏了韓遂與馬騰，董卓儼然成為涼州共主，原本駐紮在長安的四萬人馬——東漢帝國最精銳的實戰部隊——因此落入董卓之手，其他散布在三輔、涼州的部隊也匯集至董卓麾下。董卓軍力快速膨脹，可能上看二十萬之多，而且多半是有實戰經驗的部隊。

收編新軍固然很補，但也其中也暗藏了毒藥，蓋勳麾下的鷹鷂都尉士孫瑞便是一例。

至此，作戰準備完成，可以給關東那些少爺兵一些震撼教育了。

戰滎陽

前面提到，關東聯盟分為北、東、南三路，並未會師一處。不過北、東兩路地理位置接近，兩路軍的統帥袁紹、張邈應有過一次會面，當面確認了袁紹「盟主」的地位。袁紹也盡盟主之責，給東路軍一些沒有正式官銜的小老弟們加上雜號頭銜，例如曹操是奮武將軍（當初不要棄官不就好了嗎？），鮑信是破虜將軍，鮑信的弟弟鮑韜則是裨將軍。

不過也就在這場會議上，張邈對「有驕矜色」的袁紹勸了幾句，而且可能因為是老朋友，話說得比較直，惹得袁紹大大不爽。袁紹雖礙於場面隱忍不發，但袁、張之間仇隙已生，成為將來亂事的引線。

稍後董卓遷都、火焚洛陽的消息傳來，這些長年在洛陽鬼混的士族公子們想必相當震撼，然而一如鄭泰分析，公子哥兒心急如焚地盟誓、開會、說幹話，就是沒人敢出兵洛陽好好打一仗。

曹操忍不住了，身為少數上過戰場的關東人，他懇切地向各位大哥哥們建議：「我們舉義兵以誅暴亂，軍隊已就定位，各位還在等什麼？假設董卓今天是以皇帝名義在洛陽設防，向東方發號施令，雖然正當性薄弱，但我們很難應付，按兵不動我能理解；但今天不是這樣，董卓燒毀宮室，劫遷天子，直接毀了自己的正當性，現在海內震動，萬民無首，正是我們大好機會！一戰可定天下，機不可失！」

但聯軍仍不為所動，曹操決定不等了，他帶著部隊離開酸棗，直趨洛陽東邊的要塞成臯。

有幾點常見的迷思要釐清。第一，某些二次創作受《三國演義》影響，會將這場戰役形容成是曹操去「追擊」董卓；現在我們知道，董卓並沒有隨著皇帝西撤，而是駐守洛陽城外，自然沒有追擊的問題。

第二，《三國志・武帝紀》等文獻所用文字，會讓我們以為這戰是曹操獨自帶球硬切，用他很少很少的兵力去挑戰董卓，事實上參與這場戰役的還有衛茲及鮑信兄弟，衛茲還是以張邈部將的身分參加；有些紀錄並提到袁紹其實也有派兵參戰。前面提到，鮑信回泰山募得的兵就有二萬，衛茲從張邈那邊自然也有相當的資源。雖然我們仍不清楚此戰曹操軍具體人數是多少，但總之不是支一、二千人的小部隊就是了。

曹操部隊進入河南境內，可能先到中牟縣收編了楊原、任峻的人馬，因為楊原的號召，河南東半部的縣份都持反董立場，曹操於是毫無阻礙地來到河南中部的滎陽縣，這裡是上古黃河水運的重鎮，有運河接通淮、泗地區，秦漢帝國的最大官方糧倉──敖倉就在黃河邊上。

在滎陽城外、汴水河畔，曹操遭遇了董卓的部隊，領軍將領是徐榮。

此戰細節不詳，只知道從日到夜打了整整一天，最後以曹軍慘敗坐收，衛茲、鮑韜戰死，曹操中箭，座騎受傷，靠著曹洪讓出馬匹才在夜色掩護下逃去。雖是如此，曹操也打出了風采，據說徐榮本是要帶兵去打酸棗的聯軍總部，但發現連一支偏師都那麼難啃，便決定退兵不打了。

這場滎陽之戰是曹操出道第一戰，雖然失敗但依舊值得紀念，曹魏政府後來做了愛國歌曲《魏鼓吹曲》十二首，接在開場曲〈楚（初）之平〉之後的就是〈戰滎陽〉，歌詞如下：

戰滎陽，汴水陂。戎士憤怒，貫甲馳。陣未成，退徐榮。二萬騎，塹壘平。戎馬傷，六軍驚，勢不集，眾幾傾。白日沒，時晦冥，顧中牟，心屏營。同盟疑，計無成，賴我武皇，萬國寧。

這裡頭寫到對手的強大（「二萬騎，塹壘平」）、戰事的慘烈（「勢不集，眾幾傾」）以及戰後絕望的政治局勢（「同盟疑，計無成」），不過最後還是用「賴我武皇，萬國寧」做結尾，滿跳Tone，古今愛國歌曲都差不多。

曹操一戰敗掉了他大多數的資本，他回到酸棗，再次試圖說服聯軍進行協同作戰，但這時他說話更沒分量，連張邈都挺不下去了。曹操一氣之下離開酸棗，在南方的揚州丹陽郡募兵四千人，但北歸途中丹陽兵鬧兵變，跑到只剩五百人，曹操邊走邊收人，總算有一千多人，他不想回酸棗給張邈看到他的落魄樣，便跑去河內投靠袁紹。

這場戰爭值得一提的還有徐榮，他稍後還會出場，容後慢表。

東西軍第一戰，東軍慘敗，原本就很縮的公子們更是縮陽入腹，但又沒人敢提議解散，只好「每日置酒高會，不圖進取」。

董卓得到這個情報，開始思考：擺平這些公子哥兒，或許根本用不上暴力。

政治解決方案

最初董卓對付關東聯盟的政治手段簡單而粗暴：殺。

三月十八日，皇帝遷抵長安的第十三天，司隸校尉宣璠逮捕太傅袁隗、太僕袁基、袁術的舅父等家族共五十餘人，不分老幼全數處死。死者屍體原先埋葬長安青城門外，後來為防盜屍，便將屍首移置郿塢。

首謀既誅，從犯亦當追究。如前面提到，西河太守崔鈞隨袁紹起事，他的父親崔烈因此下獄；此外韓浩隨王匡帶兵抗董，他擔任河陰縣令的舅舅杜陽也被逮捕，用以威脅韓浩投降。

除關東聯盟成員的家屬外，董卓更加嚴格地管控士人活動，懲罰叛逃。例如廬江郡舒縣周氏的大家長周忠當時在朝中擔任大司農，他的兒子、前洛陽令周暉從家鄉帶了大隊人馬來接老爸回家，董卓派兵劫殺周暉。周暉有個有名的堂弟，便是美周郎周瑜。

另一個例子，河內溫縣司馬家的大家長司馬防擔任治書御史，與皇帝一同西遷，二十歲不到的司馬家長子司馬朗企圖帶家人逃出洛陽，但很快被董卓逮獲，董卓感性地說：「要我兒子還在世，也和你一樣歲數了，你怎麼這樣背叛我呢？」

司馬朗說：「明公有威有德，又逢天命，消滅閹人，晉用清流，正準備再建盛世。如今戰亂方起，人民流竄，即便關隘禁止，刑罰加重，人民還是會偷渡避難；小人便是這種狀況，請求明公多參考先賢之例，多加思考，將能成就伊尹、周公的功業！」董卓點頭說：「我了解，你的話真有道理！」便放過司馬朗。

一如裴松之所注，司馬朗的話牛頭不對馬嘴，一點道理都沒有，董卓回應也只是客套，只能說司馬家一群孩子不大重要，董卓沒想刁難。司馬朗後來賄賂董卓手下成功地逃回河內，隨後又帶著族人遷往冀州，成功避過接下來的河內戰事。

董卓的鐵腕政策並沒有達成預期的威嚇效果，反而為袁紹、袁術塑造了悲劇英雄形象，使豪傑「感其家禍，人思為報感」，更多地方勢力團結到袁家兄弟底下。這時董家軍在滎陽一戰大捷，關東聯軍士氣沮喪，內部矛盾也慢慢浮出，董卓眉毛一挑，打算換個方式對付這群孩子。六月，長安朝廷派出大鴻臚韓融、少府陰修、執金吾胡母班、將作大匠吳循、越騎校尉王瓌等人出使關東，宣撫諸鎮。

這批和平大使來頭不小。韓融為潁川韓氏出身，當時年紀六十好幾，聲望輩分非常高。陰修則出身南陽新野陰氏，也就是光烈皇后陰麗華的那個家族，陰家當時勢力雖已大不如東漢初年顯赫，但仍是一級名門，陰修曾任潁川太守，鍾繇、荀彧、荀攸、郭圖等人都是他所提拔。

胡母班則是關東諸鎮的同儕，他是泰山出身的名士，王匡的妹夫，與張邈並列為「八廚」；這個「廚」和煮飯沒關係，指的是能「輕財赴義，振濟人士」的美德。他也是黨錮受害者，重新回朝當官估計是何進時候的事。

至於吳循、王瓌則資料不詳。

具體的安排是胡母班、王瓌、吳循去河內向袁紹宣詔，南陽人陰修則去南陽搞定袁術，韓融則可能前往酸棗輔導張邈等東路諸鎮。鑑於幾個月前才殺人全家，董卓這樣的安排說要「和解共生」我是不相信的，比較可能的目的還是分化關東聯盟，例如利用胡母班與王匡的姻親關係，挑撥王、袁連線；或是藉由南陽陰氏的背景，削弱南陽豪族對袁術的支持。

由於這意圖太明顯了，袁紹、袁術的反應很直接：殺。胡母班、王瓌、吳循、陰修分別被袁氏兄弟所殺，只有韓融名聲夠大，又遇上「東平長者」張邈，幸運逃過一劫。

值得一提的是胡母班的死。袁紹不自己殺胡母班，而是要王匡動手，一種納投名狀的概念。王匡無奈，只能將妹夫逮捕下獄，胡母班在獄中寫信給王匡道：「自古以來，從未有地方諸侯舉兵攻打京師，『擲鼠忌器』，董卓現在深居宮中，以天子為擋箭牌，你要如何討伐他？

我與陰少府等人受詔命前來，關東諸鎮雖痛恨董卓，但仍遵奉王命，不敢玷辱。就只有你將我囚禁於此，藉此向董卓挑釁，誠是我見過最殘暴無道之舉！我和董卓是親戚？不是！

我又怎麼擔他的罪呢？倒是你，張虎狼之口，吐長蛇之毒，將對董卓之恨發洩於我，殘酷！死是很難，但更可恥的是為狂夫所害，若死後有靈，我必定會將你告上皇天！人家說，婚姻是『禍福之機』，今天總算應驗了，過往是家人，現在是仇人，我的兩個兒子是你外甥，我死之後，別讓他們看到我的屍體！」

王匡讀完信，抱著胡母班的兩個兒子痛哭。胡母班終究難逃一死。

胡母班的信大概可以反應當時保守派士人的觀念，顯示一個合法的漢家天子，即便受權臣控制，對多數奉公守法的公務員仍有絕對的號召力。

董卓羞辱皇甫嵩，以及王匡殺胡母班這兩段寫來特別噁心與哀傷，當然王匡也不是什麼好貨，但袁紹充滿惡意的命令，以折辱他人當成忠誠的表徵，令人思之可悲可歎。而這只是漫長人類歷史中兩個微小的事件，想到人類還能幹出多少殘酷變態的罪行，我就有點寫不下去。

王匡的故事還沒完，還要再說一回。

河陽津之戰

六月的「安集關東」政治解決方案失敗，東西雙方都加強軍備，王匡既然納了投名狀，自是更加積極。他在黃河北岸的河陽縣渡口、也就是洛陽東北方的渡口孟津屯駐人馬，準備渡河南下。

但王匡也就是「準備」而已，時光在在雙方對峙間緩緩流過，時序入冬[24]，董卓先採取行動，他派一支部隊前往洛陽西北方的平陰縣作為疑兵，而另一支精銳部隊則由洛陽北方的小平津秘密渡河，自後方襲擊王匡的孟津駐軍，王匡軍慘敗，全軍覆沒，「死者略盡」。

這場戰役董卓方面掛的統帥是董卓自己，不過負責小平津駐軍的應是官拜平津都尉的賈詡，聲東擊西的戰法也頗有賈詡的風格，但在沒有史料佐證的情況下，我們無法斷言賈詡是否參與了這場戰役。

王匡在這一戰中打掉了所有的家底，也失去盟主袁紹的愛，袁紹關愛的眼神從此落在剛抵達河內的曹操身上，連韓浩都跳槽到夏侯惇麾下。王匡只好遠離河內，回到故鄉泰山郡，又募得新兵數千人，他不願再回袁紹身邊，轉向張邈拋媚眼。

袁紹、張邈、曹操、王匡的四角關係至此全牽上了線。

事實上，河陽津一戰慘敗，袁紹也不好過，雖說他名下有很多加盟主，但多半是空氣票，風向一變便消失得無影無蹤，一如袁紹自己所說的：「州郡牧守，競盜聲名，懷持二端，優游顧望」，失去王匡這個鐵桿小弟，袁紹顯得孤單勢薄，不得不向他最討厭的韓叔叔韓馥低頭。韓馥派都督從事趙浮、程奐二人，率一萬強弩兵進駐河陽前線，重奪孟津要塞，袁紹只能客客氣氣地道謝。

袁、韓間實力消長我們稍後再說。鏡頭轉回洛陽畢圭苑，河陽大捷想來讓董卓志得意滿，關東小賊沒一個能打的，既然東、北兩路軍都已受過教訓，他將眼光轉向龜縮在魯陽的袁術，腦中已浮現一千種烹調二世祖的方法。

不過董卓得意的太早，狠角色現在才登場。

㉔河陽津之戰的時間是個有趣的考據議題。《後漢書．董卓傳》與《三國志．董卓傳》都將這一戰記在一九〇年初，即董卓遷都長安之前，也在曹操滎陽之戰前。《資治通鑑》則將此戰記在一九〇年的冬天。一篇網路文章認為應以《資治通鑑》所載者為是，關鍵證據是蔡邕留下的《表賀錄換誤上章謝罪》，這是一篇給朝廷的奏章，內容提到「今月十八日」，相國董卓「兵討逆賊故河內太守王臣等，屯陳（陣）破壞，斬獲首級」，蔡邕當時寫了份賀表，卻把幾個大臣的頭銜寫錯了，被御史參了一本，最終朝廷於「丙辰」日下詔書，罰蔡邕一個月的薪水，蔡邕於是再上這份奏章謝罪。

依此奏章內容，董卓破王匡之戰，是發生在一個「丙辰日晚於十八日」的月分，在一九〇年中，只有九月與十一月符合這條件。

這是很有趣也很有道理的推論，但我覺得九月或十一月還是令人不放心。一九〇年的九月丙辰是十九日，十一月丙辰是二十日，若戰事發生在十八日，則戰報傳到長安、蔡邕上賀表、御史提出彈劾、朝廷降詔懲戒、蔡邕再上奏章謝罪等一切事情發生在一到二天之間，就算是今天，我都覺得這個政府太有效率了。當然，可能當時長安朝廷官員沒太多事做，更正別人奏章錯誤很積極。

不過以整體的前因後果觀之，河陽津一戰發生在一九〇年年底、甚至一九一年年初是合理的。

關東聯盟——南路軍之二

一九〇年冬天，一支數萬人的步騎混合部隊突然現身魯陽城外，他們打著董字旗，數十名輕騎兵打先鋒，旋風般直抵東門，他們的目標是門外一場大型野宴，與會者不僅有官員與軍人，還包括眷屬。董家騎兵試圖製造慌亂，以期一舉突破城防。

不過宴會的主人並沒有被這突襲戰術嚇著，他一邊喝酒談笑，一邊下令部隊維持陣形，不為輕騎所干擾。待敵軍大部隊靠近，那主人才從容離座，漸次指揮賓客、家屬、士兵入城，同時命令加強城防。董家軍見魯陽守軍紀律嚴整不敢強攻，最終只能撤退。

擁有這樣一支紀律嚴明的部隊和如此安定人心指揮能力的人當然不是袁術，是孫堅孫文臺。

一八六年，孫堅從張溫的西征軍退役，轉任長沙太守，接下幾年中，他致力於勦平荊南地區民亂，栽在他手下的民變領袖有長沙郡自稱將軍的區星、侵擾零陵、桂陽兩郡的「平天將軍」觀鵠，還有周朝、郭石、蘇馬等小股勢力，孫堅依戰功獲得烏程侯的爵位。

一九〇年董卓亂政、關東起兵時，孫堅手按胸口，長歎道：「若當初張溫將軍聽我的話把董卓給宰了，今天朝廷就不會遭逢此難了。」他下令起兵北上，當時他的麾下有我們熟悉的孫家四老：程普、韓當、黃蓋、朱治，外加影武者祖茂；另外便是孫家親屬，包括孫堅的妻舅吳景、外甥徐琨、姪子孫賁、孫香等。孫堅的四個兒子策、權、翊、匡當時分別是十五歲、八歲、六歲與小於六歲，孫堅並沒有帶他們隨行，而是將他們送去揚州廬江郡舒縣。

孫堅起兵的第一道門檻便是他的頂頭上司，荊州刺史王叡。王叡是徐州琅琊王氏出身，也就是後來東晉「王與馬共天下」的那個琅琊王氏。王叡原本也打算起兵反董，但他個性不好，先前討伐荊南民亂時，他對武人出身的孫堅在言談上頗為輕蔑；他與武陵太守曹寅關係也很差，到處放話說要先殺曹寅再發兵。

還沒打仗就先得罪自家兩個太守實在不是好主意，孫堅、曹寅便合謀：曹寅偽造朝廷公文，細數王叡罪狀，孫堅再帶著公文去辦王叡。當時王叡在南郡的江陵城辦公，孫堅讓他的兵在城下叫囂，王叡登城樓問這些兵所為何來，士兵表示薪餉太少，請刺史把薪資補齊。王叡眼看士兵沒打算使用暴力，心裡寬鬆許多，他大聲道：「刺史哪有在吝嗇的？」說著命令打開庫房，讓士兵看看刺史是不是有「暗蓋」公款。

結果軍隊一進城，王叡便看見孫堅在行伍中，驚訝地問：「士兵討賞，孫府君怎麼也一起來了？」孫堅說：「奉使者檄文殺閣下。」王叡問：「我有何罪？」孫堅冷冷地說：「坐無所知。」

王叡已被部隊包圍，只好服毒自殺。

孫堅整頓了刺史資源，帶兵繼續北上，到達南陽郡時部隊已有數萬人之多。

當時南陽太守則是張咨，他是潁川人，當上太守應也是周毖與伍瓊的安排，理論上反董立場與袁術一致，但不知為何，紀錄上並不見張咨與袁術的互動，不知是否是二袁集團對立的關係。

基於「敵人的敵人就是朋友」原則，袁術與孫堅一拍而合，準備謀奪這個「戶口數百萬」的超級大郡。

袁術首先表薦孫堅為代理中郎將，孫堅到達南陽首府宛城時，便以中郎將身分向張咨請求供應糧草，張咨不想給就算了，還玩法律遊戲，向法制人員諮詢孫堅的請求是否合法，法制說：「孫堅身分為臨郡太守，依法我們沒有供糧的義務。」

孫堅獲得這答覆不生氣也不反對，還送去牛酒給張咨當見面禮，名士什麼不怕就怕失禮，張咨隔天便親自來孫堅軍中答謝，雙方喝酒吃飯，氣氛正好，孫策軍主簿突然進來報告：「經過調查，南陽郡道路不治，軍隊後勤不足，請逮捕南陽主簿以調查真相。」張咨這才發現這是場鴻門宴，但已太遲，過不久，主簿又進來報告：「南陽太守稽停義兵，使義兵不能即時討賊，請按軍法從事。」孫堅下令將張咨押出斬首，乾淨俐落，南陽一郡資源便落入孫堅手中。

孫堅繼續北上，在魯陽與袁術會合，袁術表薦孫堅為破虜將軍，且恰逢豫州刺史孔伷過世，袁術又加碼表孫堅為豫州刺史。孫堅並未往豫州赴任，而是以魯陽為基地，支持袁術在南陽、豫州的利益。

袁、孫合作對雙方都划算：袁術獲得孫堅這支身經百戰的傭兵隊，附帶南陽豐富的財源；孫堅則取得袁氏四世三公的名聲護體，更能抬頭挺胸地面對中原名流。從之前王叡事件我們可以看到，即便孫堅身居二千石大位又封侯，他吳郡貧寒出身、以武功晉官的背景，仍受到名士階級的輕視，穿上「袁家故吏」的黃金聖衣可彌補這個不足。

自此，孫堅正式加盟袁術幕府，他的部下、親屬名義上也都是袁術的屬下。

除了孫堅外，這時候的南路軍的新成員可能還有潁川太守李旻，但我不確定他是官派太守，或是袁術自行任命的。此外，江夏太守劉祥也隨孫策北上南陽，並在謀殺張咨的過程中出力，支持張咨的南陽軍士稍後殺了劉祥，留下孤兒劉巴於劉表的陣營中。

孫堅殺王叡也在南路創造了一支平行的反董軍——劉表，他接任王叡留下的荊州刺史大位，透過荊襄大姓蒯、蔡兩家支持，劉表在襄陽站穩腳跟，並扯起反董的旗號，尊袁紹為盟主。劉表任荊州刺史應該是一九〇年下半年的事，當時周毖、伍瓊早掛了，但董卓還是用錯人。董卓曾將劉表與二袁、孫堅並列為頭號獵殺對象，然而劉表自始並未與董家軍交過手，倒是和袁術打得不亦樂乎。

話說回孫堅，他在魯陽整頓部隊，派長史公仇稱回江陵督運糧草，因而在魯陽城東門外設宴踐行。遇到董家軍突襲，全靠孫家軍平時訓練有素，以及孫堅鎮定與快速的戰場判斷能力，才順利地化解危機。

站在城樓上，孫堅摘下自己招牌的紅色頭巾，揩去額上的冷汗，望著看著緩緩撤去的敵軍，吐了口唾沫。

梁縣之戰

孫堅在魯陽沒待多久便率軍北上，跨過霍陽山，進入河南尹轄區，企圖在梁縣建立北伐基地，前來會師的應還有潁川太守李旻率領的豫州部隊。然而從先前魯陽突襲戰我們可以知道，董卓早就在這個區域安排了大部隊，孫堅深入敵境，行蹤曝光，立刻吃了敗仗。

據記載，當時負責在梁縣一帶巡弋擄掠的是徐榮與李蒙，徐榮掌握了孫堅的動向，隨即動員大軍圍攻，孫堅大敗，只能與數十騎突圍而出，徐榮軍緊追不放，孫堅於是將所戴的紅頭巾交給祖茂，由祖茂引開追兵，孫堅從小道逃走。祖茂替身也不是幹假的，他跑到一片墓地，將頭巾掛在柱子上，自己躲入草叢中，當時可能視線不清，追兵團團圍住頭巾，靠近後才發現是根柱子，只好快快離去。

按記載，祖茂並沒有死，和華雄也沒打到照面，他之後事跡不詳，身為一位影武者，這是必然的結果。

李旻就沒有那麼好運了，他被徐榮俘虜送到畢圭苑，慘遭烹殺，其他被俘士兵則以布包裹起來倒立於地，以熱油活活燙死。附帶一提，董卓非常喜歡烹殺人，記載上被烹殺的還有袁紹任命的豫州從事李延，以及不知頭銜身分的李昊、張安二人。姓李的比例有點高。

徐榮在這裡是第二次出場，他前次在滎陽擊敗曹操，這回於梁縣擊敗孫堅，都是殲滅戰，而且幾乎獵殺主將，可謂戰果輝煌。關於徐榮背景的記載很少，我們只知道他是幽州遼東或玄菟郡人，與公孫度是好友，在董卓陣營中擔任中郎將，有相當的地位。

最常出現的問題就是：董卓陣營除了呂布、張遼等并州軍團外，清一色都是涼州人，董卓又沒待過幽州，徐榮一個幽州人怎麼變成董卓的將領呢？

由於缺乏史料，我們只能從幾個環境線索聯想。線索一：孫堅沒待過幽州，但他麾下也有兩個幽州人，程普與韓當，其中程普是右北平人，曾任州郡吏，最初與孫堅一同討伐南陽郡的黃巾之亂。線索二：公孫度曾任是玄菟郡郡吏，身為好友的徐榮可能也是類似背景出身。線索三：黃巾之亂時，幽州地方政府曾派兵南下平亂，例如劉備便是以民兵身分跟隨鄒靖南下作戰。線索四：原先負責冀州黃巾戰事的盧植是幽州人，後來董卓接手冀州戰事。

因此可能的情境是：一八四年黃巾之亂時，許多幽州郡吏們帶著家鄉子弟兵南下支援，特別是幽州老前輩負責的冀州戰場，其中如徐榮、程普等出色人物被有野心的軍官如董卓、孫堅等相中成為部曲，從此遠離家園，征戰異鄉。徐榮也可能先效力盧植麾下，之後再由董卓接管。這些都只是猜測，聊備參考。

話說回頭，徐榮在梁縣一戰雖重挫孫堅，但與滎陽、河陽津兩戰不同，徐榮並沒有捕捉到孫堅的主力，陣亡的可能多數是李旻的豫州部隊，這給了孫堅一個翻身的機會，孫堅南撤回魯陽，或是東撤到潁川的陽城重整部隊，耐心地捱過寒冬。

初平元年、西元一九〇年便在董卓軍的凱旋曲中結束了，明年的事情，我們留到下一章再說。

第五章

狂人末日

另立新帝

初平二年、西元一九一年。

新年初始，袁紹除了向大家拜年外，也誠心地反省過去一年雷聲大雨點小，反董工作幾乎沒有進展，他還失去了王匡的奧援，現在得處處看韓馥臉色，窩囊到家。袁紹與他的團隊認真檢討，得出兩個結論：第一，他沒有皇帝；第二，他兵力不足。

這兩個問題的解決方法剛好都與帝國東北的幽州有關。

關東聯盟聲勢浩大，彷彿整個帝國都跳起來對抗董卓。事實上，關東聯盟是以何進幕府內少壯派士人為主體，在這個圈圈之外，幾名於地方深耕更久、實力更雄厚的方鎮並未表態，例如在徐州的陶謙、益州的劉焉、以及幽州的劉虞。

劉虞是東漢光武帝劉秀長子劉彊之後，正宗的漢室宗親，家族雖無爵位，但從祖父那輩起便皆是二千石的高官。劉虞走的是「孝廉→平博縣令→幽洲刺史→甘陵國相」的士子路線，紀錄顯示他是個優秀的行政官，為官清廉，為政合理，不僅在轄區內受愛戴，烏桓、鮮卑也都買他的帳，乃至留下一些神奇的傳說，例如蝗蟲故意不飛進他的轄區之類的。

劉虞稍後被徵入洛陽當尚書令，並在靈帝統治後期擔任管理皇族事務的宗正。一八七年幽州爆發張純、張舉之亂，劉虞出任幽州牧，以外交手段分化叛軍與烏桓的關係，張純等人最終潰敗。劉虞因功晉升太尉，坐領幽州十餘萬邊境屯兵。

董卓進入洛陽後將太尉頭銜搶了過來，但也不敢怠慢這位有錢有兵有名聲的皇家老前輩，因此送給劉虞「大司馬」這樣的上古頭銜，東漢的上一位大司馬是一百五十年前的吳漢。

關東聯盟起兵、朝廷西遷，劉虞與董卓各懷著不同的心思。劉虞直斥董卓是「賊臣」，但他自認為是「宗室遺老」，不應該和關東聯盟那些小鬼賤民攪和，劉虞於是走自己的路，他派使者前往長安，表達效忠與支持皇帝之意。

董卓則派人往幽州，徵召劉虞入朝，頂袁隗留下的太傅之位。

兩路使者命運大不同。劉虞的使者田疇與鮮于銀放棄中原路線，打塞外走，自陝北高原南切，成功抵達長安，造成朝野轟動，也撩起劉協東歸的想望。董卓的使者卻阻於兵禍，無法抵達幽州，乃至皇命不達，任命不成功。

劉虞應該要慶幸皇命不達，因為詔書一旦送到，劉虞勢必得奉命進京，皇甫嵩是個先例。

袁紹這廂煩惱著皇帝的問題。想拉攏那些獨立勢力，勢必得送出更亮眼的官爵頭銜，但沒有皇帝，名義就有問題。據說袁紹當時經常矯詔：公文上頭明文寫的是「詔書」，但用的卻是他邟鄉侯的印；他還將偽造的詔書裝在黑布囊（皂囊）中，密封後才交給對方。這種「皁（皂）囊施檢」格式本是大臣上密奏時所用，袁紹現在拿來下矯詔，扭扭捏捏地，受封賜者也難光彩到哪裡去。再加上一九〇年底董卓軍幾場大勝，若是董賊此刻派出皇帝特使，拿著貨真價實的詔書符節給關東方鎮封官，難保不會有同志倒戈。

順著這個邏輯思考，立個新皇帝確有其必要性，但要立誰呢？袁紹將目光轉向幽州。袁紹和劉虞曾密謀誅宦，可見兩人乃舊識而且關係不錯，劉虞名聲好、輩分高、能力強，但又沒那麼野心勃勃，乃是傀儡皇帝的最佳人選，而且有了豐富的幽州資源，對聯軍更是如虎添翼。

袁紹開始行動，他先找曹操幫忙，但曹操當頭就澆了他一盆冷水，說：劉協小朋友都那麼慘了，你還要廢他，先打董卓再說吧！

袁紹也不希罕曹操的支持，他回頭去找韓馥，韓馥同意了，兩人便分頭行事，袁紹帶輿論風向，說劉協並不是先帝的種；韓馥則負責製造祥瑞，說什麼兩日出代郡、四星會於箕（星座）尾、濟陰出現「虞為天子」的玉印，凡此種種都是上天要劉虞當皇帝的徵兆。

袁紹、韓馥還試圖找袁術加入勸進的行列，不過袁術自己想當皇帝，於是藉機大做形象公關，他表示咱袁家世代忠義，太傅當初不忍離開皇帝而遇害，現在有天下英才相助，袁家正該「上討國賊，下刷家恥」，不是去想些五四三的；更何況，迫害袁氏的是董賊，並不是國家，因此他袁公路一顆「慺慺赤心，志在滅卓，不、識、其、他」。

袁紹、韓馥沒辦法，只好直接派人找劉虞討論當皇帝的事，劉虞大怒拒絕，認為「國有正統」，稱帝之事「非人臣所宜言」，袁紹不死心，退一步請劉虞領尚書事，以便承制封官拜爵，劉虞仍然拒絕，還威脅要棄官逃去匈奴那邊，袁紹只好停止勸進。

不過袁紹並沒有白費工，至少這番折騰下來，劉虞願意與袁紹「相連結」，也明確表示「望諸州郡烈義之士勠力西向，援迎幼主」，算是正式入夥關東聯軍了。

這番折騰也引出幽州的另一號人物，這就不是袁紹所樂見的了。

來自幽州的哨響

劉虞的使者來到長安，燃起劉協東歸洛陽的希望，當時劉虞的兒子劉和正在皇帝身邊擔任侍中，皇帝於是請劉和叔叔走一遭幽州，請劉虞爺爺帶兵來接駕。

然而就像先前董卓派往幽州的使者一樣，劉和這趟旅程困難重重，他一出武關就被袁術給扣留，袁術得悉劉和的任務，心裡有了壞主意，他另外派使者前往幽州，請劉虞派兵來魯陽，袁術會再加上自家的軍隊，兩家共迎天子。

袁術這時候的形象相當正面，他一面奮勇北伐（其實是孫堅在打），一面拒絕另立新帝，儼然是當世無雙的大漢忠臣，劉虞不疑有他，立刻同意派遣「數千騎兵」南下增援。但這決定卻遭到一位軍人的反對：「白馬長史」公孫瓚。

容我再引用前作《橫走波瀾：劉備傳》介紹公孫瓚的段落：「公孫瓚，字伯珪，來自於比涿郡更為偏遠的遼西郡，他的家世很好，是郡守級的家族，但因為母親出身微賤，連帶影響他的身分，使他只當了一個州郡小吏。但公孫瓚本身就是個出色的人物，他長得好看，聲音洪亮，記憶力強，反應又快，郡守相當欣賞他將女兒嫁給他，使他身價快速上升，也有機會來盧植這邊留學鍍金。

公孫瓚自盧植那兒畢業後便返回故鄉遼西郡擔任上計掾，負責向中央呈報地方事務，之後又轉任遼東屬國長史。他有勇力，善騎兵與矛術，很快就轉為武職，在一八七年張純、張舉之亂中擔任官軍前鋒，並於石門一戰大破敵軍，升職為降虜校尉，封都亭侯，兼遼東屬國長史，統領邊境軍事。公孫瓚於是建立起自己的私軍，選善騎射之士，乘白馬，號為『白馬義從』，一時間在幽州烏桓間頗有威名。」

和董卓類似，公孫瓚也是地方公務員家庭出身，受過基本教育，先擔任邊區郡縣的吏佐，以武功建立起軍中的影響力，再成立私軍，並藉東漢末年的亂事以戰養戰，慢慢往軍閥之路邁進。

和劉虞的「大司馬、幽州牧、襄賁侯」頭銜比起來，「降虜校尉、都亭侯、兼遼東屬國長史」的公孫瓚其實只是個芝麻綠豆的小武官，正常體制下，劉虞說話，公孫瓚只有手貼褲縫大聲說「是」的分。不過王朝末年又是另一番光景，州牧劉虞雖看似資源豐富肌肉強壯，公孫瓚擁有的卻是一小群真正打過仗流過血、又對他忠心耿耿的鐵桿部曲，這其間的差別大概就像一萬頭綿羊之於一百頭狼一樣。

劉州牧想從幽州十萬屯兵中，抽幾千人南下勤王，按說是不甘公孫瓚的事，不過劉虞派的不是垃圾兵，而是騎兵，是有馬的，這可能就觸碰到公孫瓚的利益。公孫瓚表示袁術這傢伙有「異志」，求兵必然有詐，但劉虞不聽，他派兵前往魯陽，支援兒子劉和。

有趣的是，公孫瓚不擔心得罪劉虞，卻很怕他反對派兵的言論傳進遠在一千公里外的袁術耳中，於是公孫瓚先下手為強，派弟弟公孫越率千餘騎兵向袁術示好，還教袁術把劉和與幽州兵都扣下（**到底是誰說袁術有詐的**）。袁術本來也是這般打算的，但有替死鬼送上門來，他也不介意四處宣傳說「是公孫長史要我這麼幹的」，結果劉虞與公孫瓚的關係急遽惡化，「袁術——公孫」連線則隱然成形。

至於劉和，他後來好不容易逃離袁術魔掌，沒想到北上到一半，又被袁紹扣住，紀錄上沒說袁紹扣住劉和幹嘛，大概也是當人質跟劉虞要東要西吧。劉和後來成為袁紹手中一張聲明幽州主權的牌，就像赤壁之戰後劉琦與劉備的關係一樣。

袁紹這頭也在打公孫瓚的主意。打從去年河陽津一戰，袁紹失去了王匡這個有力的下線後，對韓馥依賴加深，這使他相當不自在，老戰友逢紀發現公孫瓚這枚價值無窮的棋子，於是建議袁紹：誘使公孫瓚南襲冀州，韓馥必然畏懼，這時再派人遊說韓馥，他一定會將州牧大位讓出來。

逢記的歷史評價不高，但就奪冀州這段來看他可謂是算無遺策。在袁紹遊說下，公孫瓚以討董為名，帶兵南下，幽州鐵騎在安平國擊敗冀州駐軍，韓馥意志動搖。

對韓馥而言，更不幸的是在這個關鍵時刻，冀州軍的棟梁麴義叛反，投向袁紹。

麴義是個記載不足的人物，歷史上他一出場就是韓馥的重要將領，依他的姓氏以及「久在涼州，曉習羌鬥，兵皆驍銳」的記載來看，麴義應是涼州軍人（麴氏是涼州金城郡大姓），他之所以會出現在冀州，直觀猜想就是先前隨皇甫嵩至河北打黃巾，亂平後以冀州吏佐的身分帶著部隊留下來。

至於他與韓馥鬧翻的原因則不明，簡單猜想，涼州軍人與關東士人本就八字不合，韓馥又是老一輩、基本教義派的名士，麴義服侍老闆可能相當辛苦。

袁紹對麴義的涼州背景多半也沒好感，但他應明白麴義的涼州兵是關東地區最有經驗、最能打的部隊，他接納麴義是一項重要且正確的決定，我會認為，麴義是袁紹「轉大人」的關鍵，如袁紹自承，他是「公族子弟，生長京輦，頗聞俎豆，不習干戈」。麴義的加盟帶來真正的戰鬥經驗，使袁紹往「軍閥」之路更進一步。

歷史後見之明更顯示麴義加盟的重要性。袁紹、逢記都沒算到公孫瓚並不是個腦袋空空的軍頭，他老早便有意插手中原事務，除了派公孫越支援袁術外，公孫瓚早先還派部下范方率兵支持劉岱，關東聯盟的東、南兩路軍中早都插了旗，而且派的都是造價昂貴的騎兵，野心勃勃，袁紹很快便要面臨這位騎兵之王的挑戰，而麴義正是其對抗的籌碼。

接下來的河北變局與董卓沒有直接關係，我們將鏡頭拉回洛陽，看看董卓和他的涼州兄弟們如何慶祝新年。

除狼得虎

相較起關東聯盟，董卓新年時光是很快活的。年前對王匡、孫堅的兩場大勝為畢圭苑大牢新添了不少成員，董卓歲末假期大概就在人肉火鍋（「烹之」）與人肉燒烤（「熱膏灌殺之」）間度過。新年過後正月裡，人殺得差不多了，朝廷於是大赦天下，顯示董相國的仁慈之心。

二月春來，軍隊與百姓恢復戶外活動，大約立春之際，董卓的軍隊在潁川郡陽城縣附近進行了一場屠殺。這裡是潁川與河南的交界，可能有孫堅的軍隊布防。當時陽城百姓正進行「春社」，也就是現在的土地公生日大拜拜，董家軍巡弋至此，縱兵屠戮搶劫，擄掠婦女，將死者頭顱掛在車上，高歌而去。

約莫同一時間，二月十二日，光祿勳宣璠東來洛陽，拜董卓為太師，位階在諸侯王之上。話說「太師」同樣是個古老頭銜，董卓是東漢第一也是唯一的太師，物以稀為貴，「董太師」的地位自然比後來什麼龎太師、華太師等搞笑諧星高出許多。

「宣璠」這名字已經第三次出現在我們故事中，之前他負責策免楊彪，及誅滅袁隗一族，看上去是條十足十的董卓狗，不過其實他是個標準的士大夫，他後來隨皇帝東歸，死在曹陽一戰中。

董卓對時局相當樂觀。在某個場合，董卓與長史劉艾聊到孫堅，他回憶當年涼州剿匪之戰時，孫堅對戰爭的解讀與自己差不多，是個人才；又說關東聯軍數敗於涼州軍，心懷畏懼，已經沒用了，只有孫堅憨膽，又會用人，涼州諸將得特別留意。

劉艾是漢室宗親，當代史學家，當時可能已著手編寫《靈帝紀》，因此對涼州戰事頗有認識，他說：「聽說當年美陽亭之戰，孫堅千餘部隊全軍覆沒，他作戰的本事還不如李傕、郭汜吧？」

董卓說：「啊，當時孫堅帶的不過是烏合之眾，素質比起涼州叛軍差遠了，而且打仗本來就有勝有敗。但你說的也沒錯，關東這狗屁聯軍是搞不出什麼花樣的！」

劉艾附和說：「是啊，這些關東小賊徵發百姓，士兵素質上就輸我們一節了，孫堅的武器裝備也沒我們好，有什麼好怕的呢？」

董卓心情大好，笑道：「正是、正是，但殺二袁、劉表、孫堅，天下便太平了！哈哈哈！」

董卓得意的太早，當他在畢圭苑中享福時，「憨膽」的孫堅已經從慘敗中站起來，他沒撤出河南，而是收攏部隊，進駐梁縣西面的小城鎮陽人聚，比去年的梁縣更靠近洛陽。

董卓察覺敵蹤，派胡軫與呂布迎敵。

胡軫是所謂的「涼州大人」，苗紅根正的董家軍，先前事跡不詳，當時他受拜東郡太守，頗有「收回東郡，踩平酸棗」的氣勢。面對南路軍孫堅，董卓讓胡軫當「大督護」統領全軍，呂布則是「騎督」專管騎兵，此外軍中還有將校都督多人，例如華雄等，是支明星隊的概念，整支步騎混合部隊計五千人，向陽人進發。

按王粲《英雄記》記載，胡軫個性本就急躁，又是第一次獨當一面指揮軍團，而且軍隊有一部分是他不熟悉的并州兵，乃至胡軫於行軍途中狂噹部隊紀律，展示威嚴，還發火說：「你各位啊，爾後再散漫啊，肩膀上有梅花的我都敢辦！」

胡軫說話的原文是：「要當斬一青綬，乃整齊耳。」所謂「綬」是東漢官服的一部分，按規矩，官員應隨身攜帶官印，「綬」便是繫在印把上的帶子，不過不是短短的絲線，是長一丈以上的錦帶，可能折幾折垂掛在口袋口，或是纏在腰間。不同層級的官員有不同的佩綬格式，像諸侯王是「赤綬」，公侯將軍是「紫綬」，九卿與二千石官員則是「青綬」。「青綬」也不是整條帶子都青色，而是青白紅三色帶，有值星帶的感覺。

話說當時，胡軫是佩青綬（東郡太守，二千石），呂布也是（騎都尉，比二千石），其他「步騎將校都督」可能也有這層級的，聽胡軫開口閉口要殺人都感到火大，便決定要整整這個白目仔。

依董卓指示，胡軫的部隊並非自北而南直撲陽人，而是繞了個圈，先進駐陽人南邊的廣成關，休息之後趁夜發兵，破曉時襲擊陽人。然而當胡軫軍在傍晚時分抵達廣成關時，呂布等人便散布假情報：「陽人的賊子要跑啦，要追要快，跑了就打不到啦！」

胡軫一聽立功機會要跑了，立刻下令停止休息，全軍向陽人出發，等來到城下才發現孫堅軍在城裡守得好好的，無隙可趁。胡軫軍日夜行軍又餓又累，來不及搭建營壘，到了晚上只能讓士兵暫時卸甲休息。這時呂布又來，大聲說：「敵人從城裡殺出來囉！」士兵們慌張逃命，兵甲馬匹都來不及帶走，大家逃了幾公里，發現沒有敵軍追來才又回城邊撿裝備，此刻陽人防事已完備，無論如何打不進去，胡軫無奈只得下令退兵。

但在孫堅面前，不是說退就能走的，孫堅在城中見敵軍混亂，機不可失，下令追擊，孫家軍於是在陽人城外大破胡軫軍，擊斬華雄，結結實實為關東聯軍贏得開戰以來的第一勝！除了華雄以外，史書上沒有記載此戰的具體戰果，但從東西兩軍的戰後反應來看，這一勝誠然是石破天驚。

董卓並沒有處罰胡軫與呂布（**董卓一向是個寬大慷慨的上司**），也沒有七竅生煙地發動復仇反擊，反之，他柔性地向孫堅求和，派李傕來到陽人提議兩家聯姻，還說只要孫堅提出一個名字，董卓就封他為刺史郡守，提出一百個，就一百人封官。

孫堅拒絕所有條件，他惡狠狠地道：「董卓逆天無道，蕩覆王室，今不夷汝三族，懸示四海，我死不瞑目，和親，我呸！」

袁術這頭又是另一番景象，孫堅大勝，袁術本該高興，但又覺得心下哪裡卡卡的不舒坦。有人洞悉主子心意，進言道：「若孫堅拿下洛陽，咱們就再也管不住他了，這是除狼而得虎啊！」

此話正中袁術心病，但袁術又孬孬地不敢直接面對孫堅，只能用小手段暫停糧草供給，扯孫堅的後腿。

孫堅心下雪亮，他維持一貫明快的處事風格，從陽人連夜馳乘回魯陽，面見袁術。孫堅一邊在沙地上畫出形勢圖，一邊說：「文臺血戰，奮不顧身，難道是因為我與董卓有血海仇怨嗎？不是，我上為國家討賊，下為將軍報仇！而將軍竟然聽信謠言，懷疑文臺，大勝之餘不發糧草，正是當年吳起垂泣於西河，樂毅遺恨於垂成的故事，令人心寒齒冷，願將軍深思！」袁術羞慚，立刻下令恢復糧草供應。

擺平這些雜事，孫堅安定心神，他回到陽人，率軍直趨洛陽南方約四十五公里的大谷關，董卓見形勢不對，親自率軍出擊，兩軍在諸帝陵間會戰，結果董卓戰敗，他不敢退回洛陽，於是撤到洛陽西面的澠池縣，並在更西的陝縣聚集部隊，洛陽防衛則交給朱儁與呂布。

孫堅一鼓作氣直攻洛陽，於宣陽門外一戰擊破呂布，呂布西逃，守城的朱儁本是反董一派，孫堅又是他的舊部，朱儁於是投降，與孫堅共同進入洛陽。據說當時孫堅見到洛陽百里之內渺無人煙的景象痛哭流涕，他和朱儁修復帝陵，重整宗廟，重振帝國的精神，據說也是這時候，孫策找到了失蹤一年多的傳國璽。

孫堅後來一直保存著傳國璽，不過並沒有《三國演義》中孫策拿傳國璽借兵的故事。孫堅死後，袁術將傳國璽自孫家人手中搶來，袁術敗亡後，再由徐璆將傳國璽交還許昌朝廷。有些史料認為「孫堅得傳國璽」是假新聞，裴松之就說，以孫堅這等忠義之士，怎可能私據國寶呢？不過話說回來，以當時那種狀況，孫堅也不知道該將傳國璽交給誰吧。

孫堅重整洛陽同時，軍隊也沒閒著，他們西出洛陽，兵鋒跨過新安縣，直逼董卓所在的澠池。董卓不敢再戰，他留下部隊布防，自己一路西行，在四月時抵達長安。

經過一整年的奮戰，關東聯軍終於克復帝都洛陽，我們似乎可以期待袁紹、張邈等關東軍領袖受孫堅的感召，率軍西進勤王；或至少孫堅可以繼續追著董卓打；最少最少，孫堅與袁術可以重建洛陽，一為政治號召，二為軍事基地。

但這一切都沒有發生，沒有人繼續追擊董卓，沒有政治宣傳，甚至連洛陽都沒能守住。

關東聯盟已不存在了。

聯盟瓦解

一九一年四月，董卓西撤至長安，在河內的袁紹頓時沒了壓力，他沒有西進勤王的意思，相反的，他帶著部隊沿黃河向東移動，來到殷商古都朝歌，稍後又移動到更東方的延津，他的目標很簡單：韓馥手上的冀州牧大印。

袁紹多管齊下，一方面收編麴義、張楊、於夫羅的部隊，增強軍力，另一方面派說客穿梭於鄴城衙邸之間，強力遊說韓馥讓賢。七月，韓馥頂不住壓力宣布辭職，退居趙忠故宅（趙公公建案人人愛），袁紹遂接收冀州所有資源，開始他的「合四州之地，擁百萬之眾，迎大駕於長安，復宗廟於洛邑」的霸主之路。

不過袁紹要的不只是冀州。當時他的駐軍地延津其實就是酸棗的黃河口岸，是兗州陳留郡的地界，換句話說，袁紹當時正駐軍於先前東路軍的營盤上。跑到這地方，他腦袋想的不單是河北，同時還打著兗、豫兩大精華州的主意。

先說兗州。兗州是張邈、劉岱等東路軍的地盤，東路軍不敢打仗，成天在酸棗吃喝，沒多久就解散了。沒戰果不打緊，東路軍還搞內鬥，可能早在前一年，兗州刺史劉岱便殺了東郡太守橋瑁，據時任泰山太守應劭的說法，橋瑁之死乃罪有應得，因為他「負眾怙亂，陵蔑同盟，忿嫉同類，以殞厥命」，但究竟是怎麼樣的「怙亂」、「陵蔑」，則細節不明。劉岱殺人並非單獨行事，有張邈、袁遺的支持（**「陳留、濟陰迎助」**）。可憐橋瑁也算是元老級軍鎮，就這樣無聲無息地退出歷史舞臺，劉岱派王肱接手東郡太守。

一九一年七月，袁紹接掌冀州前後，十餘萬黑山軍進犯東郡，王肱不能抵擋，袁紹於是派出代理人一號曹操進軍東郡，在濮陽擊破黑山軍，袁紹遂無視王肱，表任曹操為東郡太守，正式插旗兗州；往後幾年中，曹操憑藉自身的能力與袁紹的資源，拓展他在兗州的勢力。

袁紹插手兗州，衝擊最大的便是張邈。表面上，張邈與袁紹是多年的麻吉，但兩人之間的衝突早已存在。話說關東聯盟剛成立時，袁張二人碰面，剛當上盟主的袁紹面有驕色，張邈出言勸諫，可能是老朋友的關係，話說得不大客氣，袁紹因而惱羞成怒，要曹操去殺了張邈，曹操拒絕，說：「孟卓是好朋友，就算有錯也應該容忍，今天下未定，我們不該自相危害。」

這事不知怎的傳進張邈耳中。張邈感激曹操之餘，肯定感到深深的不安。人心隔肚皮，當年袁、張在奔走者聯盟中生死與共，今天只為幾句話就翻臉殺人，袁紹如此，曹阿瞞難道就可信？他是真心迴護，或是另有圖謀？就算曹操有心護著，他也不過是個跟班小弟，袁紹入主冀州，勢力龐大，曹操能頂袁紹一時，頂得過袁紹一世嗎？

在入主東郡不久後，曹操便與胡母家族合作，殺了投靠張邈的王匡；張邈的重要軍師臧洪又被袁紹吸收，派去接管青州，張邈與弟弟張超困守陳留（**張超原本的廣陵郡落入陶謙勢力範圍**），想來每天坐立難安。

這番局面，便是之後曹操、張邈、呂布「兗州恩仇錄」大戲的序幕。

再說到豫州，袁紹幹得更明目張膽，當時豫州刺史是掛在孫堅頭上，其他地方不敢說，至少潁川應是「袁術——孫堅」集團的勢力範圍。袁紹不搞小動作直接用搶的，他派出代理人二到五號：會稽三兄弟周昕、周昂、周喁，趁孫堅還在洛陽時，出兵襲取潁川陽城。孫堅只能放棄追擊董卓的機會，回軍與周氏兄弟周旋，孫堅流淚歎道：「同舉義兵，將救社稷，今天逆賊將破而我們自相殘殺，我到底是在拚什麼！」

陽城一戰有其歷史重要性，這是關東方鎮間第一次正式交火，標誌著無法逆轉的大分裂趨勢，不過這場戰事的歷史記載卻頗為模糊。參戰方都是二袁的代理人，袁術這頭是孫堅與公孫越，袁紹這邊則是周氏兄弟，但究竟三兄弟是全部參戰或是部分參戰，不同史料記載各異，《後漢書》不同傳記統一記載是大哥周昕來奪豫州；《三國志》記的則是二哥周昂；

《吳錄》與《會稽典錄》記的則是三弟周喁。比較能確定的是，大哥周昕時為丹陽太守，二哥周昂被袁紹表任為九江太守，豫州刺史的頭銜則給了三弟，因此可能是三弟領軍，二位哥哥以郡內資源提供後勤。

戰爭經過與結果同樣記載不明，戰事可能延續整個一九一年下半年，公孫越在其中一戰中箭而死，孫堅攻城也遇挫折；但最後仍是三兄弟敗走，各退回丹陽、九江。不過孫堅也沒留在豫州，他退回魯陽，隔年初進軍荊州，死在襄陽城外。

附帶一提，經陽城一戰，周氏三兄弟與孫家結下不解孽緣，孫堅死後，袁術派孫堅的妻舅吳景進軍丹陽，逐走周昕；姪子孫賁進軍九江，逐走周昂、周喁。三兄弟敗回老家會稽，幾年後又在家門口遇上小霸王孫策，真是不是冤家不碰頭。

隨著陽城的戰火，原本氣勢雄壯的關東聯軍已成為歷史灰燼，接下來幾個月的大事，是公孫瓚與袁紹的界橋之戰，以及袁術與劉表的襄陽之戰，然後還有更多的戰事，亂世來臨。

然而在這絕望的時刻，仍有人盡力高舉火炬，盼照出帝國最後一絲希望。

那是第二次反董聯軍的號召。

第二次反董聯軍

關東方鎮開戰，受害最深的就是朱儁。

身為一代名將，朱儁在董卓底下隱忍二年，總算等到機會，將洛陽獻給孫堅，想不到沒幾下孫堅就去爭豫州了，朱儁只能帶著一小撮部隊留在洛陽廢墟中，面對如狼似虎的董家軍。

是的，是董家軍。董卓西撤長安，並不等於放棄關東，洛陽與長安之間各關塞仍布署著他的部隊，其中最重要的是三位中郎將：段煨守黃河轉彎處、潼關所在的華陰縣；牛輔守黃河北岸、河東首府安邑縣；董越則負責東方最前線的澠池縣，離洛陽約九十公里。

朱儁扛著叛董的罪名，孤軍在洛陽，越想越不對勁，只好幹了件名將不會幹的事：棄官逃亡，逃去荊州。董卓看洛陽空了出來，就派了個弘農人楊懿來接管洛陽。

楊懿在史書上沒留下資料，依他的籍貫姓氏，可能是大族弘農楊氏出身，不知是自願或被迫接下河南尹這個爛差。朱儁見來的是個三流貨色，又鼓起勇氣帶兵北返擊走楊懿，但洛陽實在太殘破無法支持軍隊，於是朱儁二度棄守洛陽，向東退到中牟縣。此時二袁戰爭已經開打，朱儁決定擔起拯救帝國的最後希望，他寫信給各方鎮請求提供資源，再組討董聯軍。

各方鎮的反應不意外：不是全然不理，但反應也不熱烈，就是給點資源意思意思，唯一的驚喜來自東方：徐州刺史陶謙派精兵三千給朱儁助陣。

不知是否是受表字「恭祖」的影響，陶謙在民間藝術中多半是以溫良恭儉讓的長者形象出現，不過真正的陶謙是個擁有多重歷史臉譜的人物，他的上司張溫說他個性差、有「癡病」；韋昭的《吳書》稱讚他「性剛直，有大節」、「在官清白，無以糾舉」；東吳重臣張昭說陶謙「體足剛直，守以溫仁」、「遺愛於民」；月旦評的許劭則批評陶謙「外慕聲名，內非真正」。

陶謙打從青少年時期就顯現複雜的個性。他出身以精兵聞名的丹陽郡，家族是個正在起步的小士族，父親當過縣令。陶謙以怪異風格在地方知名，十四歲還整天騎竹馬和小朋友玩，被人家說是「敖戲無度」（滿適合走幼教路線的）；但另一方面他儒書讀得好，進入太學為諸生，舉過孝廉、茂才。最終陶謙踏上一條「低配版」的仕途：在縣令、州刺史、郎官之間輪調，年過五十仍只是個六百石的議郎。

亂世給了陶謙一個機會。依《吳書》記載，陶謙最初隨皇甫嵩西征[25]，一八五年繼續留在張溫的西征軍中，不過除了對張溫嗆聲外，史料上並無陶謙的作戰的紀錄。一八八年底或一八九年初，陶謙迎來職涯轉捩點，他受任為徐州刺史，前往徐州平定第二波黃巾之亂，他從故鄉帶來精銳丹陽兵（人數可能頗為可觀，之後他給劉備補血一出手就是四千丹陽兵），又說降了盤據東海郡的臧霸、孫觀等泰山寇，在徐州站穩腳步。

陶謙並沒有加入一九〇年的關東聯軍，可能是因為當時徐州黃巾亂事還沒解決，也可

---

[25]《吳書》這段記載有很多問題，它說陶謙以揚武都尉身分，隨征西將軍皇甫嵩討伐西羌，並且「大破之」。皇甫嵩當上「征西將軍」，是董卓死後的事；皇甫嵩也沒討伐過「西羌」，他去打的是涼州叛軍；而且皇甫嵩也沒「大破」涼州叛軍過。我想陶謙可能的確於一八四年隨皇甫嵩西征，只是頭銜、戰果上有些誤傳。

能單純因為陶謙與袁紹、張邈本來就不同掛的緣故。事實上，在那個時期，徐州出身的士人似乎普遍有著較強烈的「尊王」傾向，張昭、張紘、秦松、陳珪等人即便不是陶謙屬下，都曾在不同場合表示過唯一支持皇帝的立場。當時陶謙身旁最主要的二位徐州籍智囊：王朗（徐州東海郡）與趙昱（徐州琅玡郡）亦然，他們所謂「求諸侯莫如勤王」的原則，成為接下來幾年陶謙對外的指導方針。

在這樣的背景下，陶謙與關東聯軍保持距離，聯軍瓦解後才跳出來，大力支持朱儁，除送上精兵三千，還表拜朱儁為車騎將軍，準備殺入長安救皇帝。

補充一提，陶謙「尊王」是一回事，但不表示他是個呆呆熱血純臣，他很快就和袁術結盟，捲入中原大戰。事實上，陶謙與「袁術——孫堅」集團搭上線的時間很早，一九一年孫堅入洛陽後，便派遣同是丹陽人的朱治前往徐州協助陶謙平亂。

話說回朱儁，董卓看朱儁旗搖得那麼囂俳，心裡也有點怕怕的，於是命牛輔從安邑移防至陝縣，牛軍三名主力戰將：李傕、郭汜、張濟率「步騎數萬」進入河南，以提防第二次反董聯軍。朱儁雖只湊到幾千雜牌軍，卻不知打哪來的自信，主動向李傕等人發動攻擊，結果毫無意外，朱儁戰敗，李傕等人追擊，在中牟附近再次擊破朱儁，但朱儁也沒被淹過去，他退守附近關隘，咬牙挺住。

李傕等人並未與朱儁糾纏，他們兵鋒東指，大掠陳留、潁川二郡，殺戮極為慘烈，「殺掠男女，所過無復遺類」，潁川荀氏所在的潁陰縣「鄉人留者多見殺掠」。

前面我們提到，孫堅雖然贏了陽城之戰，卻沒續守潁川，可能就是受了這場大掠的影響。慘勝之餘，孫堅沒辦法再和李傕、郭汜的精銳部隊交戰。另外陳留受此大劫，張邈實力更衰，面對「袁紹——曹操」集團更沒安全感。

李、郭屯河南、掠陳潁的同時，董卓又收編了張楊，任命他為河內太守。前面提到，張楊在一九一年歸附袁紹，不久後叛離（史書記載他是被於夫羅挾持），董卓這才發現這個落難小校尉的存在（大概是呂布、張遼終於發現打牌少一人吧），封他當建義將軍、河內太守，接管袁紹離開之後的河內。張楊軍流浪多年終於有了安身立命之所，在他的經營下，原本殘破的河內稍稍恢復元氣，讓張楊有本錢在之後的方鎮混戰中佔有一席。

簡言之，一九一年年底時，董卓勢力重返東方，不僅重佔河南，還透過張楊控制了河內。按這形勢，只要關東方鎮鬥得夠凶夠慘，董家軍捲土東來也不是不可能的事。

不過董卓已經沒有進攻的本錢，事實上，他缺錢缺得凶。

斂財之一：董逃董逃

董卓缺錢也不是一、兩天的事了，前面提到，他的團隊沒有穩定經濟的施政，同時任用大量名士為官，結果只能靠劫掠、盜墓這種不入流的方式斂財。現在戰爭開打，花費更大，需要有創意的開源方法。

董卓斂財的第一個方法——也不算創新——就是殺人取財。董卓命司隸校尉劉囂採警察統治，凡是「為子不孝，為臣不忠，為吏不清，為弟不順」者皆處死刑，沒收財產。這些罪名現在聽起來很誇張，但在當代並不算過分，兩漢本是以孝立天下，「不孝」乃是重罪，稍後曹操殺孔融也是以不孝為名，因此董卓所立並非惡法，問題在執法尺度，只要有意，吹個口哨都會被陷於「不孝不忠不清不順」之罪。據記載，當時百姓為恩怨彼此告密，造成許多人被冤殺。

董卓另外大量殺人的方法就是「董逃歌案」。話說《董逃歌》是原本洛陽流行的一首民謠，歌詞是這樣的：

承樂世、董逃，遊四郭、董逃；
蒙天恩、董逃，帶金紫、董逃；
行謝恩、董逃，整車騎、董逃；
垂欲發、董逃，與中辭、董逃；
出西門、董逃，瞻宮殿、董逃；
望京城、董逃，日夜絕、董逃，心摧傷、董逃。

董卓認為這首歌是在諷刺他，下令將「董逃」改成「董安」，後來還是覺得不舒服，於是全面查禁歌曲，因這首歌遭判刑處死者達上千人。

《後漢書》作者范曄同意這首《董逃歌》是政治歌曲，諷刺董卓跋扈一時，終將逃竄而遭滅族。有些文獻並認為這首歌描寫的是遷都長安的痛苦過程。

不過問題是，《後漢書》記載這首歌流行於靈帝中平年間，那時董卓在長安對付涼州叛軍，也就是個副手，洛陽人寫歌罵他似乎沒道理，影射遷都更不可能。

如果不預設立場，《董逃歌》讀起來比較像描寫一個洛陽紈褲子弟（**承樂世、遊四郭**）升官外放長安（**蒙天恩、帶金紫**），與家人道別（**垂欲發、與中辭**），以及對故鄉思念之情（**日夜絕、心摧傷**）。

關鍵是「董逃」兩字何解，怎麼那麼巧就有個「董」字呢？

其實漢樂府中本來就有一首《董逃行五解㉖》，內容是上山求仙藥給皇帝㉗，和董卓沒有關係。魏晉時期也有多首「董逃」相關歌曲，曹操就寫了首《董逃歌詞》，歌詞很短：

㉖「解」指樂句。

㉗《董逃行五解》：「吾欲上謁從高山，山頭危險大難。遙望五嶽端，黃金為闕，班璘。但見芝草，葉落紛紛。百鳥集，來如煙。山獸紛綸，麟、辟邪；其端鵾雞聲鳴。但見山獸援戲相拘攣。小復前行玉堂，未心懷流還。傳教出門來，門外人何求？所言欲從聖道求一得命延。教敕凡吏受言，採取神藥若木端。白兔長跪搗藥蝦蟆丸。奉上陛下一玉柈，服此藥可得神仙。服爾神藥，莫不歡喜。陛下長生老壽，四面肅肅稽首，天神擁護左右，陛下長與天相保守。」

「德行不虧缺，變故自難常。鄭康成行酒，伏地氣絕；郭景圖命盡於園桑。」詞意難解，其中「鄭康成」應指鄭玄，鄭玄雖好酒，但他活到七十好幾壽終，沒有「伏地氣絕」這事，至於郭景圖為何人則無資料。無論如何，這首歌和董卓也扯不上關係。

另外曹丕也有《董逃行》的六言詩，寫出征的景象[28]；西晉傅玄與陸機各有一首《董逃行》，前者是結髮多年「家後」心聲[29]，後者則是作者對韶光流逝的感懷[30]。這些董逃行或董逃歌主題各有不同，但都與董卓無關，倒是唐朝之後詩人寫的《董逃行》就完全是董卓專屬作品了，例如元稹《董逃行》第一句就寫：「董逃董逃董卓逃，揩鏗戈甲聲勞嘈。」

簡單來說，「董逃」一詞在兩漢魏晉之時應非諷指董卓，董卓自己對號入座禁歌，歷史留下紀錄，唐朝之後這樂府名就專門寫來罵董卓了。

話說回來，「董逃」究竟何意似乎也沒結論，我自己瞎猜，這兩字用閩南語念起來很有音律感，搞不好只是歌曲中的一小段樂句，就像某部周星馳電影的台詞：「悟空，你知不知道什麼是噹噹噹噹噹……」裡頭的「噹噹」一樣。

董卓斂財第二招，就是找益州的劉焉要錢。

斂財之二：西南風雲

我們把時間倒回三年前。一八八年，太常劉焉以監軍使者出任益州牧，成為東漢第一批外放的州牧，當時的益州仍陷於黃巾之亂，劉焉結合了五斗米道與蜀郡豪族勢力，平定黃巾，入主綿竹，開始了益州二十六年的「二牧政權」。

一九〇年，關東聯盟起兵，劉焉並未參與，倒不是因為他像劉虞那樣以皇族長輩自居，劉焉外放的目的本是割據，因此不願插手中原事務。聯軍期間，劉焉「保州自守」，沒表示

㉘曹丕《董逃行》：「晨背大河南轅，跋涉遐路漫漫。師徒百萬譁喧，戈矛若林成山，旌旗拂日蔽天。」

㉙傅玄《董逃行歷九秋篇》：「歷九秋兮三重，遺貴客兮遠賓。顧多君心所親，乃命妙妓才人，炳若日月星辰。序金罍兮玉觴，賓主遞起鴈行。杯若飛電絕光，交觴接卮結裳。慷慨歡笑萬方。奏新詩兮夫君，爛然虎變龍文，渾如天地未分，齊謳楚舞紛紛，歌聲上激青雲。窮八音兮異倫，奇聲靡靡每新，微披素齒丹唇，逸響飛薄梁塵，精爽眇眇入神。坐咸醉兮沾歡，引樽促席臨軒。進爵獻壽翻翻，秋秋要君一言，願愛不移若山。君恩愛兮不竭，譬若朝日夕月，此景萬里不絕，長保初醮結髮，何憂坐生胡越。攜弱手兮金環，上遊飛閣雲間。穆若鴛鳳雙鸞。還幸蘭房自安，娛心樂意難原。樂既極兮多懷，盛時忽逝若頹，寒暑革御景迴。春榮隨風飄摧。感物動心增哀。妾受命兮孤虛，男兒墮地稱姝，女弱難存若無。骨肉至親更疏，奉事他人託軀。君如影兮隨形，賤妾如水浮萍。明月不能常盈，誰能無根保榮，良時冉冉代征。顧繡領兮含暉，皎日迴光則微。朱華忽爾漸衰，影欲捨形高飛，誰言往恩可追。薺與麥兮夏零，蘭桂踐霜逾馨。祿命懸天難明，妾心結意丹青，何憂君心中傾。」

㉚陸機《董逃行》：「和風習習薄林，柔條布葉垂陰。鳴鳩拂羽相尋，倉鶊喈喈弄音，感時悼逝傷心。日月相追周旋，萬里倏忽幾年，人皆冉冉西遷。盛時一往不還，慷慨乖念悽然。昔為少年無憂，常怪秉燭夜遊，翩翩宵徵何求，於今知此有由。但為老去年道，盛固有衰不疑。長夜冥冥無期，何不驅馳及時。聊樂永日自怡，齎此遺情何之。人生居世為安，豈若及時為歡。世道多故萬端，憂慮紛錯交顏，老行及之長歎。」

立場。

董卓錢缺得凶，回頭發現「掾史家貲多至千萬」、「貨殖之家，侯服玉食」的蜀地竟有個中立的方鎮，豈能放過？於是開始向劉焉要錢要兵，劉焉一概不理。當時劉焉的三個兒子劉範、劉誕、劉璋都在長安當差，董卓便將三子逮捕，明目張膽地勒贖；但劉焉這當爸的心狠，不但不付贖金，還命五斗米道的張魯、張脩進軍漢中，殺太守蘇固，破壞穿越秦嶺的各處山谷與棧道，然後上書說「米賊斷道」，請不要再來煩我。

董卓決定更直接地干預西南事務，當時劉焉與益州豪族的蜜月期結束，劉焉專制集權，處決十餘名地方有力人士，本土勢力反撲，犍為太守任岐首先發難，另一名有力的蜀郡人士、於迎立劉焉過程中立有大功的校尉賈龍也開始動搖。

董卓把握這機會，派車騎將軍趙謙率軍入蜀，說服賈龍造反。

趙謙是個值得介紹的角色。他出身蜀郡成都，是帝國少見的益州士族，祖父趙戒當太尉，叔父趙典是名士團體「八俊」的成員，曾支持一六八年的竇武政變，雖在政變前病死，但整個家族仍被列入黨人黑名單。

受黨錮所累，趙謙與弟弟趙溫的仕途驀然中斷。當時趙謙已經幹到三輔之一的左馮翊，趙溫則是是京兆丞，二人（被）棄官回故鄉，下次再出場已經是十五年後、一八四年黃巾之亂時了。當時趙謙擔任汝南太守，率軍與汝南黃巾作戰，結果慘敗，七名屬官死戰犧牲，保趙謙一命。這場敗戰讓趙謙消沉一陣，董卓當權後，趙謙東山再起，晉位為光祿勳，隔年，太尉黃琬因反對遷都被免職，趙謙頂上太尉一職，兼領車騎將軍，在皇帝西遷過程中擔任前導。弟弟趙溫則擔任侍中，陪在皇帝身邊。

滿朝士大夫中，趙謙與董卓的關係應是數一數二好的，這可能與趙氏兄弟出身西南，又曾在三輔任官有關，他們有較多機會與涼州人接觸，例如李傕的堂弟李應就曾是趙溫的屬官。

眼下董卓想在蜀中搞事，蜀郡出身的趙謙自是不二人選，董卓派趙謙帶兵入蜀，說服賈龍聯手攻擊劉焉。但劉焉比預期的強大，他以羌人為傭兵（即「青羌」），擊敗反對派，賈龍被殺，趙謙撤走。

趙謙回到長安，辭去太尉與將軍之職，不久又被拔擢為司隸校尉，他曾以執法為由，殺掉董卓相當喜愛的車師國外交官，董卓雖生氣，但也沒對趙謙怎麼樣，反而讓他當前將軍，率軍討伐白波。

話說回頭，董卓向劉焉伸手沒要到錢，出兵又吃了敗仗，誠是賠了夫人又折兵，不過董卓倒沒對劉焉的三個兒子下手，三人在董卓死後還有吃重的戲份。至於眼前的經濟危機，董卓得另想方法。

斂財之三：鑄小錢

「鑄小錢」是董卓所有劣行中歷史影響最深遠的一項，它終結了三百年的「五銖」通貨系統，使中國退回以物易物的自然經濟時代。

五銖最早發行於西漢武帝年間，是中國史上第一次由大一統的中央政府壟斷鑄幣權所發行的貨幣。由於統一鑄造，西漢五銖的品質較先前由地方政府或民間自行鑄造的貨幣（如半兩、三銖等）穩定許多，社會接受度高，信心提升，貨幣流通性強，成為真正的通貨。史書與出土簡牘顯示，西漢民間交易、政府課稅、公務員薪資都是以錢計價，是成熟的貨幣經濟。據記載，西漢一朝鑄幣二百八十億萬餘枚。

大體上，西漢五銖的外型一如我們對中國銅錢的印象，外圓內方，圓周與方孔四邊稍加厚，即所謂的「輪廓」，幣面上鑄造有「五銖」字樣，即所謂「文章」。出土文物顯示，西漢五銖單枚重量保持在三．五到四公克之間，輪廓、文章鑄工均優良，可以看出西漢政府為維持貨幣品質所下的苦工。

王莽篡漢後廢除五銖，改用二十八種創意貨幣。新莽政府鑄造的貨幣都相當精美，許多堪稱藝術，現在在拍賣市場上叫價很高，不過你不會想拿藝術品交易，新莽各種貨幣之間兌換比率不同，企圖凌虐心算不好的人，其幣制終告失敗。東漢恢復五銖為法定通貨，像皇帝賣官都是以錢計價，二千石官二千萬錢，四百石官四百萬錢，價格公道，童叟無欺。

既然錢那麼好用，那只要多鑄點錢，就可以買到更多東西啦！董卓與他的財務顧問大概就是這樣思考，於是他們開始大量鑄造劣質小錢。董卓小錢不但輕（出土物約為〇・三到〇・八克）、小（「大五分」約莫一・一公分），而且盡可能偷工減料，幣面上不鑄字，邊緣無輪廓，簡單說就是一個鐵圈圈，以求以有限原料製造最多錢幣。

鑄幣原料打哪來呢？洛陽、長安地方並沒有銅礦，想鑄幣只能靠資源回收，首先是將原本流通的五銖融掉改鑄新錢，其次就是回收洛陽與長安的大型銅雕，例如銅人、鐘虡（鹿頭龍身的神獸）、飛廉（鳥頭鹿身的神禽）、銅馬等，此外皇宮中閣樹使用的銅質欄杆也都被拆卸來鑄幣。

依記載，董卓是在皇帝西遷、火焚洛陽後開始鑄小錢，因此洛陽城中的銅製品應是融鑄殆盡；長安城中部分銅雕則幸運逃過一劫。依西晉帥哥潘安的《關中記》筆記，當年秦始皇收天下兵器鑄造十二金人，每尊都是高十公尺以上的巨像，董卓為鑄幣毀了十尊，剩下兩尊在魏明帝曹叡時代被運往洛陽，但因為太重而留在霸城；後趙石虎又將這兩尊銅像運去鄴城，前秦苻堅再將它們運回長安銷毀。但這只是一種說法，《水經注》上記載董卓時，十二金人是毀九存三。

有現成的材料加上粗製濫造的工法，董卓小錢的發行數量應頗為龐大，加上戰爭時期物資缺乏，最終造成惡性通貨膨脹，糧價飛漲。《後漢書》記載當時「穀石數萬」；《三國志》則記載「穀一斛至數十萬」；《晉書》與《通典》則記「穀一斛至錢數百萬」[31]，反正沒有統計資料，數字都是寫自己高興的。不過我們知道同一時期，劉虞治下的幽州穀一斛三十錢，顯見關中地區經濟狀況之惡劣。

惡性通膨可怕的地方就是你的錢不僅不夠花，而且持有貨幣與垃圾沒有兩樣，你寧可手上拿的是糧食或衣服等基礎民生用品，有較高的機率換到所需物資。董卓小錢於是造成人們拋棄錢幣，「自是後錢貨不行」，穀、帛成為主要計價工具。例如之後曹操打敗袁氏後進行稅改，人頭稅便由東漢時的收錢，改成收取每戶「絹二匹而棉二斤」。

當然，實物交易沒有效率，在「後五銖」的漫長歲月中，許多君主都曾企圖恢復五銖的法幣地位，但大約華北地方缺少銅礦，造不出符合經濟規模的貨幣數量，硬性法幣只會造成不當的通貨緊縮；再加上各地勢力發行貨幣規格品質不均，終魏晉南北朝四百多年，「五銖」之名雖在，但流通性大減，「穀帛為租」為主流，至於下回出現全中國統一的通貨已經是唐朝的「開元通寶」了。

董卓鑄小錢固然是壓垮五銖錢系統的最後一根稻草，但並不是唯一原因，事實上，以世家莊園經濟為主體的東漢，對於貨幣的觀點似乎沒有西漢進步。學界一說認為東漢一朝根本沒有新鑄錢幣，就算有，數量也很少，東漢章帝時還有「封錢」之議；市場上流通的全是西漢時已經鑄造的那二百八十億萬餘枚五銖錢，隨著時間經過，流通貨幣越來越少，人們於是不再用錢。

另一說則認為，依考古顯示，東漢不但有鑄錢，而且還鑄很多，問題是東漢五銖品質每況愈下，到桓靈之際甚至出現大量不帶輪廓的「剪輪錢」。大量劣幣持續流入市場，造成東漢長期通膨，董卓小錢使問題爆炸，人民最終拋棄貨幣。

雖然對東漢貨幣經濟的發展有不同解釋，但無論如何董卓頭上「五銖葬送者」的標籤是撕不掉的。那董卓搞那麼多斂財招術到底有沒有達成發大財的目的呢？有，而且成果還不錯。

瘋狂長安富豪

除了財務危機，來到長安的董卓也面臨著個人威望的挑戰，他是個軍事獨裁者，卻在戰場上吃了敗仗，即便朝臣閉口不言，董卓的大腦大概也會自動生成無數雜音，時時提醒他是個魯蛇，這讓董卓陷入半瘋狂狀態，亟欲鞏固獨尊地位。

首先是頭銜與排場。董太師到長安時，下令百官沿路迎接，為了羞辱皇甫嵩，還命職級較低的官員下跪，這部分前面已提過。稍後百官隨皇帝出城祭天，董卓又在座車上搞文章，他用了青色的車頂，上頭畫有金花圖樣（**「青蓋金華」**），車廂兩側上也畫上圖樣（**「爪畫**

㉛「斛」與「石」一是容量單位，一是重量單位，在漢代二者約略相通。

兩轓」）。時人給這輛座車起了個外號，叫「竿摩車」；「竿摩」是當時俗語，「逼近」的意思，代表董卓座車規格直逼皇帝。

注意，逼近而已，還沒有僭越；按東漢制度，皇帝座車是「羽蓋華爪」，董卓的「青蓋金華」則是皇太子、皇子層級，比三公「皀蓋、黑轓」、二千石官員的「皀蓋、朱兩轓」高級。簡言之，董卓雖逾越臣禮，但還沒真的觸頂，過兩個月，長安發生地震，蔡邕趁機勸董卓收斂點，董卓便把車子改回黑車車頂。

除此之外，董卓又想在頭銜上動手腳，幾個月前剛封太師又覺得膩了，這次他想當「尚父」。這是傳說西周開朝元老姜子牙的封號，有的解釋說是姜子牙的字，有的說是將大臣看作父輩尊重的意思。無論如何，董卓身旁的一些人開始操作這議題，董卓也覺得心癢癢的，但不敢貿然為之，就跑去找蔡邕商量，蔡邕很委婉地說，人家姜子牙是滅了殷商後才有這稱號，董公還是等平定關東、還都洛陽後再討論這議題吧。董卓於是停止這項計畫。

不過蔡邕能勸住的也就只有這兩件而已。

董卓斂取的財富，除了支應戰爭費用外，最重要的支出項目大概就是他的封地郿縣的建設工程。郿縣在長安西邊約一百二十公里，是秦嶺古道斜谷道的北側出口，斜水和渭水在此交匯，大名頂頂的五丈原就在郿縣城西。董卓當初征討涼州叛軍便在這一帶活動，可能早就建有軍事堡壘，董卓在這基礎上建立他的私人堡壘——郿塢，一名萬歲塢。據後人筆記，郿塢城牆高十五公尺，周長約五百公尺，想像上和一個中型的運動場差不多。董卓在塢堡中囤積了足供三十年用的糧食（當時糧價可是幾萬到幾百萬上下！）另外還有大量的黃金、白銀、絲織品與各類珍寶。董卓很滿意地表示，若成平定東方則可以以郿塢為據點，雄據天下，就算不成，守住塢堡也可以安享晚年了。當然，這是很不負責任的說法。

同時董卓大量任命董氏宗親為官，最重要的是拜董旻為左將軍、鄠侯，拜姪子董璜為侍中、中軍校尉，兩人均統有部隊，像董璜中軍校尉統領的應該是原先的西園軍。不過兩人防衛的不是皇城，而是郿塢。除此之外，凡是姓董的都有官爵，連小朋友都能封侯封君，並且舉行浮誇的受封儀式。例如董卓孫女董白被封為渭陽君，董卓讓她搭乘「青蓋金華」車（可能是先前阿公的那輛），有諸多都尉、中郎將、刺史、高階官員等隨行，由這個未滿十五歲的小女孩為前導，浩浩蕩蕩地前往郿縣，在城外高壇舉行儀式。

後世筆記還記載董卓有個孫子，當年七歲，董卓給他穿小鎧冑，配玉甲，乘駃騠（念作「決提」）[32]，出入都有隨扈，尊爵不凡。

董卓自己不常住郿塢，也不住長安城內，一如在洛陽一般，他選擇住在長安城外的軍隊中，這是他覺得最安全的地方。董卓命令尚書、御史等官員到宅邸報告政務，操控朝政，並且時不時地邀請大臣開派對聯絡感情。問題是，董卓的派對主題都不大正常，要不是性愛趴

32 現在學術上所稱的「駃騠」是指公驢母馬交配所生的「驢騾」，古代可能泛指公馬母騾交配、或是騾騾交配所生的動物，由於騾子原則上無生育能力，因此若有產出相當稀罕，「駃騠」也因此引申作為駿馬的代稱。

「淫樂縱恣」），要不就是變態殺人趴。有回他去郿縣，百官在縣外歡迎他，董卓就下令開趴，吃喝到一半，他下令帶上北地郡造反的降卒數百人，當著百官的面先割舌頭、再斷手腳、挖眼睛、或是做他最喜歡的活人火鍋，沒死的降卒在几案間蠕動哀嚎，所有人嚇得拿不住筷子，只有董卓吃喝如常。

董卓派對還有一個亮點，就是大師蔡邕的古琴或擊鼓表演；蔡邕雖然是個浪漫派的文人，也會寫「晝騁情以舒愛，夜託夢以交靈」這樣有點色色的句子，但董卓搞成這樣他也受不了了。有回他就跟堂弟蔡谷討論逃走的事，企圖東奔兗州，如果道路不通，那就跑到山東地方去。

蔡谷潑了堂哥一盆冷水，說：「你長得那麼奇怪，每次出門都一堆人圍著要看你，你覺得你真躲得起來啊，我看難啊！」

蔡邕到底長得有多奇怪史無明載，不過他流亡過那麼多次，應該沒蔡谷說的誇張，有人圍觀多半是蔡邕名氣響吧。蔡邕最後聽了堂弟的建議，放棄逃亡計畫。

這可能是蔡邕生命中所做最錯誤的一個決定。

刺董

對於留在朝廷中的反董人士來說，過去這一年是相當晦暗的。他們最初的構想是與關東聯盟裡應外合，快速擊垮董卓，想不到董卓遷都，洛陽的布線都斷了，二袁張邈又不爭氣，敗戰的敗戰，內鬨的內鬨，事到如今，要除董卓只能靠自己。

最初策畫於內部反董的不是別人，正是在遷都議題上很會跟風向的荀爽大人！荀爽雖受董卓破例提拔，在遷都辯論上也保持沉默，但他心下早有定策，甫到長安，荀爽便揪團倒董，他找了兩個人：司徒王允，以及前奔走隊長、現任董卓長史的何顒，剛好是董卓在朝廷以及幕府中最信任的兩人。王允先前擔任豫州刺史討伐黃巾時，徵召荀爽為幕僚；何顒與王允則是誅宦大計的同志，三人之間有相當的信任關係。

可惜的是，來到長安不過兩個月，荀爽就過世了，荀、王、何三人的反董計畫連雛型都還沒生出來便胎死腹中；加上當時洛陽火焚、崔烈下獄、袁氏滅門，長安籠罩在恐怖氛圍中，反董集團的士氣想來處於低谷。

不過王允並沒有放棄，他又聯繫了黃琬與鄭泰二人，衛尉張溫也加入共謀行列，更重要的是他們找到了關中在地勢力：士孫瑞與楊贊。楊贊資料不多，只知道他擔任護羌校尉。士孫瑞我們就比較熟悉了，他是在地的右扶風人，受蓋勳提拔擔任長安版西園軍的鷹鷂都尉，朝廷西遷後，他擔任執金吾。依士孫瑞與楊贊的過往經歷與當下頭銜來看，這兩人應該都握有兵權。

王允向當時還在洛陽的董卓建議：由楊瓚為代理左將軍，士孫瑞為南陽太守，兩人共同兵出武關，攻打袁術；當然，打袁術只是幌子，真正的計畫是楊與士孫兩支部隊出武關後便分頭襲擊董卓。董卓相當謹慎，見王允突然那麼積極覺得可疑，便否決了他的提議，王允趕緊徵調楊、士孫二人為尚書僕射與尚書，脫去兵權，以洗除嫌疑。第二波倒董行動又告失敗。

一九一年四月，董卓來到長安，關東聯盟瓦解，與關東方鎮合作倒董的可能性為零，唯一的選項只有刺殺董卓了。這次的發起人是荀攸，當時他擔任黃門侍郎，他的同伙有鄭泰、何顒、种輯與伍孚[33]四人，可能華歆也在其中，荀攸計畫是：刺殺董卓，然後死守殽關與函谷關要塞，將牛輔等董家軍鎖在東方，再以皇帝名義號令天下。

然而刺殺董卓絕非易事，從前一節的敘述我們知道，董卓二十四小時待在軍中，刺客絕難近身。事實上，荀攸究竟有什麼奇想妙計，史書並未記載，我們現在只知道刺殺行動在即，事情卻敗露（「事垂就而覺」），荀攸、何顒因此被捕下獄，鄭泰、華歆等則出逃南陽。

依有限的史料腦補，問題可能出在何顒身上，他因其他犯錯被捕，導致刺殺行動失敗，荀攸亦遭下獄；何顒一世英名，為此憂憤難當在獄中自殺，擔下一切罪責。荀攸心裡悲痛，但為了不讓何顒白死，他表現出一副毫不知情的模樣，在獄中飲食如常，董卓因此沒殺荀攸，但也沒放他，直到隔年董卓死亡，荀攸才再見天日。

一九一年十月，董卓又殺了張溫。張溫的死有點玄，紀錄上說當時太史官「望氣」，預言將有大臣被處死。董卓本來就討厭張溫（畢竟是他前上司），便讓人指控張溫勾結袁術，然後將張溫鞭笞至死，以應預言。事實上，張溫確實曾與王允共謀倒董，不知道董卓是歪打正著，或是故意以太史望氣之名殺人，減輕政治衝擊。

至此，前奔走者聯盟與前何進幕府的伙伴幾乎折損殆盡，有能力與意願刺董的人所剩無幾。

越騎校尉伍孚決定自己來。

關於「伍孚伍瓊傻傻分不清楚」的問題，我們在「袁董和解」一節提過了。史載，伍孚為汝南人，吏佐出身，為人講義氣，力氣大，是條好漢。他被何進徵辟之後一帆風順，從侍中、河南尹一路升上去。伍孚可能不是大族出身，也沒有和袁紹走在一塊；相反地，董卓對伍孚頗為信任，伍孚的「越騎校尉」一職是董卓給的，這是北軍五校尉之一，握有兵權，先前董卓不敢讓蓋勳坐這位置，伍孚能獲此任命顯然獲有董卓有一定程度的信賴。

然而伍孚骨子裡是個激進的反董派，眼看那些動腦的人都失敗，他決定動肌肉。在某個機會下，伍孚穿上正式朝服，身懷佩刀去見董卓，兩人開完會，伍孚告辭離開，董卓親自送他出去，手還搭在他背上，就在此時，伍孚突然拔出佩刀向董卓刺去！

董卓畢竟是武將出身，雖然老了胖了，身手還是靈活，伍孚近距離突刺竟沒刺中，董卓

㉝《三國志・荀攸傳》記載的不是「伍孚」而是「伍瓊」，不過按說伍瓊早死了。

徒手與伍孚格鬥，同時大聲喊人幫忙，待伍孚被衛士擒住，董卓大罵：「畜生造反啦！」伍孚昂然道：「我恨不得將你這奸賊碎屍萬段，以謝天地！」說完暴斃而死。

伍孚可能舌下藏了氫化鉀膠囊，失手便咬破自殺，真正的刺客。

王允聽到伍孚的死訊，不由得深深歎了口氣，又一個烈士犧牲，難道天佑董賊不佑我大漢？他看著窗外連綿不斷的雨水，一顆心也像浸濕的毛氈般直往下沉。

此時僕人通報，有客求見，熟客，已在客室落坐。

王允臉露不耐，咕噥道：「又來發牢騷，呂奉先這小子。」

鐵血王司徒

王允，字子師，并州太原郡祁縣人，家族是地方上的小士族，世代在州郡政府中為事務官。王允打年輕起就志向遠大，不僅勤讀儒書，還練騎射，向文武全才的方向邁進；他的哥哥王宏（這點不甚確定，詳後述）也是個不拘小節、重義氣、武力值高的俠客型士人。

王允能打進全國名士圈靠兩件事，第一是同為太原人的郭泰的提拔。郭泰是當代的麥可傑克森，帥、學問淵博、口才又好，他家境貧寒，沒有官階，單靠個人魅力橫掃洛陽士人圈，在太學做研究時，官員怕被他評鑑，不敢登太學之門；他畢業時送行車輛有數千之多；有回他頭巾一角被雨淋溼，他將溼的部分往內折，結果這種戴法蔚為流行，人稱「林宗巾」

（郭泰字林宗）。

這樣一個超級巨星對小十歲的同鄉後進王允相當欣賞，他加了王允好友，還留言說：「王生一日千里，王佐才也。」王允粉絲專頁觸及率於是大大提高。

雖有郭泰加持，王允並沒有一飛衝天，非大族出身的他還是只能在地方政府就職，年近三十為太原郡政府的一名郡吏。機會與考驗來自士宦之爭，當時是一六六年、漢桓帝劉志延熹九年，第一次黨錮之禍前夕，「五侯」宦官集團權勢正盛，士大夫們肌肉也還算強壯，雙方在全國各地衝突見血。在太原郡，惡宦官的代表是晉陽縣的趙津，時任小黃門，史書上沒記載他的具體罪行，只說他「貪橫放恣，為一縣巨患」。新上任的太守劉瓆本來就鎖定在地的宦官親屬，趙津這種大尾的更不能放過，劉瓆遂派出地頭蛇王允逮捕趙津，準備處刑；不過趙津的家人魔高一丈，他們透過洛陽宦官積極運作，竟換得了皇帝的特赦令。

然而更意外的是，劉瓆竟不理會赦令，將趙津活活拷打致死。這下皇帝生氣了，下定將劉瓆免官逮捕，交付廷尉審判，最後以劉瓆為皇家宗室不便判刑，命劉瓆於獄中自殺。

當時發生好幾起這種士大夫對付宦官「赦後而殺」的案例，使皇帝對士大夫大大不滿，種下黨錮之禍的種子。王允其時名聲尚淺，未受黨錮波及，他以屬員身分護送劉瓆的靈柩回老家平原郡，並為劉瓆守喪，才又回郡政府上班。然而趙津陰魂未散，趙派殘留人馬路佛已按捺了新太守王球，準備進郡政府當高級督察（五官掾），王允力擋，屢次退回太守公文，為此受罰挨鞭刑也毫不退縮，最後是并州刺史鄧盛將王允調來州政府才保住王允一命。

據說這位路佛也是地方一霸，家中有錢，賓客（小弟）數百人，王允當州郡屬吏，隨從不過幾個人，有時候兩方人馬狹路相逢，路佛仗人多想教訓王允，王允在座車中按劍喝叱，路佛的人總是不敢動手。

經過幾番波折，王允名聲大漲，司徒胡廣徵辟他為掾屬，隨後又入政府擔任侍御史。王允在黨錮的陰影下默默地當了十五年的官，一八四年黃巾之亂，他意外被任命為豫州刺史，率兵平亂，在豫州這個不好打的戰區，他大破黃巾別帥，與皇甫嵩、朱儁共同受降數十萬人。受降過程中，王允發現數封來自張讓賓客的書信，顯示這些賓客與黃巾勾結，四十七歲的王允頓時熱血滿腔：將閹宦一網打盡，此其時也！

結果完全不是這麼一回事。王允把這些書信呈報上去，皇帝劉宏找張讓來罵一罵就沒事了**（理論上，勾結亂黨的是張讓的賓客，可能沒直接證據可以入張讓於罪）**，倒是得罪了張中常便甭想全身而退，張讓羅織罪名陷王允入獄，正好遇到黃巾平定大赦天下，王允獲赦復職；張讓不受技術性失誤干擾，他再次誣告，王允又再次被捕。

當時所有人都認為王允死定了，楊賜還勸王允自殺，王允屬下連毒藥都幫他準備好了。王允煞氣地拒絕，說：「我為人臣，皇帝判我有罪，就該受刑以謝天下，哪有自殺之理！」遂自願下獄。後來是大將軍何進、太尉袁隗、司徒楊賜三大名臣連名上奏，力陳王允平亂有功，才保住王允一命，他在監獄中多蹲一年才被釋放，革去官職，廢為平民。

從王允五十年的人生的經歷，我們可以勾出個概略的輪廓，他很硬，上過戰場，有過實績，殺人不手軟，要死也不皺眉頭；但另一方面，他在十常侍橫行的靈帝朝當侍御史十餘年，又顯示他身段夠軟，姿態夠低，不是那種衝動型的烈士。

一八九年，劉宏駕崩，王允與何進合作成為誅宦行動第一線的打手，任職河南尹，手控京畿部隊。董卓進入洛陽後，王允進入董卓的信任圈，可能與董卓曾在并州雁門郡任職有關。董卓讓王允以太僕身分兼領尚書令，並於隨後升任司徒。在遷都長安過程中，王允盡力保護政府文書運送[34]。

到了長安之後，王允運用柔軟身段，「矯情屈意，每相承附」，董卓完全當他是自己人，讓他負責長安朝廷的運作，皇帝大臣也要靠王允與董卓溝通。

然而王允對董卓恨之入骨。前面提到，他一到長安就和荀爽、何顒共謀倒董，荀爽死後，王允又向董卓假建言，企圖令士孫瑞、楊瓚虛擊袁術，實攻董卓，董卓雖沒接受這提案，但也沒懷疑過王允。一九一年底，董卓特封王允為溫侯，食邑五千戶，王允謙虛地接受了二千戶，成為第一代的「大漢溫侯」。

一九二年春天，長安連續下了六十多天的雨，在尚書臺任職的王允、士孫瑞、楊瓚等人利用祈晴典禮的機會，再次締結倒董聯盟，士孫瑞告訴大家：「歲末以來，太陽不照，霖雨

---

[34] 史載，洛陽皇宮庫藏文書原本重六千多兩，王允只能帶走七十多車的文件，而且還有一半的車子在途中遺失，可謂是文化與歷史的一大損失。

積時，但晚上仍可以看見月亮犯執法星座，而且還有彗星，此乃『晝陰夜陽，霧氣交侵』的反常之象，內發者勝，機不可失啊！」

但問題是，要怎麼做呢？何顒、伍孚刺董失敗在先，董卓戒備更為森嚴，還有呂布二十四小時貼身護衛，俗話說的好：「呂布的手上只要有槍，誰都沒有辦法殺他。」那呂布什麼時候手上沒有槍呢？又或者是，有另外突破盲點的思考呢？

秘窟死士

王允和呂布之間親密關係是如何形成的我們不得而知，有人說王允是因為呂布是同鄉好漢，「州里壯健」，因此特別禮遇他，也有人說王允就是為了找呂布當內應，才特別與他結交。

無論王允動機如何，呂布對王允的信任應該是真的，難得在朝中遇見同鄉（雖然太原和五原距離滿遠的）長輩，官高名氣響，還懂得武功打過仗，對自己又厚禮數，和丁原、董卓這些老粗不一樣，呂布一不小心就暈了船，呱啦呱拉地把心中所有委屈都向王伯伯傾訴。

原來呂布很不開心。

董卓確實器重呂布，收他為義子，又讓呂布擔任貼身保鏢，但董卓的情緒管理有問題，喝醉就指著呂布痛罵，甚至抽刀拔劍要砍人，一回最誇張，呂布犯了小錯，董卓二話不說就拿手戟丟過去。手戟是戟前端金屬的部分，可以當短兵器使，董卓是軍人，擲手戟不只是洩憤亂丟東西，他有力道也有準頭，是可以殺人的，好在呂布年輕敏捷，即時閃過，而且控制情緒低頭認錯，董卓也就算了。這事在呂布心中留下陰影，他或許會一直問自己：要是我沒閃過，會怎麼樣？

更糟的是，呂布沒立場大聲說話，因為他真的犯錯，他利用官邸保全職務之便，與董卓的侍婢私通。這事可大可小，若對老闆有點信心，大概可以想像董卓會說：「我兒奉先壯士，吾豈吝一小婢哉？」但顯然呂布一點信心都沒有，他只感到害怕。

這位侍婢史未留名，我們也不知道她後來是否與呂布修成正果，成為幾年後在下邳圍城中哀求丈夫的可憐妻子。能確定的是她是戲曲小說中「貂蟬」一角的靈感來源，以不同名字、身分活在人們的記憶中。

客觀來看，呂布的不滿是有理由的，他帶槍投靠董卓，卻沒有獨當一面的機會，反而被派去幹盜墓這種不入流的勾當；好不容易有機會帶兵討伐孫堅，又只能當胡軫這種廢材的副手。到長安後，呂布更像是進了冷凍庫，雖升官為中郎將、封都亭侯，卻得擔任二十四小時居家保全。反觀老友張楊，當將軍、當太守，儘管河內郡殘破好歹也是一方角頭，不用待在死老胖子身邊整天受氣。

大概在某個私人場合，呂布將這些怨懟通通倒給王允，包括董卓差點殺了他的事，王允終於看見曙光，他邀請呂布加入刺董計畫，擔任最核心的內應。

呂布愣了愣，直覺反應道：「但我跟他是父子啊！怎……怎麼能……」

王允上身前傾，道：「你姓呂，他姓董，本來就非骨肉，你現在想保命都不行，還顧念父子？喏，他拿手戟丟你的時候，想過你是他兒子嗎？」

呂布默然。確實，那群姓董的廢物的待遇，呂布根本連車尾燈都看不到，呂布微微點頭，引信便點燃了。

和先前荀攸、何顒的刺董計畫不同，這回終極刺董計畫有較多的關中在地人參與，除士孫瑞外，還有侍中魯旭入夥，他們都是扶風人，能為計畫提供在地資源。依有限史料想像，士孫瑞等人秘密開鑿「窟室」以為基地，呂布則找來秦誼、陳衛、李黑等十餘名死士，日以繼夜地操練謀畫。

最後就是主謀者王允的工作了，董卓住在軍中，出入均有軍隊保護，呂布的高手武功再高也絕難近董卓之身，刺董的最佳時機在哪裡呢？

北掖門殺人事件

時序進入四月，天氣漸暖，雨水也停了。那天皇宮發出通知，說皇帝劉協日前臥病，現已大好，計畫四月二十三日於未央殿上召開百官大會接受百官祝賀，也好與親愛的叔叔伯伯們敘敘。

董卓收到了邀請書。好一陣子沒進宮了，劉協那小子不知長多高了……董卓想了一陣子，最終批了個「可」字，太師府屬員乃至整支軍隊便急急忙忙動了起來。

董太師進宮可不是件小事，四月二十三日當日，「日月清淨，微風不起」，董家軍總動員，自長安城外軍營至皇宮間築起人牆，左側步兵，右側騎兵，夾出太師專用道；沿著路線還有小部隊的卡哨，隨時環繞護衛太師；最核心的維安自是由呂布負責，他的衛隊前後夾住太師車隊，前方則是宮中派來作為前導的文官。

董卓一邊讓年輕妻子為他穿上朝服，一邊想，聽說前幾天有個道士披塊破布在身上，布上寫了個「呂」字，那道士邊走邊「布呼、布呼」地唱不停，這難道就是……所謂的「丏年冬厚痟人」嗎？

董卓笑著搖了搖頭，整整衣裳走出宅邸，登上馬車，豈知馬匹突然受驚亂竄，害董卓跌下車來，衣服也髒了；董卓心下恚怒，回府更衣，他的妻子不知哪來的第六感，勸丈夫今天別進宮了，董卓不聽，換完衣服出門登車，按表定往皇宮出發。他的車隊可能從城東的清明門入城，走過約三公里長的香室街，在章臺街左轉，到了槀街再右轉，這裡已是未央宮的北面宮牆，高大的北闕就在眼前；不過大概是不想轉直角繞遠路，董卓車隊並沒有走到北面正門，而是走側門、也就是北掖門入宮。這時拉車的馬匹又作怪，不肯前進，一天兩次馬驚，連董卓都覺得怪怪的想打道回府，呂布連忙勸止，大概說：因為馬驚過宮門而不入，怕被人笑話啊。董卓想想有理，便乘車入門。

北掖門正是王允擇定的下手地點。

今日負責戍守北掖門的是李肅，他是呂布同鄉、嫡系人馬，接了主子原本的騎督尉的職銜，守門理所當然；「秘窟死士」秦誼等十餘人則扮作皇宮衛士，手持長戟守在門旁。董卓座車一入宮門，秦誼等人隨即持戟自左右挾叉住董卓車馬，李肅毫不猶豫，上前一戟就刺入董卓胸口！

豈知董卓的朝服內竟穿有盔甲，戟刺不入，董卓反擊間傷了手臂，跌下車，大呼道：「呂布何在？」卻見呂布右手持矛，左手拿詔書道：「有詔討賊！」董卓驚懼間，大概沒認出詔書上士孫瑞的字跡，更沒想到他最信任的王允早備妥了討賊密表，皇帝批准的墨痕還沒乾，董卓只知道他被呂布這個狗娘養的王八蛋徹底背叛了，他吼出人生中最後一句話：「庸狗敢如是邪！」呂布的長矛已刺進他的身體，一旁的士兵上前砍掉董卓的腦袋。

亂世的揭幕者董卓董仲穎，人生落幕。

這一下事出突然，董卓屬下都來不及反應，直到董卓人頭落地，他的主簿田景才回過神來上前救主，被呂布一矛刺死，董卓的貼身僕吏隨後跟上，呂布連殺三人，餘人才不敢再動。呂布隨後下令幾名騎士帶皇帝赦書，於皇宮內外宣傳董卓死訊，宮外士兵震驚之餘，群龍無首，只能跪下高呼萬歲；長安百姓則大喜過望，據說那天長安的酒、肉價格飆漲，因為很多人開趴慶祝。

消息傳入宮中，原本在未央殿上靜候的百官都沸騰起來，王允想來最是激動，只差沒將衣服掀起來蓋住頭慶祝。但就在此時，他竟然聽到一聲歎息，他額爆青筋轉頭，見蔡邕神色黯然，默默搖頭，王允怒極，指著蔡邕罵：「董卓乃國賊，人神共憤，蔡君身為王臣，世受漢恩，不幫忙倒董就算了，今天董卓受天誅，你竟然還歎氣痛惜？」

王允大踏步走上未央殿，全場頓時安靜下來，王允向皇帝行禮，以司徒、尚書令的身分做出「後董卓時代」第一個決策：革去蔡邕一切官爵，下廷尉獄，候審、候斬。凡先前阿附董卓者，亦同此罪。

董卓的時代結束了，但一切才正要開始。

中場

王匡解夢

那晚王匡夢見自己踩在一根搖晃的梁柱上，梁柱斷裂，他摔進河中，雖試著起身，但水流洶湧，他掙扎許久，最終仍被洪流吞沒，他醒了過來，一身冷汗。

他拿這夢去問胡母彪，胡母彪說梁柱斷裂即「棟橈」，意指「澤風大過」之卦；而該卦「上六」爻辭曰：「過涉滅頂，凶，無咎」，乃「必死一人」之大凶之兆。

王匡聽完很高興，因為他知道死的人是誰。

他吩咐胡母彪整頓人馬準備出發，目標是陳留城外的鳴雁亭，今日，陳留太守張邈將在亭外宴飲新任的兗州刺史，曹操。

曹操。

我操你娘的祖宗十八代！

王匡想起當年的河陽津一戰，鐵打的防線不知怎的破了，涼州兵自後方源源不絕地冒出，黃河畔盡是胡笳喪響；泰山子弟兵一個接一個的倒下，有個孩子斷了腿，硬扯住他的戰袍哭道：「阿爺、阿爺，帶俺回家！」他拼了命、咬緊牙根才能扳開他的手指，將他留在冰凍的黃河之中。回河內見到袁紹時，語未落，他淚先流，袁紹跟著他哭；他向袁紹討援兵去收復河陽津，袁紹溫言告訴他：曹操帶了團新兵來，士氣正銳，讓曹操去頂住防線缺口，泰山兵們先休養。

王匡以為袁紹體貼，隨後發現完全不是這麼一回事。當時天寒，傷兵保暖不足，催了幾次冬衣不到，王匡直驅後方大營要辦人，卻見主官已變成曹操手下夏侯惇，而他一手栽培的郡從事、河內在地人韓浩，正在為夏侯惇點算糧草。

王匡找袁紹理論，袁紹好言好語但言不及義，曹操不久趕到，冷冷地說了四個字：「河內貧困。」

那天，王匡與曹操大打出手，打完（而且打輸）後便帶著子弟們離開河內。

他以為袁紹會留他。

王匡披上戰袍，掛上弩弓，在箭袋中裝入三枚他最鍾愛的箭矢，鐵打的鏃，柳木箭身，穿盔破甲，殺一人足矣。他又將腰刀挪至腰前用力繫緊，然後猛地想起袁紹也曾這麼做過，那日在顯陽苑大殿上，董卓氣焰囂張，直言廢立，滿殿文武無人敢言，只有袁紹起身橫刀長揖，悍然離席，王匡不知所以便跟了出去，當下只覺熱血沸騰，目空一切。

但為何不留我？

王匡試著回想離開河內時袁紹的表情，想從中捕捉些許足堪聊慰的端倪，然而他記憶中袁紹的臉卻是像覆上了紗，一片空白。

是木然、是惋惜？是厭惡、或是哀傷呢？

又或者，袁紹根本不必有任何表情，因為他們本不是相同世界的人？

王匡出身泰山郡，家境富裕但家世不顯，他未曾受徵辟察舉，只因生性豁達，愛交朋友，許多罹受黨錮之禍的士人均曾受其恩惠，連奇人蔡邕都曾是王府常客，王公節「輕財好施、任俠仗義」之名於是不脛而走。

而物以類聚，人以群分，首先是同郡名門、「八廚」之一的胡母班上門求親，迎娶了王匡的妹妹，另一位「八廚」張邈不久也與王匡結交。然後就是袁紹。

王匡記得初見袁紹的那天，天空下著大雨，袁紹沒有乘車，而是披簑戴笠騎馬而來。王匡從沒見過那麼好看的人物，即便渾身雨水浸透，袁紹沒半點狼狽樣，挺拔的身段同樣挺拔，俊朗的面容依舊俊朗。兩人在後堂把酒言歡，不覺竟過了一夜，王匡醒來時身上覆著袁紹的袍子，袁紹已走了。

王匡在袁紹的安排下進了何進幕府，並自泰山募得強弩五百人，專門對付宦官。中平六年八月，何進被殺，洛陽大亂，袁紹問誰敢闖禁中、殺閹宦，王匡是唯一應聲的。那是王匡殺人最多的一天，他的箭袋空了又滿，滿了又空，兩只弩都射脫了弦，將端門到承明堂之間鋪成一條血路，像是專為迎接袁紹的御道。

從那天起，王匡便知道一切回不去了。

王匡整好衣裝，步出營帳，胡母彪已整頓好人馬，三百名泰山兵，早不是當年洛陽、河陽津血戰的熟面孔，王匡看著那一張張稚拙的臉，有人興奮，有人惶惑，他用特別老成的嗓音說道：「各位子弟，昔日董卓為亂，袁將軍號召天下英雄共討之，阿爺舉兵響應，那是阿爺有幸！豈知有方鎮私心自用，不討賊，卻專務兼併之能事，伐害盟友，致使義軍敗績，聯盟瓦解。阿爺每思之便不禁搥胸頓足，淚流不已！」

王匡大大歎了口氣，續道：「所幸皇天有眼，今日那奸賊便在左近，不設防備，阿爺又有你們這些好子弟。你們願不願意與阿爺同心殺賊、為天下大義盡力？」

那三百泰山兵道：「願與阿爺同心！」

「願不願意！」

「願與阿爺同心！」

王匡道：「很好，沒白費阿爺平日教導，一會兒各隊依安排行事，切記：今日阿爺只殺一人，阿爺弩箭所往，便是那將死之人！」

眾人齊聲稱是，喊聲震天。

王匡想，那年他在河內時可不只這般聲勢。泰山來的兵，加上河內應募的人馬，足足有三萬之眾，在河陽津操練時，河水都起波紋，那都是他辛苦攢來的。河內貧困，哼，天下哪裡不貧困？不費心思，還想要打仗嗎？

那年王匡是在離開洛陽途中得知獲拜為河內太守的消息，對連郎官都沒當過的王匡來說，一下晉身二千石大位不禁有飄飄然之感，但他很快明白，他這河內太守是為袁紹當的，河內離洛陽僅一河之隔，是將來的反董前線，他必須為袁紹照顧好這個前線。

河內先前飽受黑山賊侵擾，兵是有的，錢糧便匱乏得厲害，王太守可不信一個大郡只有這些家底，他從郡學中編收了一批學生，下放至各縣，專刺官員富人隱私，只要觸法，不管犯行再輕微都先論夷族之罪，然後要人付錢贖罪。這招立竿見影，錢糧滾滾而來，河內軍也隨之成形。

一年後，河內大會盟，河內軍比任一處方鎮都更具規模，王匡與袁紹攜手登臺，向數十名郡守將軍宣讀誓詞，那一瞬間，王匡覺得所做的一切都值得了。

這讓王匡想起一件特殊的案子。那是溫縣一個姓常的傢伙，不通官府逕將門客吊起來鞭打。這種囂張土豪抓起來只是剛好，重點是要敲他多少錢。想不到這土豪的姪子竟也是郡學諸生，他找上胡母彪，說了一套「苟無恩德，任失其人，覆亡將至，何暇匡翼朝廷」的鬼話，胡母彪個性單純，被說動，回頭勸王匡節制，還說現在這樣幹，與當年閹宦有什麼兩樣！

王匡於是將那姓常的傢伙放了，一來因為溫縣常氏不夠肥，二來他不想傷胡母彪的心。

王匡看向在前頭帶隊的胡母彪，幾年下來，他的肩膀厚了也寬了，當年離開泰山時，還是個忸怩的孩子呢。他沒跟著自家叔伯入朝當官，反而跟著自己這個舅爺東奔西跑，真是個傻孩子，也是個好孩子。

王公節從不傷好人。

若不慎傷了好人，那也是不得已的。

例如胡母班。王匡痛苦地回憶著。

胡母班下獄那幾日，是王匡生來最難熬的幾日。他不吃不睡獨坐案前，案頭一側是袁紹「殺之以殉軍」的皂囊文書，一頭是胡母班「曩為一體，今為血仇」的訣筆信。他批下行刑今時，手抖得不像自己的，他頭一件事便是衝到獄中抱住胡母班的兩個兒子痛哭，大呼「阿舅不得已！不得已！」一轉頭，見到胡母彪站在那兒，雙目血絲，臉色倉白。

他記得胡母彪當時說的每一個字：「怪伯父不是，什麼不好做，竟為董卓做說客，還說是為朝廷。三歲小兒皆知，當今哪有朝廷？阿爺奉盟主令殺之，正得其所。」

王匡當下只想抱緊這孩子。

泰山兵在廣袤的平原上前行，斜陽在他們身後拉出長長的影子，像即將飄散的魂魄。在他們前方，陳留的城樓愈形清晰，張邈的旗幟已隱然可見。

張邈找上王匡，是在河陽津戰後不久，他親自來泰山拜見。

王匡對於張邈上門有些訝異，畢竟他與這位「東平長者」只是點頭之交；待聽完張邈的來意，王匡更是驚訝得合不攏嘴，張邈找他對付袁紹。

王匡知道張邈率兗、豫聯軍駐於酸棗，雖奉袁紹為盟主，實則自立山頭；王匡也曾聽聞袁、張略有齟齬，但從沒想到二人已決裂至這般程度。

那天張邈還帶了個愁眉苦臉的小老頭前來，經介紹才知道那是前御史中丞、冀州牧韓馥韓文節，韓馥一開口便痛罵袁紹謀奪他冀州之地，還說袁紹早不存匡扶漢室之心，一頭與公孫瓚交戰，另一頭覬覦兗、豫二州，曹操這賊廝正是袁紹送進兗州的爪牙。

韓馥又提到曹操正炙手可熱，他在東武陽破黑山，又在壽張破黃巾，聲勢大漲，有些人正在串聯拱他當刺史，令人憂心。王匡嗤笑回說，那都是袁家的兵馬，曹操乃閹宦之後，根本沒那本事。

張邈把話接過去，語重心腸地說，他與袁紹為總角之交，但實不願見兗州沉淪，剛死一個董卓，又來一個董卓，因此有意號召英雄共襄大義。袁紹擅矯飾，天下人多為其矇騙，只有像韓馥親受其害者方知袁紹真面目；近來呂布亦不堪袁紹之惡，出奔河內，已答應張邈與盟，若能再得王匡相助，則「除袁聯盟」如虎添翼！

這是半個月前的事，這也是為什麼，王匡與一眾泰山兵會出現在陳留之郊。

鳴雁亭外荒原上，設了帳幕，擺了几案，野宴正在進行，而一如張邈所言，與會者十數人，並無兵丁在側。王匡一聲令下，泰山兵分隊上前，幾名還不知發生什麼事的侍從已被摺倒，與會客人的頸子上都架上刀子。

「王公節，你在幹什麼？你怎麼會在這裡？」一名與會者起身怒罵，隨即被按回座位上。

王匡一邊將箭矢搭上弩身，一邊說：「陳公臺，今天沒你的事，坐下，閉嘴。」說著王匡來到主桌前，道：「孟德，別來無恙。」

曹操矮小的身形罩在過大的刺史官服中顯得有些滑稽，他作了揖，道：「公節無恙，這些年不見，公節是清瘦了，難得今日孟卓準備了好酒菜，公節不如……」

「少來這套。」，王匡將弩弦拉滿，道：「我就只問兩個問題……本初無恙？」

曹操道：「袁紹安好，身體健碩，清靜自得。」

「他有問你提起我嗎？」

曹操靜默片刻，道：「經常提起，常說：不知王公節是否還經常夜寤。」

王匡低下頭，調勻呼吸，像是放下了什麼千斤重物一般。接著他舉起弩機，對準了張邈。

張邈大驚道：「王公節，這……這……這怎麼回事？我們說好的不是這樣啊……這……」

「都是為了本初。」王匡說著扣下扳機。

咻！

一支弩箭從後飛來，貫穿了王匡的心口。

王匡口鼻淌出鮮血，他以弩撐地勉強回過身子，看見的是胡母彪高大的身影。

「為……為什麼？」王匡吃力地問。

胡母彪冷然道：「一奉刺史之令，二為我家報仇。」

王匡嘔出一口鮮血，道：「那不……不是我，是袁……」

胡母彪道：「袁紹有拿刀架在你脖子上逼你殺人嗎？這把年紀了，什麼都推給袁紹，你知不知羞？」

王匡頹然跪倒，淚眼模糊中，他看見泰山子弟兵一張張面無表情的臉，他這才明白，他王公節之於泰山，與胡母家之於泰山究竟是怎麼樣的存在。

現場自有人收拾王匡屍體，曹操在一旁歎道：「王匡濫殺無辜，殘害忠良，今這般安排，也算是幫胡母家伸張正義了。」

張邈道：「正是、正是，我早有除惡之心，想不到孟德還是快了一步啊。」

曹操又道：「但王公節畢竟有俠義之名，死得這般慘，我心下過意不去，還是好好把他給葬了吧。」

張邈道：「當然、當然，畢竟相識一場，我正有此意。」

「對了，孟卓。」曹操回到座位，道：「剛剛你說……說好什麼？」

張邈出了一身冷汗，結結巴巴地道：「說……說好……說好同心匡復漢室，想不到他竟然如此待我，實在令人心寒。」

曹操笑道：「確實。咱們喝酒。」

謝承《後漢書》：「匡少與蔡邕善。其年為卓軍所敗，走還泰山，收集勁勇得數千人，欲與張邈合。匡先殺執金吾胡母班。班親屬不勝憤怒，與太祖並勢，共殺匡。」

第六章

董卓之後

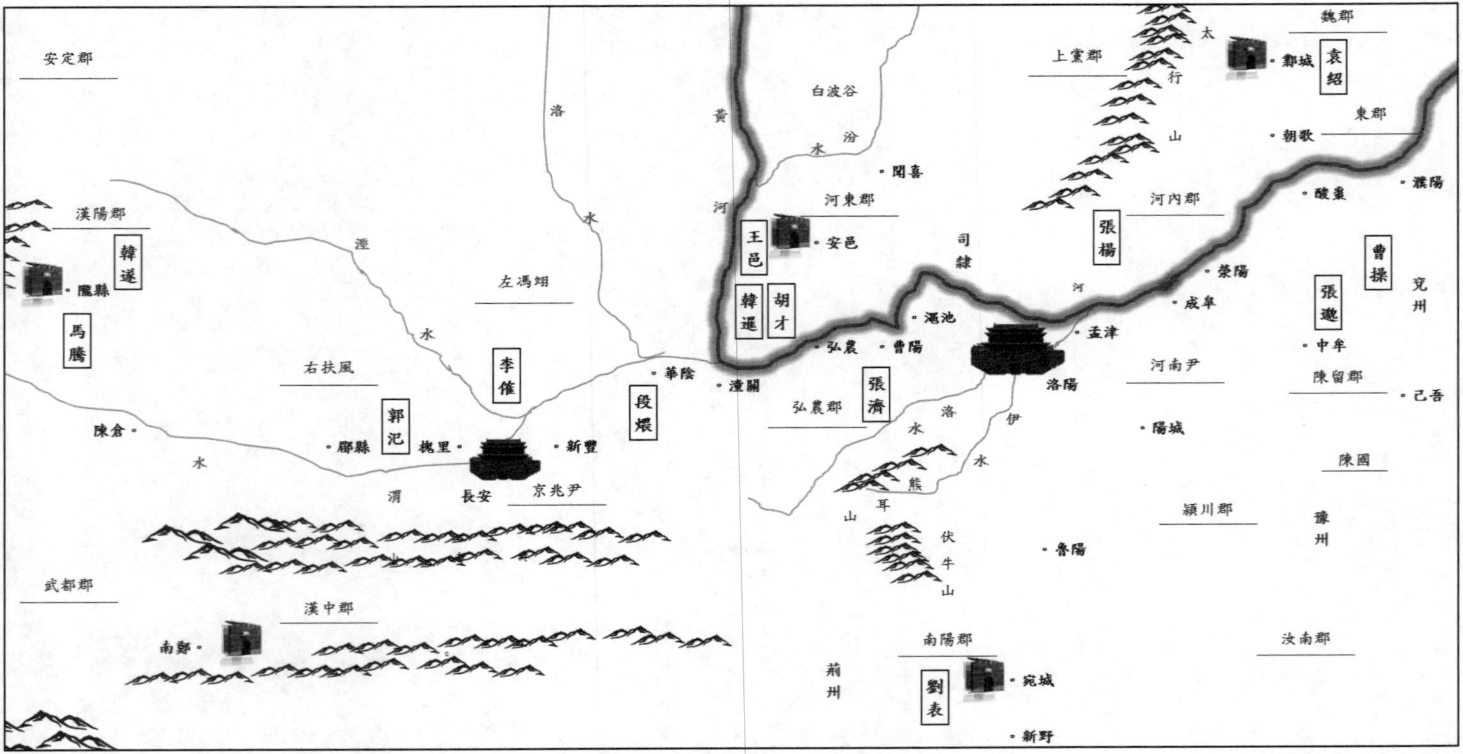
安定郡
漢陽郡
韓遂
隴縣
馬騰
陳倉
水
右扶風
郿縣
郭汜
槐里
渭
長安
京兆尹
新豐
涇
水
洛
水
左馮翊
李傕
段煨
華陰
潼關
武都郡
漢中郡
南鄭
黃
河
白波谷
汾
水
聞喜
河東郡
王邑
安邑
韓暹
胡才
弘農
曹陽
澠池
弘農郡
張濟
司
隸
洛
水
伊
水
熊
耳
山
伏
牛
山
魯陽
荊
州
南陽郡
劉表
宛城
新野
洛陽
孟津
河
上黨郡
太
行
山
河內郡
張楊
成皋
滎陽
河南尹
陽城
潁川郡
魏郡
袁紹
鄴城
東郡
朝歌
酸棗
濮陽
曹操
兗
州
張邈
中牟
陳留郡
己吾
陳國
豫
州
汝南郡

▲圖四：後董卓時代

司徒的決斷

王允的當務之急是處理董卓的殘餘勢力。這包括三類人：董氏宗族、董家軍、還有阿附董卓的士大夫。

當時董氏宗族聚集在郿縣，由董承、董旻率兵保護。王允請出大神皇甫嵩出征郿縣，董旻等人不是對手，郿塢陷落，董旻戰死，董卓九十歲的母親走到塢堡門口大喊饒命，隨即被斬首，董氏一門無論老小悉數處死。郿塢中黃金二、三萬斤，白銀八、九萬斤，「錦綺繢縠紈素奇玩，積如丘山」，全數充公。

當時人們對董卓的恨意不是身死族滅就可以抵消的；朝廷下令將董卓暴屍於市，董卓肥胖，屍油流得到處都是，值夜的守屍官吏抱著實驗心態，搓了一條粗大的燈芯，插在屍體肚臍上，結果還真能點火當燈用，一路亮到早上，而且還點了好幾個晚上。

董氏族人自然也甭想獲得什麼安葬待遇，滿懷恨意的袁氏門生跟在皇甫嵩的軍隊之後蜂擁至郿塢，一面殮葬袁隗、袁基屍骨，一面火焚諸董遺體，將骨灰灑在路上任人踐踏。

先前董卓沒殺皇甫嵩，不知此下皇甫嵩見郿塢滿地屍骸，又是怎樣的心情？

這裡有條漏網之魚，董卓的女婿牛輔。之前提到，董卓西撤長安時，留下牛輔駐兵陝縣對抗關東聯軍。陝縣距長安約二百四十公里，說近不近說遠不遠，牛輔軍力強大，是王允新政府最大的威脅。王允將這棘手的問題交給呂布，呂布派李肅持詔書至陝縣，希望不動用武力單單誅殺牛輔一人；但詔書在駐外的董家軍中顯然無法發揮功能，牛輔抗命，派兵反擊，李肅身為宣詔御史大概也沒帶什麼兵，於是撤退至弘農，想不到呂布不但不支持同鄉，還以任務失敗為由將李肅處死。話說李肅在刺董計劃中負責開那九死一生的第一槍，到頭卻死在同志手上，可謂冤枉。

呂布還在思考下一步怎麼對付陝縣駐軍，牛輔便自爆了。香港漫畫家陳某在作品《火鳳燎原》中成功地將牛輔塑造成悲劇英雄，不過依史料記載，牛輔比較像是個丑角，他應該是涼州人，沒有任何實績，靠裙帶關係晉身中郎將的高位。董卓派他帶兵打白波賊，他不但沒打贏，還打到整個河東郡都掉了。大概正因為這樣，面對李傕郭汜這些屬下時，牛輔相當沒自信，得將兵符、刑具擺在一旁耍威風，見外賓之前還找算命師看吉凶。

要這樣一個廢材扛起後董家軍的領袖擔子，毋寧是期待錯誤。

牛輔擊退李肅後，心裡仍是極為不安，當時駐兵澠池的董越帶兵前來投靠，牛輔照慣例問算命師的意見，想不到這位算命師和董越有過結，便捏造了一個「外謀內之卦」，牛輔就把董越宰了。按理說董越是和牛輔平起平坐、獨立領軍的中郎將，死得一整個莫名其妙。

董越死後某天，陝縣部隊突然「無故大驚」（可能董越的人帶頭作亂），牛輔本來就神經衰弱，鬧兵變讓他徹底崩潰，他也管不了「董卓女婿」的身分，和帳下幾個胡人屬官（其中一人名叫赤兒）將財寶款款便落跑，牛輔自己身上藏了二十幾枚金餅和一副大白珍珠鍊。他們一行人來到陝縣城北，也不敢叫開城門，而是用繩索從城牆上垂降出城；輪到牛輔時，大概身上金餅太重了，垂降到一半，上頭的人拉不住繩子，慘叫聲中牛輔重重摔在地上，傷了腰脊，連站都站不起來，那些胡人你看我我看你，最後大夥有志一同，將黃金與珍珠卸下，砍下牛輔的腦袋，上長安報功去。

董家的最後一道希望就這樣滅了。

王允要處理的第二類對象便是為數眾多的董家軍，這包括董卓親領、駐紮在長安一帶的部曲兵，如樊稠、李蒙、王方等人；另外是駐紮各地獨立的董家部隊，有段煨、胡軫、徐榮、楊定等，此外還牛輔雖死，陝縣還有李傕、郭汜、賈詡等部隊。

當權集團對如何處理為數眾多的董家軍意見不一，呂布要殺盡一個不留，士孫瑞則認為應下赦令。王允最後採取「不赦也不殺」的折衷方案，他的理由是：「這些人只是遵從主子的命令，本來就無罪，不該殺；但也因為無罪，所以不用赦，若下赦令，等於是先在他們頭上安上罪名，再赦免，這只會讓他們起疑，不是安定人心的方法。」

姑且不論王允的邏輯是否正確，王允確實沒有加害董家軍的紀錄，例如胡軫與徐榮在董卓死後歸順新朝廷，王允不喜歡他們，但也沒對他們秋後算帳。

不殺不赦是一回事，要如何安置這十幾萬軍隊又是另一回事。董家軍人數眾多、火力強大，有人便建議：「董家軍素來害怕關東軍，若將他們驟然解散，必定人人自危；最好還是請出皇甫嵩這塊神主牌，讓他統領董家軍繼續駐紮陝縣，朝廷再和關東軍好好談，看之後怎麼處理。」

王允搖頭說：「關東聯盟都是自己人，今天讓涼州人拒守陝縣，固然安定了涼州軍心，卻惹來關東人懷疑，行不通啊！」

從先前袁紹企圖另立新帝的行為看來，袁紹與長安朝廷之間的關係其實頗為脆弱；王允認知此節，董卓死後第一時間便派使者張種宣撫關東，要在董家軍和關東軍之間玩恐怖平衡遊戲他自然是更不會肯的。最終，安置方案都被否決，只留下最簡單粗暴的甲案：下達裁軍令，董家軍立刻放下兵器，就地解散。

王司徒要處置的最後一群人，也是最渣的那群，就是阿附董卓的士大夫，這其中最邪惡最該死的，自然是董卓在世時最嗆紅的蔡邕。當時許多大臣都為蔡邕求情，蔡邕也上書自我批判，希望能帶罪完成漢史，但鐵血王司徒不為所動，一代天才遂被殺害。這事對王允名聲造成很大的傷害。

柏陽認為，王允之所以一定要殺蔡邕，是擔心蔡邕記下他諂媚董卓的醜態，我不反對這種看法。不過我會認為，王允和蔡邕是董卓最信任的兩名士大夫，蔡邕行逕還要更張揚些，在那個困難的時刻，在長安的蔡邕宅邸可是經常「車騎填巷，賓客盈坐」，因此要論媚董醜態，蔡邕未必能好看到哪去。我覺得以王允嫉惡如仇的個性，想到之前自己折節附董的樣子，恐怕是難堪到搥心肝的，他殺蔡邕，大概是為了殺掉那個過去的自己吧。

除了蔡邕外，「諸阿附卓者皆下獄死」，具體受刑人名單不清楚，只知道還有一位名叫「丁彥思」的名士因附董而遭處決，但不知此丁公為何人就是了。

并涼衝突

簡言之，王允處理董卓餘黨的原則是「捉大放小」，董卓親屬滅族，附董士人處死，至於廣大的涼州軍士們則不加刑責，只是解除武裝。這樣的原則其實不能說錯，但王允顯然缺乏具體落實步驟，更沒有適當的政策宣傳管道，乃至「誅殺董卓」一事從一起單純政治謀殺，上綱成為并州、涼州兩個族群間的衝突，再無法收拾。

前面提過，董卓集團本來就有很強的地域性，他又整頓了蓋勳、皇甫嵩、馬騰、韓遂等朝野涼州勢力，儼然成為涼州人的共主。而王允這頭是否刻意地組成「并州幫」則不清楚。不過在董卓死後，獲得晉升的確實只有并州人；呂布從中郎將升為奮武將軍，封溫侯，而且「假節，儀比三司，共秉朝政」；王允的同鄉宋翼、王宏（可能就是王允他哥）分別擔任三輔中的左馮翊與右扶風，共保長安。相反地，刺董同盟關中出身的士孫瑞、魯旭等人則沒受什麼封賞，也未領任何實權。

這些事實交疊起來，變成是并州人對涼州人的挑釁，於是董卓死訊剛傳出，在潁川、陳留的李傕、郭汜、張濟等人第一反應就是找并州人洩憤，而且不是在并州的并州人，是自家軍中的并州籍士官兵與軍眷，因而「并州人其在軍者男女數百人，皆誅殺也」。這是個完全不理性的行為，可見其恨意之深之廣。

另一方面，呂布對涼州人也相當畏懼，他先是向王允建議「盡殺董卓部曲」，被拒絕後又不斷荼毒涼州籍士官兵，因此「涼州人皆怨」。最後關中輿論變成朝廷「當悉誅涼州人」，涼州人之間也相互傳言：「蔡邕、丁彥思不過和董公好一點就被殺，何況我們？今天朝廷不下赦令，卻要我們解散，我們今天一解散，明天就是俎上魚肉啦！」

至此，王允原本「此輩無罪，從其主耳」的善意完全被抹去，雙方敵意升高，衝突一觸即發。

這邊岔題講一個人，荀攸。荀攸在幾個月前和何顒共謀刺董失敗，何顒死，荀攸下獄，董卓死後荀攸被放出來，按理說該有個好位置，但荀攸卻棄官逃離長安，為什麼呢？

當初荀攸的刺董計畫中，董卓死後該做的第一件事是「據殽函」，接著才是「輔王命，以號令天下」。換言之，荀攸非常清楚董卓之死必將引來董家軍的西侵，長安朝廷得先求自保，否則號令天下云云只是空口說白話而已。

王允和呂布都沒慮及此點，關中的東方門戶洞開。荀攸大概就是看到這情形，才選擇棄官回鄉吧。

或許只是我們的後見之明，但荀攸的決定是對的。

長安淪陷

李傕、郭汜、張濟回到陝縣基地時，等著他們的是總司令牛輔的屍體，還有几案上朝廷下達的裁軍令。李、郭、張三人你看我我看你，半天才有人說：「你們看……該怎麼辦？」

「就……就照辦啊……有幸與二位並肩作戰，就此別過，山高水長，總有再會……」

「你們瘋啦！這……回涼州幾千里路，咱們還是把糧草分一分再散吧……千萬不可讓士兵知道……」

以上這些對話是我的想像畫面，以下才是史書記載，就在李、郭等人將行各自落跑之際，一個人跳出來大聲說：「別傻了，蠢貨們，長安正討論要將咱涼州人趕盡殺絕，若解散軍隊，一個小小的亭長就可以將咱們抓起來治罪！而今唯一的辦法就是團結起來，率軍攻打長安為董公報仇。若打下長安，我們奉國家以正天下，如果不成，再逃也還不遲！」

做出建議的乃是當時官拜討虜校尉的賈詡賈文和，他是武威人，世家出身，舉過孝廉，可能是董家軍中書念最多之人。

李郭等人接受了這個建議，正式衝突前，他們再度試圖與長安朝廷談判，希望求得赦令，王允卻以「一歲不可再赦」為由否准這項請求。

前面提到，王允原先的政策是不追究董卓部屬過往的罪愆，不過李郭屠殺并州人，又違抗李肅的裁軍令，已經不是「不要去理他」可以善了的，因此需要真正的赦令。至於所謂「一歲不可再赦」，應是指今年一月（董卓還在世時）朝廷已大赦天下，短時間內「赦不出來」。不過「一歲不二赦」並非什麼牢不可破的定律，事實上，三年前、一八九年一年內便大赦了三次：劉辯即位後、宦官被殲後，以及劉協即位後各赦一回。說到頭來，赦與不赦，還是看當權者運用。

既然赦免無望，李郭等人只能孤注一擲，他們帶領數千人部隊自陝縣開拔，日夜兼程，一路向西，沿途收編流散的涼州部隊。這個時點很巧妙，關東方鎮各忙各的，沒人理會這支西行的軍隊（或者是說沒人理會長安朝廷）；長安這頭乎也搞不清楚狀況，甚至不知道有敵軍入侵，李郭一行人於是暢行無阻，直抵驪山下的新豐縣，距長安不到三十公里。

王允這時才撥開戰爭迷霧，發現敵軍近在眼前，但他似乎不感到威脅，他沒派呂布、皇甫嵩出擊，卻找來胡軫、楊定、徐榮三名董卓舊部，用羞辱式的口吻說：「那些鼠輩到底想幹嘛，你們去給我搞清楚！」

結果涼州出身的胡軫、楊定一出長安便召集舊部向李郭投降。最可憐的是徐榮，身為幽州籍的董家軍將領，他背後得不到王允的支持，前方也不受李郭見待，只能帶著少得要命的幽州人發動攻擊，最終這位曾大破曹操與孫堅的一代名將便戰死在新豐。

新豐一戰獲勝，李郭軍聲勢大漲，長安一帶原本「擁兵自守」的涼州部隊全數與李郭軍合流，人數遂膨脹至十餘萬之多。王允這時才狂施放善意，本來不能做的大赦令立馬做了，並且升任皇甫嵩為車騎將軍，證明朝廷沒有虧待涼州人。但這些都太晚了，涼州大軍兵臨長安城下，長安城池堅固，李郭不強攻，下令圍城。

守城工作自然是由呂布負責，以後見之明，這實在是個不幸，呂布野戰能力一流，守城紀錄卻不怎麼樣，負責的城池每守必掉，洛陽是第一個，長安是第二。面對人數龐大的敵軍，呂布沒有太好的退敵之計，只能盡可能以個人能力取得戰爭優勢，他向駐軍城北的郭汜要求單挑，郭汜同意，兩人於是展開場三國史上唯一有紀錄、方方面面都符合標準的武將單挑，也就是兩軍擺開陣勢，陣圓之處，雙方主將出馬一決勝負。

單挑結果，呂布獲勝，他一矛（不是方天畫戟喔）刺中郭汜，但沒能取對方性命，郭汜的後備騎兵即時救援，兩軍遂各自撤退。

然而呂布的單挑勝無法改變局勢，圍城第八日，六月初一，長安城中一支來自蜀地的部隊叛變，開城門獻降，城門校尉崔烈幾周前才從郿縣大獄出來，面對大舉湧入的涼州軍不幸戰死，越騎校尉王頎亦領禁軍力戰而亡，其他如太常种拂、太僕魯旭、大鴻臚周奐等九卿級的官員都在巷戰中喪生，其餘軍民死者數萬，長安於是淪陷。

過去一個多月呂布與王允其實相處得不甚愉快，王允將呂布視為一介「劍客」，政務上不怎麼聽他的意見（呂布自己也不爭氣，老說些「董卓部曲死光光」、「董卓財產大家分」之類沒建設性的建議），但呂布還是愛著王允的，在這個城陷的緊急時刻，他沒有回家去救他那可憐兮兮的小妻子，反而策馬來到宮門前，呼喚王允跟他走。王允拒絕，他要呂布帶話給「關東諸公」，「勤以國家為念」。呂布無奈，帶著數百名騎兵東出武關，投奔袁術去了。

當天稍晚，王允帶著皇帝劉協逃到長安城東北邊的宣平門城樓，李郭等人尾隨而至，劉協當眾再一次大赦天下，而且依要求授與李郭等人將軍頭銜，但李郭堅持交出王允。王允最終自行步下城樓就縛，李郭又以皇帝的名義召來同是并州幫的左馮翊宋翼與右扶風王宏，在六月七日將三人處死。

王允的兩個兒子王蓋、王景，連同宗族十餘人均被殺，他哥哥的兩個兒子王晨與王凌、可能還有個女兒（後來令狐愚的媽媽）則逃過一劫。王允的壯烈事跡大大擦亮「太原祁縣王氏」的招牌，王凌後來在曹魏政權下飛黃騰達，官至太尉，還帶領了反司馬氏「壽春三叛」的第一叛。西魏大將軍王思政、唐朝詩人王維也是出身這個家族。

同時被殺的還有司隸校尉黃琬，罪名是共謀刺董；倒是另一位刺董的主謀士孫瑞沒事，前頭說過，刺董後王允沒給士孫瑞什麼封賞，李郭等人也就漏掉了這個共犯。

涼州四天王

「涼州四天王」是我給李傕、郭汜、張濟、樊稠四人的代稱，他們都是涼州人，都是軍人，用比較小說方式形容，李傕是傲慢的大哥，郭汜是覬覦大哥之位的老二，張濟是獨善其身的老三，樊稠則是快速竄升的新星老四。

李傕是四人中形象比較清晰的，他的表字稚然，出身涼州北地郡，是名聲卓著的戰將，早前劉艾評論孫堅用兵不如李傕、郭汜；陽人之戰後出使孫堅求和的也是李傕。

李傕的家族應是中等軍公教人員之家，堂弟李應當過京兆丞趙溫的故吏，兩個姪子李利、李暹以及外甥胡封均隨董卓效力，另外李傕還有個同鄉故舊李禎，當到皇帝身旁的侍中。李傕本人「習於夷風」，指揮得動羌胡傭兵，這些人脈大概是李傕在後董卓、後牛輔時代取得領導地位的原因。

不過李傕也就僅止於一個會打仗的軍人而已，離帝國舵手還有很大的差距。史載李傕是個虔誠的信徒，常邀請道士或女巫降乩，隨身帶滿平安符與幸運物；他在宮門前為董卓立了個「神座」，每回進宮前得先拜拜。他不懂宮廷禮儀也不願意學，在史書上就是一副大老粗的模樣，而且他雖有人脈，卻是個糟糕的老闆，他的下屬背叛率有點高。

相對李傕，郭汜的紀錄就少得多。我們知道他的另一個名字是郭多，出身涼州張掖郡，是和李傕並列的董家軍戰將。李傕曾罵郭汜是「盜馬虜」，但我們不確定這個罵詞所指為何，畢竟偷一、兩匹馬為生的夜賊，和一秒鐘幾千匹馬上下的走私販，大概都可以說是「盜馬虜」。

張濟則是涼州武威郡人，應該也是公務員家庭出身，至少他的姪子張繡年輕時是縣政府的吏員。比張濟更有名的是他美麗的妻子，《三國演義》稱她為鄒氏，史書則未留其姓名，後來曹操便是為她喪失兒子曹昂與部下典韋。

樊稠則是涼州金城郡人，他的資歷可能比李、郭、張三人淺，乃至於董卓在世時，樊稠並未獨立領軍，而是緊跟在大老闆身旁。不過事實證明，樊稠的作戰能力比起三位前輩有過之而無不及，加上有種英雄氣質，使他在後董卓時期人氣飆漲，但也因此種下他的死因。

可能有人會從印象上以為涼州四天王一拿下長安就陷入狗咬狗的窩裡鬥，事實上，四天王政權維持了二年又八個月左右的政治安定：從一九二年六月長安淪陷，到一九五年二月樊稠被殺。當然，所謂「安定」是比較級的說法，也就單單指這四人沒有互相砍來砍去，事實上整個帝國包括三輔地區仍陷於嚴重的動亂中。

初入長安時，四天王的政治野心有限，他們似乎只想保有軍隊，對帝國權柄並不熱衷，因此他們追求的頭銜都相當平庸：李傕為揚武將軍，郭汜為揚烈將軍，樊稠等人則僅為中郎將，另外胡軫為司隸校尉，賈詡為左馮翊。

四天王拱上檯面的執政官是前將軍趙謙，由他接手王允留下來的司徒一職，之後又擔任尚書令。大家如有記憶，趙謙是蜀郡人，曾奉董卓之令攻打劉焉；這麼一來，日前打開長安城門、向李郭軍獻降的那支神秘蜀軍究竟何來，應有明顯線索吧。

趙謙執政沒過幾個月就死了。同時執政的還有老臣馬日磾，他以太傅身分錄尚書事，但位置沒坐熱就被派去出差「持節慰撫天下」了，接下來參錄尚書事的有司徒淳于嘉、司空楊彪、太尉周忠等，

不過四天王很快就發現雜號將軍、中郎將職位太遜，政務完全交給士人風險也太高，於是一九二年九月，四天王們的頭銜有了跳躍性的提升，大哥李傕任車騎將軍，領司隸校尉（原司隸校尉胡軫應已病死），假節，封池陽侯，並成立獨立辦公室（「開府」）；二哥郭汜則擔任後將軍、美陽侯；三哥張濟為鎮東將軍、平陽侯；老四樊稠則為右將軍、萬年侯，

官階比張濟還高。長安朝廷由李、郭、樊三人共秉朝政，張濟則返回陝縣大本營，提防關東軍。

雖然說是共秉朝政，但李、郭也知道自己是「秉」不出什麼東西的，他們還是只能找上集團的大腦賈詡，給他封侯，並拱他當尚書僕射，也就是尚書臺的副首長，賈詡堅決辭讓，最後賈詡沒封侯，進尚書臺也只當個小尚書主管選舉，而且不久就因母喪去官，轉任顧問職的光祿大夫。不過賈詡雖不居高位，他對四天王政權的穩定仍相當重要，無論是擔任四天王間的調解人，或是四天王與皇帝間的溝通管道，賈詡都頂著「裡外不是人」的壓力努力工作著。

第三次關東聯盟，便是賈詡面臨的挑戰。

第三次關東聯盟

四天王政權在長安站穩腳步同時，關東地區正陷入前所未有的混戰，由二袁之爭形成的兩個集團輪廓逐漸清晰，「袁紹、曹操、劉表」軸心，對抗「袁術、陶謙、公孫瓚」聯盟。這其中以袁紹與公孫瓚的河北之爭最慘烈，界橋、巨馬水、龍湊三場大戰雙方互有勝敗；曹操、劉表則對付擴張中的袁術，還有心力操煩長安政局的，只有徐州的陶謙了。

一年前，陶謙贊助了朱儁三千精兵討董勤王，結果朱儁被李傕、郭汜殺了個慘敗，困守中牟；現在董卓已死，陶謙決定再試試手氣，便以徐州刺史的身分領銜，並由「前揚州刺史周乾、琅邪相陰德、東海相劉馗、彭城相汲廉、北海相孔融、沛相袁忠、泰山太守應劭、汝南太守徐璆、前九江太守服虔、博士鄭玄」等連署，正式行文給「行車騎將軍、河南尹」的朱儁，表示關東起兵以來已經三年，不但沒能打擊逆賊，反而「互爭私變，更相疑惑」，因此連署人決定推舉「既文且武」的朱儁為太師暨元帥，號召方鎮重組聯軍，討伐李傕等人。

陶謙這份連署書看起來陣仗浩大，不過連署人多半是他轄下的守相或是避難徐州的名士，只有北海相孔融、沛相袁忠、泰山太守應劭、汝南太守徐璆四人算是具有獨立地位。不知巧合或故意，陶謙的連署書抵達中牟時，長安的詔書也來到朱儁面前，那是徵朱儁入朝的詔書。朱儁身旁的人都反對入朝，贊成與陶謙共同起事，朱儁持不同意見，理由有二：第一，這是天子詔書，不能不遵；第二，「傕汜小豎，樊稠庸兒」，他們各擁勢力，一定會有衝突，屆時朱儁可從中取利，大事可濟！

朱儁於是西入長安，第三次關東聯盟也就無疾而終。

無論是否得悉陶謙的計謀，久駐中牟的朱儁總是四天王的喉中梗眼中刺，要不用武力鏟除，要不就是招安他，最終四天王選擇後者，據記載是太尉周忠與尚書賈詡的主意。就結果來看，這是個正確的決定，省錢省力而且避免不必要的政治風險；朱儁固然不難打，但若涼州軍團大舉東進，可能會觸發關東方鎮的敏感神經。

然而一如朱儁所說，他入朝是經過精算的。他先安安靜靜地以太尉錄尚書事身分執政一年多，獲得李、郭信任，轉任驃騎將軍，並持節出鎮關東，若朱儁能握緊軍隊，或許真可以將皇帝甚至整個朝廷自亂局中救出。無奈朱儁還沒脫身，李郭之亂已起，他被留置長安，最終於混亂中發病猝死。只能說歷史充滿巧合，有時是時運不濟，有時是大勢所趨。

話說回一九二年，四天王政權選擇以和平方式處理朱儁並非心血來潮，它可以看作是四天王「安集關東」政策下的子項目。簡單來說，這是一套以皇帝為名、拉攏並分化關東方鎮的外交政策，拜這套政策所賜，四天王當政期間完全不需顧慮東方的軍事威脅。

一九二年八月，四天王入長安方才滿二個月，朝廷便任太傅馬日磾與太僕趙岐為特使，「持節慰撫天下」。馬、趙二人一路東行來到洛陽受到百姓歡迎，二人在此分道揚鑣，馬日磾往南去找袁術、劉表，趙岐則往北去找袁紹、曹操。

劉表、袁術的勢力範圍離關中地區近，是四天王首要拉攏的對象。劉表的部分很順利，朝廷將他由荊州刺史一舉提升為為荊州牧、鎮南將軍、成武侯，還假節，劉表便在同年十月向長安朝廷遣使進貢。

袁術的部分就比較波折。當時袁術先後被劉表、曹操擊敗，只能退出荊州、豫州戰場，退守壽春，自領揚州牧，又稱徐州「伯」，改打東方二州的主意。馬日磾親臨壽春，送上「左將軍、陽翟侯、假節」的頭銜，袁術先是高興一下，馬上覺得不對勁，揚州牧咧？徐州牧咧？沒地方首長頭銜，是要徵我入長安是不是？旁邊的人偷偷告訴他，揚州刺史已經給東萊人劉繇了，徐州牧則是拜給陶謙，袁術火冒三丈，下令拘禁馬日磾，奪走皇帝符節，還要馬日磾以太傅之名徵辟並封官給袁術底下的人，孫策的第一個官職懷義校尉就是這樣來的。馬日磾就這樣當了一年的頭銜製造機，在壽春憂悶而死。

馬日磾出使袁術某程度激起陶謙的危機意識，在重組聯軍計畫失敗後，陶謙立刻派趙昱向長安朝廷輸誠，朝廷便將陶謙由徐州刺史提升為徐州牧、安東將軍、溧陽侯；陶謙的左右手趙昱則為廣陵太守，王朗為會稽太守。

北路使趙岐的任務則更微妙些，比起袁術、劉表、陶謙，四天王對袁紹、曹操二人深懷戒心，曹操曾遣使至長安致意，這位倒楣的使者先被張楊拘留，靠董昭說好話通關；到了長安又被李、郭拘留，因為李、郭認為曹操支持另立天子不懷好意，最後靠鍾繇說好話解決。現在御使趙岐親臨，雖然袁、曹都擺出「將兵數百里奉迎」的高規格款待，但趙歧並沒帶給他們任何好東西，相反地，長安朝廷還任命壺壽為冀州牧、金尚為兗州牧，強拆袁、曹的臺。

趙岐只做兩件事，第一，他勸袁紹與公孫瓚停戰，袁、公孫兩家打了幾年也沒力了，剛好賣皇帝一個面子，各自罷兵，回頭處理內部問題。

第二，趙岐與袁、曹、公孫等人打勾勾，約定之後派兵去洛陽奉迎天子歸來，不過這是個萬人響應沒人到場的政治空話，趙岐自己也沒回洛陽，而是留在陳留養病。

在「安集關東」的政策下，四天王政權成功地避免了與關東方鎮的衝突。四天王顯然用次元刀將董卓切割乾淨，例如當時李傕推薦李儒為侍中，十一歲的劉協火大地表示說：「之前李儒身為我哥哥的郎中令，竟還逼殺我哥哥，這種人絕對不能升官，朕還要治他的罪！」

李傕趕緊辯護說：「那是董卓幹的，李儒是被逼的，是無辜的！。」

既然李儒無辜，那李傕自然也無辜，郭汜、張濟就更無辜，有罪的就是董卓而已。而當時關東方鎮間彼此征伐，皇帝背書總是多了份名義上的正當性，對「四天王」與「朝廷」的關係，也就睜隻眼閉隻眼。

不過馬日磾和趙岐卻為此挨上歷史罵名，清代史家王夫之認為馬、趙二人不鼓勵方鎮西進勤王，卻要他們接受長安朝廷招安，乃是為四天王等奸賊作倀，「為天下賤，不亦宜乎？」

馬日磾更慘，他和袁術關係被孔融解釋為「袁術僭逆，非一朝一夕，日磾隨從，周旋歷歲」，而他徵辟封賜袁術屬下，是「曲媚奸臣，為所牽率……附下罔上，奸以事君」，於是朝廷不為馬日磾舉行喪禮。

四天王政權雖安撫了東方，麻煩卻自西方而來。

長平觀之戰

從一八四年算起，涼州叛軍已存在將近十個年頭，他們穩定地盤踞隴西、金城、漢陽三郡，資源充足，不過涼州叛軍似乎一直沒有建立起行政組織，他們始終以軍團聯盟的形式，鬆散地統屬於韓遂、馬騰兩名盟主之下。

前面提到，一八九年董卓抗旨率軍東行時，曾與韓遂、馬騰達成某種秘密協議，協議內容不明，我猜測是最低限度的「互不侵犯」協議，也就是董卓默許韓、馬在涼州的割據，韓、馬同意不侵入三輔地區。

一九二年董卓被殺，密約自然跟著作廢，四天王剛入主長安，韓遂、馬騰已大舉西來，他們打著「降朝廷」、「救天子」、「詣長安」等光明正大的旗幟，跨越隴山，進入不設防的右扶風地界，馬騰軍輕易地佔領了董卓的老巢郿縣，韓遂更猛，直進軍到長安南方的鄠縣，離長安只有六十公里。

四天王並沒有輕易出拳，一如面對關東方鎮，他們以封官拜爵的方式應付涼州同鄉，幾番交涉結果，長安朝廷封韓遂為鎮西將軍，交換條件是韓遂乖乖帶兵回涼州；馬騰則受封為征西將軍，但朝廷攆他不走，只能默許他繼續佔領郿縣。

四天王與韓馬之間的恐怖平衡大約維持了一年，一九三年底，馬騰與李傕撕破臉，原因不明，據說是馬騰向李傕私下索討什麼好處被拒，馬騰一怒之下便再以朝覲名義率領軍隊在長安周圍自由散步，由長安西側繞到東側的霸橋，絲毫不給四天王面子。

同時間長安內的反對派也和馬騰搭上了線，這其中名聲最響的是前議郎种卲，如果大家記憶不差，四年前他以一己之力阻擋董卓向洛陽進軍，他的父親太常种拂在長安淪陷時殉難，种卲因此對四天王恨之入骨，四天王要讓他當九卿高位，他說：「昔日先父以身殉國，我為臣子，不能除殘復怨，又有何面目朝覲皇帝呢？」

反對派中還有益州牧劉焉的長子、左中郎將劉範，前面提到，劉範和兩個弟弟原先被董卓當成人質，董卓死後三人被放出來，恢復官職。三弟劉璋奉朝廷命令入蜀招安老爸，劉焉卻將劉璋扣下，不讓他回長安覆命。劉範和二哥劉誕大概覺得事情不妙，於是加入反對集團。

另外兩名同謀者分別是侍中馬宇與中郎將杜稟，馬宇事跡不明，杜稟則是賈詡的冤仇人，反四天王乃為報仇。

种邵等人的如意算盤是說服馬騰攻城，由他們充當內應，然而計策未發消息走漏，种邵等只好逃出長安，來到西邊的小城槐里繼續對抗四天王；杜稟緊急召集（或脅迫）右扶風政府的吏員守城；劉範則派人入蜀向老爸求救兵，原本力持孤立主義的劉焉改變心意，派校尉孫肇率五千精兵北上助戰。

至於馬騰呢？他維持飄忽不定的行軍方式，從霸橋向上又繞了長安半圈，來到長安西北邊的池陽縣，與槐里形成犄角之勢。韓遂聽聞馬騰與李傕鬧不愉快也帶兵東來，表面上當和事佬，抵達後立刻與馬騰合流，共同向四天王叫板。

敵人都欺到臉上了，李、郭、樊三天王再無法按兵不動。一九四年三月，郭汜、樊稠親自帶兵出擊，李傕則留守長安，派姪子李利代理軍隊，三天王聯軍沒有浪費時間去處理槐里的叛徒，而是直指池陽，捕捉韓、馬聯軍的主力。池陽有西漢時興築的宮殿池陽宮，宮殿東南方臨近涇水處是座小山坡，名叫長平阪，阪上築有高臺，便是長平觀。三天王聯軍與韓馬聯軍便在長平觀前進行決戰。

這場「長平觀之戰」在《三國演義》中因為是馬超的處女秀，因此羅貫中特別安排了馬超殺王方、擒李蒙的精彩橋段，不過正史紀錄上並沒有馬超的表演，反之，韓馬聯軍在此戰中慘敗，遭「斬首萬餘級」，狼狽地逃回涼州。樊稠與李利回頭攻打槐里，趁夜登城，种卲、劉範、劉誕、馬宇、杜稟等人全數被殺。孫肇帶來的五千蜀兵大概也凶多吉少。

在這場戰役中，三天王聯軍的主帥理應是排行第二的郭汜，但最出鋒頭的卻是四弟樊稠。不但攻下槐里，還在作戰中痛斥李利作戰不力，說：「人家要砍你老爸的頭，你還打成這樣！你是以為我不敢砍你的腦袋嗎？」

待韓、馬聯軍撤退，樊稠會同李利帶兵追擊，直向西追出一百五十公里，總算在陳倉追上韓遂；不過雙方並未交戰，韓遂派人傳話給樊稠說：「現在天下大亂世事難料，你我是同鄉（涼州金城郡），雖然現在有點衝突，但將來總歸是要走在一塊兒，咱們好好聊聊吧，以免以後沒機會了。」兩名主帥於是騎馬出陣，並馬交談，講到高興處還勾肩搭背，高聲大笑。談完樊稠就下令退兵了。

長平觀一戰雖獲勝，但四天王也沒本錢將涼州叛軍趕盡殺絕。和解來得異常迅速，長安朝廷很快就下令赦免馬騰，另拜馬騰為安狄將軍，韓遂為安羌將軍。同年六月，長安朝廷進一步將原屬涼州的河西四郡獨立出來，設立雍州，某程度上承認韓、馬對涼州東部的控制。

長平觀之戰產生了兩個蝴蝶效應，第一個就是劉焉之死，痛惜兩個兒子和五千精兵，原本在益州搞得風風火火的劉焉不久便過世了，地方豪強共推逃過一劫的三弟劉璋接管益州。

長平觀之戰的第二個蝴蝶效應就是樊稠之死，也是四天王決裂。

天王內戰

一九二年到一九四年四天王政權的穩定期內，長安朝廷力圖恢復運作，例如政府徵用了一批流浪儒生，讓大家好過活；太學重開，皇帝親臨觀禮；饑荒時開太倉賑濟；並派專人重審政治冤獄等等。

不過這些只是微弱的火光，當時關中地區仍陷於沉沉的黑暗之中。長安城內光天化日搶劫隨處發生；李傕、郭汜、樊稠將城市劃分為三區各自管理，仍無法改善治安，理由很簡單，因為他們的人欺凌百姓更凶狠。這情形在長平觀之戰後更為惡化，涼州軍趁作戰期間「放兵劫略，攻剽城邑」，關中地區的生產條件破壞殆盡，戰後又遇大旱，旱後蝗災，關中地區「穀一斛五十萬，豆麥一斛二十萬，人相食啖，白骨委積」。

我們可以從一個小人物的故事了解當時關中地區的慘況。

長安東邊新豐縣有一戶鮑姓人家，兄弟五人與老母親住在一起，當時鬧饑荒，五兄弟一同去採蓮子，母親單獨看家。五兄弟工作半日，採了數升的蓮子，大哥、二哥與四弟便先帶回家讓媽媽享用，想不到剛到家便看到了驚悚的場面：數十名「噉（吃）人強盜團」的成員闖入他們家，將媽媽的雙手刺穿，用繩子穿過傷口，強擄而去，三兄弟心驚膽顫，不敢追趕。

這時主角三哥鮑出帶著剩下的蓮子回家，一聽這事，手上蓮子一丟就要去救媽媽，其他兄弟拉住他說：「他們人那麼多，你怎麼辦？」鮑出火大，大聲地說：「你媽被人用繩子穿了手抓去煮來吃，你活著還有什麼用？」說完捲起袖子便單槍匹馬去救人。

噉人強盜團遠遠就看到鮑出跑來，於是一些人押著「食物」先走，另些人殿後對付這個不長眼的年輕人。想不到鮑出一出手就連殺四、五人，強盜團亂了陣腳，他們試圖包圍鮑出，但見鮑出縱身一躍跳出包圍圈，又連殺十餘人，強盜越打人死得越多，心膽俱裂下慌忙逃竄。

鮑出窮追不捨，終於看到自己的媽媽和一名鄰居太太被串在一起在前方走著，鮑出衝上去又要殺人，噉人強盜團趕緊說：「夠了夠了，你到底要幹嘛？」鮑出指著母親說：「這是我媽！」強盜團便將鮑媽媽給放了，鮑出鬆了口氣，本想要走，看到鄰居太太哀求的眼神，又作勢要拼命，強盜團說：「都把你媽放了你還要怎樣？」鮑出指著鄰居太太說：「這我大嫂！」強盜團只好放人，鮑出護送兩人回家。

這故事雖讀起來歡樂，細想下卻十分哀傷。想活得像人的人靠蓮子維生，五個大男人半天只能採到一、二公升的蓮子，要說裹腹都勉強；至於那些強盜也不是天生愛吃人，他們也是被饑餓所逼，才去擄活人來吃，都放下了身為人的尊嚴只想吃飽，卻反過來被殺，還被殺十幾人，十足哀傷的故事。

另一個活下去的方法就是逃離這個人間煉獄，例如法正、孟達選擇逃往益州，杜畿、王粲、裴濳則逃往荊州，甚至連涼州都是避難選項，蘇則便是逃往涼州安定郡。

鮑出和他的家人最終選擇逃往荊州，直到二〇〇年，關中情況較安定時才返家。後來鮑媽媽活到曹魏明帝青龍年間（約二三五年），以百餘歲高齡過世；鮑出活到八、九十歲時看起來才像五、六十歲，能在那種環境下活下來，還是需要天生神力。

話說回頭，李、郭、樊三天王沒心情理會「噉人賊」這種瑣碎鳥事。三天王早就互看不爽，幾次要翻桌開幹，都靠賈詡苦口婆心把三人勸住。在三人之中，原本僅有李傕「開府」，郭、樊二人在長平觀之戰取勝後，力爭待遇升級，於是一九四年五月，郭、樊均獲得「開府」之權，三天王幕府加上原本的三公幕府合稱為「六府」，三天王大量晉用私人干預朝政，三公只能閃一邊涼快去。

有權力野心的可不只三天王，三天王既立了榜樣，其他人自然有樣學樣。一九五年七月，涼州軍團的「老五」安西將軍楊定也要到了開府的特權，霎時間，幕府就像7-11一樣滿長安都是。

一九四年八月，居住於左馮翊的羌人叛變（都快餓死了），郭汜、樊稠率軍討平。郭汜倒還好，樊稠的聲勢因幾場勝仗而飆漲，史書說他「驍勇而得眾心」，李傕感覺這個大哥之位有點搖晃了。

一九四年底，長安討論增派兵力出鎮關東的議題，原本已定案由朱儁以驃騎將軍身分持節領軍，樊稠卻又跳出來爭這差使，還要求李傕多派兵給他，這下李傕受不了了。一九五年二月三日，李傕邀請樊稠開會，開完會就吃飯，吃完飯喝酒，喝酒便酒醉，便在此刻，李傕的外甥、時任騎督尉的胡封突然闖進會場將樊稠活活打死，撫軍中郎將李蒙也同時被殺。

面對外界質疑，李傕拿出李利的證詞，說樊稠去年在陳倉與韓遂交往甚密，還放人家走，有叛變之意，不過顯然沒人買單，拿一年前的往事當殺人藉口只是欲蓋彌彰，涼州諸將信心動搖，人人自危。

李傕大概想穩住軍心，因此一反常態對老二郭汜特別親熱，每每邀他來家裡喝酒，還過夜。想不到這樣竟惹惱了郭汜的老婆，郭太太覺得兩個男人在一起準會亂搞，於是在李傕送來的食品禮盒中放豆豉，再對老公說：「你看你看，李傕放老鼠藥要害你啊。」郭汜本來也不信（總還沒笨成那樣），照常去李府吃喝，但有回他喝到爛醉，突然想到下毒這檔事，於是跑去廁所喝糞水催吐。結果從頭到尾都沒有李傕下毒的證據，但郭汜也不好對外說是自己喝到斷片才去吃大便，只好和李傕翻臉，勒兵相攻殺。

李、郭翻臉，最高興的就是老五楊定，他一直很擔心步上樊稠後塵，因此李、郭開戰後，楊定馬上倒向郭汜，二人並計畫將皇帝搶來自家陣營。然而消息走漏，李傕先下手為強，三月二十五日，他派姪子李暹率數千士兵包圍皇宮，將皇帝劉協強押到自己軍營中，李暹隨後將宮廷財寶劫掠一空，然後放火燒宮，一如先前董卓對洛陽幹的事。

聽到皇帝被劫持，楊彪等大臣紛紛跑到李傕軍營來陪伴聖駕，李傕覺得這些士人太煩了，便派楊彪、朱儁、士孫瑞、韓融、張喜等十多名大臣去勸郭汜投降，郭汜正懊惱挾天子的計畫失敗，看到一群大臣前來心想沒魚蝦也好，就把他們都扣留下來，繼續和李傕作戰，變成李、郭「一人劫天子，一人質公卿」的荒謬局面。朱儁約莫就在此時在郭汜營中猝死（**大概氣到腦溢血**）。

巷戰進行一個月，四月二十六日，郭汜獲得空前好機會，李傕的兩個部下張苞、張龍叛反，與郭汜串謀，郭汜發動夜襲，張苞等打開營門，同時放火燒營，火雖沒點著，但郭汜的兵鋒已殺到李傕軍營最深處，李傕耳朵被流箭射中，連皇帝的營帳都受到流箭侵襲。在此危急之際，李傕的部將楊奉率軍來救，這才擊退郭汜軍。

經此一戰，李傕覺得長安城太危險了，於是將皇帝移到北塢，大概是他在長安附近的堡壘，他還考慮將皇帝移到更北邊池陽縣的黃白城，被趙溫、李應等人勸住。

李、郭兩軍在長安城中混戰數月，「死者以萬數」。皇帝劉協覺得不能這樣下去，該是天子說話的時候了，潤五月九日，劉協派皇甫嵩的姪子、謁者僕射皇甫酈去勸兩家罷兵（**皇甫嵩當時可能重病或是已病故**）。郭汜很快就同意了，李傕則仍是一副老大哥姿態，認為「他憑什麼跟我和解」，皇甫酈苦口婆心地為李傕分析局勢，說老三張濟與郭汜已經搭上線、你底下楊奉有造反跡象云云，李傕還是不買帳把皇甫酈趕出去。劉協見李傕不高興，趕緊出面按捺，加封李傕為大司馬，地位在三公之上。

李傕不信邪，皇甫酈的分析很快就成真了。

皇帝東歸

楊奉本是白波軍統帥之一，他應該是是當年在河東投降牛輔，再轉到李傕麾下；他統率的是白波自家人馬，有徐晃相助，在當時的長安是股半獨立的力量。

我們不確定楊奉與李傕的具體關係，但李傕難「扭搦」是眾所皆知的。楊奉四月底才從郭汜手中救下李傕，六月就和李傕翻臉，他與同事宋果合謀殺害李傕，謀殺計畫因消息走漏而失敗，楊奉於是叛離，讓李傕少了條臂膀。

賈詡也出來扯李傕後腿。李傕麾下本有數千羌胡傭兵，約定的報酬是宮中的美女，現在打了幾個月的仗，傭兵團忍不住了，就跑去敲皇帝的門問美女呢。劉協大概想說要真有美女還輪得到你們？於是派話術一流的賈詡出面擺平，賈詡請傭兵們吃飯，說大家辛苦啦、皇帝很喜歡大家、會讓你當大官、大爵士，但你們要乖乖回家等通知，不要四處亂晃。傭兵酒足飯飽非常開心，真的打包回府，李傕另一條胳臂也沒了。

此外，楊奇、鍾繇也說服李傕的部將宋曄、楊昂叛反，李傕這個老闆顯然真的很差勁。就在這個時候，好久不見的張濟突然現身長安，說是來與兩位哥哥講和的。張濟在東方的弘農似乎經營得不錯，「為冠帶所附」，筋疲力竭的郭汜和眾叛親離的李傕此下都不得不給這位低調的老三一點面子。

經過幾番困難的交涉，三方達成兩項協議：第一，李、郭罷兵，交換女兒為人質，可能郭汜仍覺得不安，於是張濟的姪兒張繡、李傕的堂弟李桓，也加入人質名單；第二，李傕釋放皇帝，退出長安，還屯池陽縣。劉協因此得以離開長安城，來到新豐、霸橋一帶。

郭汜理論上也釋放了公卿大臣，但他沒有回屯兵地，反而是跟大臣們一同覲見皇帝。劉協好不容易脫離了李傕的魔掌，又見到郭汜肯定滿臉黑線。事實上，李傕、張濟、劉協之間還有第三項秘密協議：由張濟護送劉協東歸。這協議有個蹊蹺，那就是「東歸」到哪去，張濟與劉協其實沒有共識。劉協想回洛陽，張濟則是要把皇帝架到根據地弘農去；不過劉協眼下只管離開關中，沒辦法計較那麼多。

郭汜不知道「東歸協議」這回事，他奏請聖上移駕長安東北方的高陵縣，臣郭阿多將帶兵隨往，全力保護聖駕安全。

劉協一臉都歪了，趕緊授予張濟驃騎將軍的頭銜，讓張濟可以壓過郭汜，同時召開百官大會，說自己多想去弘農、多想回東方拜祖先，請大家評評理。郭汜堅持留下，劉協便絕食抗議，還派一個不怕死的尚書郎郭溥去罵郭汜是「庸人賤夫」、要留在關中除非 Over My Dead Body 等等。最後郭汜態度軟化，說可以去弘農附近的縣分，換言之不可以去張濟大本營。

一九五年七月，皇帝東行團終於成行，成員除皇帝劉協外，還有皇后伏氏、國丈伏完等皇親國戚，太尉楊彪、司空張喜、衛尉士孫瑞、御史中丞鍾繇等中央百官，羽林虎賁等禁衛軍，以及服侍皇帝的宮人宮女等，零零總總應該有數千人。驃騎將軍張濟先走一步回陝縣布置，車騎將軍郭汜是名義上的領隊，後將軍楊定居次，興義將軍楊奉排老三，最後就是安集將軍董承，他是牛輔的部曲出身。

然而張濟前腳才剛走，郭汜便反悔了，他壓根兒沒想將皇帝讓給張老三，於是派部下伍習放火燒房舍，想把皇帝逼出來抓回西邊的郿縣去，劉協機警逃往楊奉軍營，郭家軍夏育、高碩出動攔劫，楊奉、楊定與夏、高二人大戰，結果郭家軍慘敗，遭斬首五千級，郭汜看苗頭不對便逃回長安去了。

擺脫累贅的東行團總算開始前進，在十月時抵達關中的東門戶華陰縣，是寧輯將軍段煨的地盤。段煨在我們故事中消失了好一段時間，當初董卓西入長安時命段煨駐守華陰，四年下來，歷經董卓、王允、李傕等政權輪替，段煨依舊守在那裡，史書說他「修農事，不擄掠」，將華陰一地經營成關中的世外桃源，學者董遇、皇家舞者李堅等都曾來此尋求庇護。

面對人數龐大的東行團，段煨恭謹地提供飲食衣服等各項服務，然而楊定卻因與段煨有私仇，勾結种輯、左靈等官員誣陷段煨與郭汜合謀造反，力阻皇帝進駐段煨大營，還請皇帝降詔討伐段煨。楊彪、趙溫等高官都跳出來保證段煨忠誠，劉協最後採折衷方案：不入段煨大營，改在大道旁露宿紮營，但你們兩邊也不可以動手打架。楊定、楊奉才不管皇帝准不准，逕自出兵攻擊段煨，雙方交戰十餘日，段煨的補給卻沒斷過，劉協看不下去，連續出動侍中、尚書持詔書去勸架，楊定等方才收兵。

鏡頭回到長安，李傕駐兵池陽，頂著大司馬的頭銜，本以為可以放下一切，但眼看郭汜可憐兮兮地逃回來，又聽說楊定在華陰撒野，李傕立馬大哥魂上身，心想果然不能沒有我主持大局啊！他於是與郭汜重組聯盟，合兵來救段煨。楊定不怕張濟不怕郭汜，偏偏怕李傕怕得要死，聽說大哥親自前來嚇得直接蓋牌不玩，他本想帶兵去藍田縣，但被郭汜攔阻，只好逃往荊州，最後可能在南陽郡析縣一帶被劉表擊殺。

皇帝東行團自然也怕李傕、郭汜追兵，於是加速東行，十二月時抵達弘農郡弘農縣，劉協與張濟的矛盾終於浮上檯面，張濟請皇上在此安歇，劉協卻執意繼續東走。楊奉、董承不願張濟當家，硬是護著皇帝啟程，張濟也不是吃素的，他回頭來與李傕、郭汜合作，強要皇帝留下。三天王聯軍與皇帝東行團護衛隊於是在弘農東澗大戰，護衛隊慘敗，劉協逃到黃河邊上的曹陽亭，三天王大軍緊追在後。

然而東方神秘的力量在此時冒了出來，是楊奉的白波老兄弟們，楊奉一面與李、郭和談拖時間，另一方面則派人渡河，從河東郡招來韓暹、李樂、胡才等白波軍以及南匈奴部隊，在曹陽大破三天王聯軍。然而劉協連慶功都來不及，三天王聯軍重整旗鼓又殺了過來，這回換白波聯軍慘敗，死傷比之前東澗之戰更慘，劉協好不容易逃到陝縣，在當天夜裡冒險渡過冷得要死的黃河，此時能活著陪在皇帝身旁的只有楊彪、伏完等高官國戚數十人，其他幾百名隨行人員，不是被三天王俘虜，就是凍死或淹死在黃河裡。

劉協來到河東郡，當時河東太守王邑也是涼州人，還和李傕是北地郡泥陽縣的同鄉，不過王邑是士人背景出身，不與三天王同掛，他即時向又餓又凍的東行團提供飲食衣服，並且與原該是死敵的白波軍合作，帶著皇帝來到河東首府安邑，隔壁郡的河內太守張楊也率數千人帶米糧來面聖。

多出那麼多支部隊，情況一下子變得很歡樂。當時皇帝只能在開放空間開會，士兵們就趴在籬笆上旁聽，還會開玩笑炒氣氛；士豪將帥對十五歲的小皇帝也滿熱情的，常常派人直接送酒肉給皇帝，也不管通報這些規矩。劉協年輕但很有良心，自己吃飽，便派韓融回弘農談判，最後成功換回被俘的官員與宮人。劉協於是有心情過年，他在新年祭天改元，多災多難的「興平」終於結束，接下來是「建安」的時代了。

劉協在河東待了大半年，這期間又遇到白波系和張楊之間的糾紛，雙方打打鬧鬧，直到一九六年七月，劉協才終於抵達洛陽，完成這趟長達一年的苦難之旅。當年九月，曹操迎天子遷都許縣，帝國朝廷進入另一個階段。

三天王們在弘農看著黃河邊上成千上萬凍僵的屍體，皇帝落跑，他們心中大概仍是相當不忿吧，但他們也沒有力氣再渡過黃河或打到東方去，他們的時代已經結束了。

諸將的關中

皇帝走了，三天王也散了，三人各歸其位，李傕回屯池陽，郭汜駐在郿縣，張濟則繼續守在弘農。

噩運陸續降臨。

先倒楣的是張濟。他的內政本是是三天王中最好的，但一九五年底三場大戰使弘農元氣大傷，乃至一九六年下半年起，張濟陷入缺糧的困境，他只得放棄弘農，率軍侵入南陽，結果在穰縣中箭身亡。他的姪子張繡接手這支末日孤軍，卻意外受到荊州牧劉表的接納，得以進駐宛縣。張繡鬆口氣之餘，可能還沒意識到情勢微妙之處：宛縣距許縣不過二百公里，其間並無山川阻隔，張繡駐兵於此，注定是曹操的眼中釘。

曹操花了一九六年的一個冬天打跑了楊奉、韓暹等白波勢力，以荀彧守尚書令，建立起屬於自己的許縣朝廷。他回頭發現有支涼州軍近在數百里內，看起來並不強大，真是不殺你祭旗還要殺誰。一九七年正月、新任司空、「百官總己以聽」的曹操率兵南下，直抵宛城外的淯水邊，張繡在宛城不過兩、三個月，腳跟還沒站穩，自知不敵遂不戰而降。

新得勢的曹操大概被勝利沖昏腦袋，竟不顧道義納張濟遺孀為妾（張濟死還沒幾個月呢），還想偷偷把拖油瓶張繡殺掉；張繡被逼至絕境率兵反擊，殺曹操長子曹昂、姪子曹安民、部將典韋，曹操中箭逃走。張繡自此與劉表緊密結合，在未來幾年內成為曹操的勁敵。

張繡拿不下來，朝廷卻沒打算放過李傕與郭汜，當時曹操無餘力西征，遂採「驅虎吞狼」之計。一九七年十月，謁者僕射裴茂持詔西行，督都以段煨為首的關中諸將討伐李傕。這場戰役細節不明，只知道皇家部隊除段煨軍以外，另有梁興、張橫等關中部隊，他們在一九八年四月攻陷池陽縣黃白城，擊斬李傕，傳首許縣。劉協恨透了李傕，下令將首級高懸城樓，並夷李傕三族，李利、李暹、胡封這些李家軍大概都凶多吉少。這應該是劉協第一次感受到當皇帝的威風，也是最後一次。

約莫同一時間，在郿縣的郭汜也被其部將伍習所殺，涼州四天王自此全部退出歷史舞臺。

「關中諸將」一詞在此第一次出現，他們是往後十幾年關中地區的代名詞。簡單來說，李、郭之死並不等於許縣朝廷或曹操控制了關中，事實上，廣大的關中地區控制於數十名大小方鎮手中，他們的組成分子複雜，但彼此間似乎又有某種聯盟關係。他們對曹操時叛時降，這種關係持續到二一一年、建安十六年曹操西征為止。

段煨或許是這票關中諸將中輩分最高、資格最老的一位。擊斬李傕後，他受封安南將軍、閿鄉侯，稍後又升鎮遠將軍。他在華陰又駐守了七、八年，期間還曾與官派的司隸校尉鍾繇合作，在華嶽廟立碑祝禱，可能一直到二〇六年、建安十一年左右，他才拋下部隊受徵入朝，官拜大鴻臚，二〇九年於許縣壽終。

除段煨外，關中諸將的董家軍血統便不那麼明顯了，較明確的關中諸將名單是二一一年聯合向曹操宣戰的「關中十部」：馬超、韓遂、程銀、侯選、李堪、張橫、梁興、楊秋、成宜、馬玩。這其中韓、馬的背景我們比較清楚，長平觀戰後，馬騰、韓遂退回涼州，雙方時戰時和，馬騰隨後趁李傕、郭汜實力衰弱之際返回關中，駐軍老家槐里；韓遂的地盤則不清楚，可能遊走於老家金城郡和關中之間。

韓、馬以外的八人相關記載便模糊了，《三國演義》將他們寫成韓遂的部下，其實他們都是獨立的方鎮。這其中程銀、侯選、李堪三人都來自河東郡，在四天王當政時便「各有眾千餘家」，只是我們不知道他們是否為白波勢力，或只是河東難民組成的武裝集團。

梁興的活動範圍則在左馮翊一帶，根據地可能是陝北高原上的鄜城，他「略吏民五千餘家為寇抄」，似乎較接近民間自組的武裝團體。張橫與梁興都曾參與討伐李傕之戰，姑且推論他們為同性質的勢力。

楊秋則可能是涼州軍人，根據地在安定郡，但不知他是源自董卓勢力、涼州叛軍勢力或其他。他的屬下孔桂是個「高俅」型的才子，會說話而且「曉博弈、蹹鞠」，多次為楊秋出使許縣，很得曹操喜愛；這樣推斷起來，楊秋應該也是個雅痞人物。

至於成宜與馬玩就真的一點線索都沒有了。

除了這十部方鎮，關中地區還散布著許多小股勢力。例如藍田人劉雄鳴，他也就是個獵戶兼採藥人，每天大清早頂著山霧上山卻從未迷路，人們認為他有操控雲霧的本事，推舉他當頭領，這樣也形成一股勢力。此外，陝北高原上還有靳富、趙青龍等可以隨便攻陷一、兩個縣城的「山賊」。另外還有個關中營帥許攸，到曹操死前他還是地方一霸。

關中諸將的地盤多半一縣或數縣，與關東那些以「郡」甚至「州」為單位的大方鎮不能相比。這可能是因關中周圍山區高原區地勢複雜，另外便是因為關中多塢堡，例如史書載，漢安帝時代便「築馮翊北界候塢五百所以備羌」，這些原本用以應付羌亂的防禦工事，現在為小股割據勢力提供良好的庇護。

曹操雖然成功誅殺李、郭二人，但對於關中諸將力有未逮，在一九八年當下，曹操僅控制了兗州和部分的豫州地區，別說關中，他連司隸的三河地區（河東、河內、河南）都未能掌控，而在他的東邊又有袁紹、呂布、袁術等強大對手。曹操於是對關中諸將採取兩手策略，第一是羈縻，曹操任命鍾繇為司隸校尉，來到殘破不堪的長安城，給關中諸將們封官拜爵，以換取他們對許縣朝廷的效忠。朝廷拜馬騰為前將軍、槐里侯、假節，而馬騰則「遣子入侍」；韓遂、楊秋等也都獲封將軍號。

曹操的第二手策略就是任命關中（或附近地區）出身的士人為地方官，為朝廷打樁；例如以韋端（京兆人）為涼州牧、張既（左馮翊高陵人）為新豐縣令，嚴幹、李義（左馮翊人）為左內史郡（從左馮翊中分割出來）郡吏，衛覬（河東安邑人）為茂陵縣令等，這些人後來在曹魏政權中都有很好的發展。

由於缺乏記載，我們現在不確定一九八到二一一年這十幾年間，關中地區在「諸將與官員共治」下到底是什麼樣的光景；諸將之間似乎有某種聯盟關係，至少未見他們彼此殺伐的記載；諸將與官員間似乎也相處融洽，大概大家都講關西話，溝通無礙。例如有回涼州從事楊阜（天水冀縣人）去許縣出差，回來後關中諸將就圍著他問曹操與袁紹形勢的優劣，感覺還滿溫馨的。不過也反例，例如梁興便在左馮翊四處劫掠，各縣無法抵抗，紛紛把辦公室遷到郡首府臨晉。

簡言之，在二一一年之前，關中大概是處於方鎮林立但秩序太平的狀態，也就是所謂的「王綱小設」。早先因李、郭之亂逃走的人們（如鮑出一家人）漸漸回流，關中生產條件慢慢恢復，關中諸將也有了更充足的兵源財源。

鍾繇無疑是為曹操穩住關中、乃至穩定整個司隸的大功臣，在資源缺乏的情況下，鍾繇緊緊守住與馬騰的關係，不但關中無事，他還擊退并州高幹的南侵，清掃了河東、弘農兩郡的地方勢力，順便重建洛陽。司隸校尉當到這樣也真是模範了。

二〇八年、建安十三年前後，曹操已徹底消滅了河北勢力，在對荊州的劉表開刀之前，曹操也要求關中諸將多表示一些「誠意」，於是段煨入朝、馬騰入朝、韓遂的兒子入朝、韓遂的親家也就是閻行的父親也入許宿衛，關中諸將們大概覺得這樣也夠了，應該可以再過十年好日子，但曹操並沒有那麼容易打發，二一一年、建安十六年，曹操突然向漢中的張魯宣戰，大軍將道經關中，關中的戰火再度燃起。

尾聲

最後的董家軍

六月某日午後，洛陽皇城內暑氣蒸騰，內書齋內十數名大臣依序而坐，額間頸後冒汗卻不敢擦拭，專心應付皇帝說話；皇帝曹丕今日心情似乎不錯，與眾臣噓寒問暖好一陣子，這才打了手勢，示意講席開始。

七十七歲的太尉賈詡也在眾臣之列，他身子已不行了，暑天仍抖得厲害，曹丕特降榮寵，賜暖座，並允許兒子賈穆、賈訪隨侍。賈詡心中苦笑，典論講席啊！當初為爭太子之位做做樣子的玩意兒，而今已成為「入席求之不得，缺席萬萬不可」的儀典，若不是為子孫求福蔭，他這一腳踏入棺材的老頭早不該來了，更何況今日講的是那篇最沒啥可講的〈自序〉。

曹丕在書案後坐定，一旁侍立的郎官便開始朗誦道：「初平之元，董卓殺主鴆后，蕩覆王室……名豪大俠，富室強族，飄揚雲會，萬里相赴。兗豫之師，戰於滎陽。河內之甲，軍於孟津，卓遂遷大駕，西都長安……」

曹丕轉頭看了賈詡一眼，眾臣亦跟著看來。

「……以時之多難，故每征，余常從。建安初，上南征荊州，至宛，張繡降，旬日而反。亡兄孝廉子修、從兄安民遇害。時餘年十歲，乘馬得脫……」

曹丕又看了賈詡一眼，眾臣同樣跟著轉頭。

賈詡苦笑。是啊，三十五年過去了，關東士人可沒忘記他是董卓麾下出身，沒忘記他曾在孟津大殺河內將士，沒忘記他曾隨牛輔軍大掠他們在陳留潁川的故鄉，更沒忘記他一句話引發了李傕、郭汜之亂。而後宛城數戰，曹昂、曹安民以及無數曹軍將士之死，自然也都算在他的頭上。

但那又怎麼樣呢？

賈詡知道曹丕是不會對他怎麼樣的，畢竟這皇位有他賈文和的一份心血，若不是當初他做出「恢崇德度，躬素士之業，朝夕孜孜，不違子道」的建議，曹丕那副鳥肚雞腸遲早要與父親正面衝突；又若不是他回給曹操那句：「思袁本初、劉景升父子也」，只怕現在「醉酒悖慢」的就是他曹子桓了。

曹丕自是懂規矩，以他這個天下罪人為三公，一則酬庸，二則壓壓那些關東大族的氣焰；三則安關西人之心，一舉數得；據說孫權譏笑此事，也難怪孫權打合肥總打不下來，蓋其蠢如豬矣！

然而賈詡知道，升官是一回事，曹丕骨子裡並不信他；曹丕從沒向他諮詢過什麼要緊事務，只有前陣子曹丕企圖南征，才意思意思問了他這個太尉的意見，他斬釘截鐵地說不能打，曹丕就當馬耳東風；而今江陵、濡須兩地戰事不順，曹丕也沒對他說什麼。嘿，君王的臉皮比美人薄啊！

說到臉皮，賈詡感到些許慚赧，他賈文和聰明一世，竟險些栽在那個厚顏曹阿瞞嘴上，當初他與張繡歸降，曹操拉著他說什麼「使我信重於天下者，子也」，還讓他當執金吾、冀州牧、參司空軍事，他還真以為遭逢明主，乃至與曹家班一同挺過了官渡之戰最艱難痛苦的時刻，當「偷襲烏巢」之策成功時，他甚至以為從今得與二荀一郭相比肩。蠢人的錯覺。

官渡戰後，曹操便很少再徵求他的軍事建議了。南征劉表時，他主動上言不宜下江東，曹操不聽，待赤壁戰敗，曹操沒有任何表示就算了，竟還痛哭郭嘉，誠不將他賈文和放在眼裡。在潼關前，曹操終究是問了他這個老關西人一句，但戰勝馬超、韓遂也不見任何獎賞。

在曹操麾下將近二十年，賈詡很清楚，曹操的自己人是幕府裡的人，司空府、丞相府，乃至後來的魏國公府、王府，而他賈詡卻在帝國的「太中大夫」一職上一待十三年，當初還是曹操殺了孔融才將這缺撥給他的，這是個公認的閒職，沒有職掌，沒有屬員，用來安置像他這樣的外人再合適不過。

但那又怎麼樣呢？

外人有外人的玩法。

講席結束後，司馬懿、陳群等留下與皇帝另議要事，賈詡一如往常，不多做寒暄，逕行出殿登車，賈穆、賈訪想與同僚多聊兩句，也被父親催促快快離去。

「憨兒、憨兒，」賈詡心想：「事實昭然，涼州人再怎麼用力親熱，總是成不了關東人。而涼州人的安身立命之道也正在這裡。」

關東士人彼此抬舉、聯姻，關係密如蛛網，這人脈看似雄偉如山，連天子都要給三分面子，但也是最惹天子疑忌之處。反過來說，涼州人不在那網絡中，看似勢單力薄，卻在某些要緊的事務上贏得說話的空間。

「這麼多年來，我闔門自守，退無私交，男女嫁娶，不結高門，所為何來？不就是搏曹操父子一點信任嗎？否則曹孟德何以問我立儲之事？曹子桓何以問我自固之術？只因為無黨無派。世間人謂我善智計，多半是他們太蠢而已，像張泉那個孩子……」

張泉是張繡的兒子，襲了父親二千戶的采邑，鎮日在鄴城周遊，他打不進關東舊士族的圈子，便另起爐灶，和劉廙的弟弟、王粲的兒子這些曾旅居荊州的第二代結黨，最終鬧出個魏諷案，不僅身死國除，還牽連千餘人，董家軍張家一脈就這樣完了。

賈詡又想到張繡，可憐的孩子，同樣被曹操唬住，在官渡立功，便一股腦地要再往上爬，從征烏丸前張繡來見他，看起來是多麼興奮啊！但曹操可不天真，正因出征柳城艱難，降兵才被擺在第一線，張遼、張郃夠猛夠硬，張繡沒那材調，便該在隊伍裡頭求活命，拼什麼呢？柳城未到，便死得不明不白，唉，不夠聰明啊。

但那又怎麼樣呢？

賈詡覺得冷了，他拉緊外袍，重重地喘氣。人在亂世，身如浮萍，究竟是活得痛快、死得其所者聰明？或是如他這般，費盡心思、戰戰兢兢地活下來，拖得一身老病還得逢迎應付才叫聰明呢？他不敢確定。

他想起另一個可憐的孩子，劉協。當初他花了多少心思才將劉協弄出長安，當他向劉協道別時，那孩子臉上的表情他至今還記得。「傻孩子，我和李傕、郭汜、張濟才是同一類的人啊，既然是董家軍出身，怎麼可能再為漢室純臣？」

諷刺的是，數年後他真成了「漢臣」，反倒是不敢再親近劉協了，在許縣那麼多年，他便是在朝會儀典上盡太中大夫之職，不與皇帝私下碰面，曹丕代漢之時，他在勸進表中可位列前班呢！

但至少劉協活了下來，還活得不差。

賈詡覺得身子越來越冷，很倦，想睏。他想起段熲段紀明，他年少時在姑臧縣的老家遠遠見過他一眼，原來這便是平羌亂第一人啊！當時他與其他涼州青年士人一般，勤讀兵書，練騎射，盼能走上涼州三明的路子，出將入相，報效帝國。然而賈詡家世不顯，少不知名，只有個小小的信都令閻忠為他的「良、平之奇」背書，他年過二十五方舉孝廉，入朝為郎官不久因病辭退，返鄉路上遇到氐族叛軍，他騙氐人說他是段熲外孫，這才逃過一劫。當時他想，這輩子大概沒機會出人頭地了吧？

他是什麼時候、在哪裡加入董卓麾下的？是二十好幾、三十或是四十開外之後呢？是在涼州、長安還是在洛陽呢？他記不清了。他只知道董卓是真的當他自己人，當上太尉後任他為太尉掾，隨後又派他去鎮守洛陽北方的小平津關，從那一刻起，他就知道路走不回頭了。

賈詡緩緩地闔上眼，在最後一剎那他看見了故鄉涼州武威郡姑臧縣，涼州富邑，四方羌胡商人匯集之地，從早到晚市集不歇，不知道現在怎麼樣了，沒關係，他要回去了。

西元二二三年、曹魏黃初四年，六月甲申，魏太尉、魏壽鄉侯賈詡薨，享壽七十七，謚曰肅侯。

陳壽《三國志・賈詡傳》：「賈詡字文和，武威姑臧人也。少時人莫知，唯漢陽閻忠異之，謂詡有良、平之奇。」

董卓年表

西元紀元	中國紀元	中國大事	董卓大事
一〇七	永初元年	金城、隴西、漢陽等地羌人起事，「永初羌亂」起。	
一〇八	永初二年	羌兵寇三輔，南入益州。	
一一一	永初五年	羌兵至河東、河內。強遷隴西、安定、北地、上郡居民。	
一一八	元初五年	東漢雇刺客殺羌人首領零昌、狼莫，諸羌瓦解。「三輔、益州無復寇警」。	
一二六	永建元年	馬賢於隴西臨洮破鍾羌，「永初羌亂」平。	
一三二	陽嘉元年	梁妠封后。	（推測）董卓出生
一三五	陽嘉五年	梁商為大將軍。	
一三八	永和三年	燒當羌寇金城，「永和羌亂」起。	

一四一	永和六年	春天，射姑山之戰，漢軍大敗，征西將軍馬賢戰死，「於是東西羌遂大合」，寇隴西、三輔。強遷安定、北地郡居民。梁商過世，梁冀為大將軍。	
一四五	永嘉元年	左馮翊梁並招誘叛羌，五萬餘戶歸降，「永和羌亂」平。	
一四六	本初元年	梁冀毒殺漢質帝劉纘，立漢桓帝劉志。	
一五九	延熹二年	八月政變，劉志誅梁冀，宦官集團「五侯」得勢。 十二月，燒當等八種羌寇隴西、金城，護羌校尉段熲擊破。	（推測）董卓為隴西郡吏，打擊盜賊，又被涼州刺史成就辟為從事，使領兵騎討捕盜賊。
一六〇	延熹三年	閏月，積石山之戰，段熲破燒何羌。 十一月，段熲破勒姐、零吾羌等。	
一六一	延熹四年	六月，零吾羌與先零羌寇三輔。 冬，先零、沈氐、牢姐、烏吾等羌寇并、涼二州。段熲率湟中義從胡討之，被涼州刺史郭閎所害下獄，羌患轉盛。 十一月，皇甫規為中郎將擊破零吾羌，羌人降者十餘萬。	

一六二	延熹五年	三月，沈氏羌寇張掖、酒泉。六月，皇甫規發先零諸羌討隴右，東羌十餘萬口降。皇甫規被讒召回，會赦歸家。張奐拜武威太守。段熲復拜議郎，遷并州刺史。	（推測）并州刺史段熲推薦董卓，袁隗辟董卓為掾。
一六三	延熹六年	滇那等諸種羌五、六千人寇武威、張掖、酒泉。段熲任護羌校尉，張奐任度遼將軍，皇甫規任匈奴中郎將。	
一六四	延熹七年	五月，段熲破當煎羌。	
一六五	延熹八年	「段熲擊破西羌，進兵窮追，展轉山谷間，自春及秋，無日不戰，虜遂敗散，凡斬首二萬三千級，獲生口數萬人，降者萬餘落。封熲都鄉侯。」	（推測）董卓以六郡良家子擔任羽林郎。
一六六	延熹九年	鮮卑、南匈奴、烏桓、東羌共盟。張奐重為護匈奴中郎將，匈奴、烏桓降。鮮卑出塞，檀石槐建「東西萬四千餘里，南北七千餘里」大汗國。「黨錮之禍」爆發。	

一六七	永康元年	十月，張奐遣司馬尹端、董卓拒擊東羌，大破之，三州清定。 段熲破煎當羌於鸞鳥，西羌遂定。 十二月，漢桓帝劉志駕崩。竇武定策禁中，迎立解瀆亭侯劉宏為帝，即漢靈帝。	為張奐軍司馬，十月於三輔大破東羌，拜郎中，賜縑九千匹，悉以分與吏士。
一六八	建寧元年	正月，逢義山之戰，段熲大破東羌，斬首八千餘級。 夏，靈武谷之戰，段熲再破羌。 九月，「竇武政變」，竇武、陳藩死，第二次黨錮之禍。	（推測）董卓於張奐軍中，參與「竇武政變」，助宦官殺竇武。
一六九	建寧二年	七月，段熲破東羌，斬首一萬九千級，於是東羌悉平。	
一七〇	建寧三年	三月，段熲還京，拜侍中。	（推測）董卓出任雁門郡廣武縣令，參與對鮮卑作戰。
一七一	建寧四年	正月，劉宏加元服，立宋氏為后。 鮮卑年年入寇幽、并、涼三州。	

一七二	建寧五年 熹平元年	七月，段熲為司隸校尉。 十二月，袁隗為司徒。	（推測）董卓出任蜀郡北部都尉。
一七三	熹平二年	五月，段熲為太尉，十二月，太尉段熲罷。復為司隸校尉。	
一七四	熹平三年	皇甫規卒，七十一歲。	
一七五	熹平四年	六月，西域於窴攻拘彌，殺其王。戊己校尉、西域長史發兵輔立拘彌侍子定興為王。	（推測）董卓出任西域戊己校尉。
一七六	熹平五年	劉辯出生，何氏封貴人。	
一七七	熹平六年	東漢三路伐鮮卑，大敗，夏育、田晏、臧旻削官。	（推測）董卓出任并州刺史。
一七八	光和元年	十月，皇后宋氏被廢，憂死。西園賣官。	
一七九	光和二年	三月，段熲復為太尉。四月，司隸校尉陽球奏誅宦官王甫，段熲受牽連，王甫刑死，段熲自殺。	

一八〇	光和三年	十二月，立貴人何氏為皇后，何進為侍中。	（推測）董卓出任河東太守，試圖拜訪張奐被拒。
一八一	光和四年	張奐過世，享年七十八歲。 劉協出生，何皇后鴆殺王美人。 鮮卑檀石槐過世。	
一八二	光和五年	（無事）	
一八三	光和六年	（無事）	
一八四	光和七年 中平元年	二月，黃巾之亂起。 三月，何進為大將軍。大赦黨人。盧植、皇甫嵩、朱儁出討黃巾。 六月，盧植圍張角於廣宗，遭宦官誣陷入獄，改以董卓攻廣宗。 十月，皇甫嵩破黃巾於廣宗，十一月，破黃巾於下曲陽。同月，朱儁破宛城。黃巾之亂平。 十一月，涼州叛軍起。	六月，董卓拜東中郎將，代盧植攻擊張角，不勝，免官去職。

一八五	中平二年	二月，黑山諸軍起自河北、并州。 三月，涼州叛軍侵三輔，以皇甫嵩、董卓征討，不克。 七月，皇甫嵩免職，張溫為車騎將軍代之，戰事仍不利。 十一月，張溫破涼州叛軍於美陽，追入涼州，又不利。	三月，董卓拜中郎將，輔佐皇甫西討叛軍，不勝。 七月，董卓升為破虜將軍，輔佐張溫討叛軍。 十一月涼州追擊戰，漢軍五軍敗績，董卓軍獨全眾而還，還屯扶風，拜前將軍。
一八六	中平三年	十二月，張溫為還京	
一八七	中平四年	三月，河南尹何苗討滎陽賊，破之，拜苗為車騎將軍。 四月，涼州刺史耿鄙討叛軍，大敗；隴西太守李相如加入叛軍；叛軍陷漢陽郡，傅燮戰死。 六月，幽州張純、張舉之亂。 十月，孫堅任長沙太守，平定區星之亂，封烏程侯。 十一月，曹嵩為太尉。	

一八八	中平五年	二月，郭泰起於西河白波谷，寇太原、河東。 八月，劉宏設「西園八校尉」；以董重為驃騎將軍。 九月，南匈奴單于與白波賊寇河東。 九月，中郎將孟益率騎都尉公孫瓚討張純等。 十月，青徐黃巾又起，陶謙為徐州刺史，討伐黃巾。 十月，平樂觀大閱兵。 十一月，涼州叛軍入侵三輔，圍陳倉，以皇甫嵩為左將軍征討之。 十一月，公孫瓚與張純戰於石門，大破之。 設置州牧，劉焉為益州牧，派任益州。	十一月，前將軍董卓，輔佐左將軍皇甫嵩征討叛軍。皇甫嵩按兵不動。
一八九	中平六年 光喜元年 昭寧元年 永漢元年	二月，皇甫嵩破涼州叛軍於陳倉。韓遂、馬騰退回涼州，殺王國。 三月，劉虞為幽州牧，張純、張舉之亂平定。 四月十一日，漢靈帝劉宏駕崩，十三日，劉辯即位。 四月二十五日，殺蹇碩。	董卓回屯三輔，朝廷任其為少府，徵入朝，董卓抗旨不就。 劉宏寢疾，璽書再拜董卓為并州牧，命其交出兵權，董卓再抗旨。

		五月六日，收驃騎將軍董重。六月七日，董太后憂斃。 八月二十五日，「八日政變」，何進被殺，袁紹殺盡宦官，張讓挾脅劉辯、劉協出逃，自盡於孟津。 八月二十八日，劉辯回京，董卓掌權。 九月一日，劉辯被廢，劉協即位。 九月三日，何太后被殺。 「大封官浪潮」，袁紹為渤海太守。 九月，董卓為太尉，楊彪為司空，黃琬為司徒。 曹操出逃至己吾。 臧洪遊說張邈、張超兄弟。 橋瑁偽三公文書以號召討董。	董卓率五千人東行至河東，以觀時變。 董卓奉何進命向洛陽進軍，以逼太后。 董卓退兵夕陽亭。 八月二十六、二十七，董旻殺何苗。董卓向洛陽進軍。 八月二十八，董卓入京，封司空，殺丁原，納呂布。 八月三十日，董卓提議廢立，袁紹離開洛陽。 十月，董卓遣牛輔出討白波軍。 十一月，董卓任相國。

一九〇	初平元年	正月，關東聯盟。 正月十一日，董卓毒殺劉辯。 二月十七日，遷都長安。 三月九日，董卓火燒洛陽。 三月十八，殺太傅袁隗、太僕袁基等袁家數十口。 滎陽之戰，曹操慘敗。 河陽津之戰，王匡慘敗。 梁縣之戰，孫堅慘敗。	董卓驅徙京師百姓悉西入關，自留屯畢圭苑。 董卓壞五銖錢，鑄小錢
一九一	初平二年	二月，陽人之戰，孫堅破胡軫。 四月，董卓西遷長安，孫堅進洛陽。 七月，袁紹任冀州牧。曹操為東郡太守。 下半年，陽城之戰，二袁開戰。 朱儁再號召反董，陶謙支持。 劉焉命張魯、張脩進軍漢中。益州發生任岐、賈龍之亂，劉焉討平。	二月十二日，董卓為太師。 三月，陽人之戰，孫堅破胡軫；大谷關之戰，孫堅破董卓；宣平門之戰，孫堅破呂布，遂進洛陽。 董卓派牛輔進屯陝縣，李傕、郭汜、張濟等破朱儁，大掠汝潁。

		青州黃巾西遷。十一月，青州黃巾寇泰山，太守應劭擊破之。黃巾轉寇勃海。公孫瓚於冀州東光大破黃巾三十萬。公孫瓚進軍磐河。 冬天，界橋之戰，袁紹大破公孫瓚。	董卓派趙謙入蜀，遊說賈龍反劉焉。 十月，董卓殺衛尉張溫。
一九二	初平三年	正月，襄陽之戰，孫堅陣亡。 巨馬水之戰，公孫瓚破袁紹軍；龍湊之戰，袁紹又破公孫瓚。 四月，曹操任兗州刺史，大破黃巾，建立青州兵。 陶謙再暢反董聯盟，朱儁受詔入長安。	四月二十三日，王允、呂布共殺董卓。 六月一日，李傕、郭汜攻陷長安，王允死，呂布逃亡。 八月，馬日磾、太僕趙岐杖節鎮撫關東。 馬騰進屯郿縣。
一九三	初平四年	正月，封丘之戰，曹操破袁術。 正月，袁紹與公孫瓚暫時和解。 六月，袁紹破黑山諸軍。 秋，曹嵩被殺，曹操東征徐州。 十月，公孫瓚殺劉虞。	

一九四	興平元年	二月，劉備救徐州，曹操軍糧耗盡撤退。 夏天，曹操再攻徐州。陳宮、張邈迎呂布入主兗州，曹操撤出徐州。 陶謙病逝，由劉備領徐州。 孫策進軍江東。 劉焉逝世，劉璋接任益州牧。	三月，長平觀之戰。 四月不雨至於是月，穀一斛值錢五十萬，長安中人相食。 八月，馮翊羌寇諸縣，郭汜、樊稠等率眾破之
一九五	興平二年	定陶之戰，曹操敗呂布，奪回兗州。呂布至徐州。 袁紹拒絕迎立劉協。 鮑丘之戰，袁紹擊破公孫瓚。	二月三日，李傕殺樊稠，李、郭長安混戰。 六月一日，張濟自陝縣來和解李郭。 七月，劉協離開長安，開始東歸。
一九六	建安元年	正月，盱眙之戰，劉備、袁術相持，呂布取徐州。 孫策取會稽。 七月，劉協抵達洛陽，曹操迎劉協至許縣。	下半年，張濟攻穰城，為流矢所中死，張繡依劉表，入駐宛城。

一九七	建安二年	春，袁術稱天子。 正月，曹操討伐張繡，張繡投降又反，曹操兵敗。 三月，袁紹為大將軍，都督四州軍事。 下邳之戰，呂布大破袁術。 袁術殺陳王劉寵。九月，陳國之戰，曹操破袁術。 十一月，曹操再攻張繡，下舞陰。	十月，裴茂詔關中諸將段煨等討李傕。
一九八	建安三年	三月，曹操再伐張繡。 九月，呂布再度與袁術結盟。 十月，曹操攻呂布，十二月呂布投降，絞殺於白門樓。 長沙太守張羨反劉表。 四月，斬李傕，傳首許縣。	郭汜被其部將所殺。

參考書目

專書

陳壽撰，裴松之注，《三國志》，中華書局（一九六四）
常璩撰，劉琳校注，《華陽國志》，新文豐（臺北，一九八八）
錢儀吉，《三國會要》，上海古籍（上海，一九九一）
司馬光著，胡三省注，《資治通鑑》，中華書局（九龍，一九七一）
司馬光著，柏楊譯，《柏楊版資治通鑑——黃巾民變、東漢瓦解》，遠流（臺北，一九八七）
林劍鳴，《新編秦漢史（上）、（下）》，五南（臺北，一九九二）
萬繩楠，《魏晉南北朝史論稿》，雲龍（臺北，二〇〇二）
呂思勉，《三國史話》，商務（香港，二〇〇九）
馬植杰，《三國史》，人民（北京，一九九四）
陳致平，《三國史話》，三民（臺北，一九七三）
王仲犖，《魏晉南北朝史》，漢京文化（臺北，二〇〇四）

易中天，《品三國》，三聯書店（香港，二〇〇六）
譚其驤主編，《中國歷史地圖集》，中國地圖（北京，二〇〇四）
黎東方，《細說三國》，傳記（臺北，一九七七）
錢穆，《中國歷代政治得失》，東大（臺北，二〇一一）

專文

雷家驥，〈氐羌種姓文化及其與秦漢魏晉的關係〉，《國立中正大學學報》第六卷第一期（一九九五）
杜志威，〈論東漢末年的涼州諸將〉，中國文化大學史學研究所碩士論文（二〇〇九）
李敬坤，〈東漢永初羌亂研究〉，香港中文大學哲學碩士論文（二〇一一）
薛海波，〈試論東漢中後期羌亂中的涼州武將群體〉，《西北師大學報》第四十五卷第五期（二〇〇八）
王勛，〈羌漢戰爭與東漢帝國的東西矛盾〉，《西北民族大學學報》二〇〇七年第五期（二〇〇七）
劉耀進，〈蔡邕行年考略〉，《文史》第六十二輯第一期（二〇〇三年）

網路資源

中央研究院所歷史語言研究所，《漢籍電子文獻資料庫》，http://hanchi.ihp.sinica.edu.tw/ihp/hanji.htm

Dr. Donald Sturgeon（德龍），《中國哲學書電子化計劃》，http://ctext.org/zh

臭鹹魚，《你所不知道的三國故事》，https://zhuanlan.zhihu.com/p/22767191

亂世的揭幕者：董卓傳 / 李柏著. -- 一版. -- 臺北
市 : 大地出版社有限公司, 2021.03
面：　公分. --（History：111）

ISBN 978-986-402-344-8（平裝）

1.（漢）董卓　2.傳記

782.822　　110003349

亂世的揭幕者：董卓傳

作　　者	李柏
發 行 人	吳錫清
主　　編	陳玟玟
出 版 者	大地出版社
社　　址	114台北市內湖區瑞光路358巷38弄36號4樓之2
劃撥帳號	50031946（戶名：大地出版社有限公司）
電　　話	02-26277749
傳　　真	02-26270895
E - mail	support@vastplain.com.tw
網　　址	www.vastplain.com.tw
美術設計	成樺廣告印刷有限公司
印 刷 者	博客斯彩藝有限公司
一版一刷	2021年03月

HISTORY 111

大地

定　　價：300元